社　会　科　学　研　究　方　法　系　列　丛　书

How to do Your Case Study 2nd Edition

Gary Thomas

如何进行个案研究

第二版

[英] 加里·托马斯 / 著　　方　纲 / 译

中国人民大学出版社
·北京·

作者简介

加里·托马斯生性容易紧张，他曾经在 11 岁儿童入学考试中什么也没写，他的无所作为使他上了中等技术学校。他随后在教育系统中的曲折经历，让他对教育系统的好坏有了广泛的了解。

他最终成了一名教师、一名教育心理学家、伯明翰大学的教育学教授，他的教学、研究和写作都集中在全纳教育（包容性教育）和社会科学研究方法上。

他主持了一系列广泛的研究项目，并获得了艺术与人文研究委员会（AHRC）、经济和社会研究委员会（ESRC）、纳菲尔德基金会、利华休姆信托基金会、教育部、巴纳多斯和卡迪米尔信托等慈善机构、地方政府和一系列其他组织的奖项。他撰写或编写了 20 本书以及许多枯燥的学术文章。

他有两个已经成年的女儿、一个目前还是婴儿的女儿，还有两个外孙。他喜欢猫、象棋、骑自行车、园艺、狗和写作（按英文首字母的顺序）。他不喜欢切尔西拖拉机，不喜欢浮夸，也不喜欢那些试图把事情说得比实际还复杂的人。

尽管他支持阿斯顿维拉足球俱乐部（简称维拉），但他对生活保持着乐观的态度。

前　言

在最好的情况下，个案研究提供了调查所能提供的最生动、最鼓舞人心的分析。爱因斯坦（Einstein）做过个案研究，牛顿（Newton）做过个案研究。社会学家做过个案研究，心理学家做过个案研究。不同职业的人，如医生、教师、律师和护士，也做过个案研究。个案研究是跨学科以及跨各种方法论谱系的。尽管这本书是为那些应用社会科学和人文学科的人而写的，但我希望这本书对其他领域的学生和研究者也有参考价值。我很高兴这本书的第一版被广泛接受，它似乎被各学科的研究人员使用。再版包含了更多研究伦理和数据收集方面的内容，并且在包括扎根理论、社会计量学和 NVivo 分析软件等内容方面有了新的分析。

个案研究提供了一种探究的形式，这种形式提升了生命复杂性的观点。当然，与此形成鲜明对比的观点是，一项调查最好将生活分解成可消化的、可研究的小块。虽然我们都喜欢容易消化的食物，但它往往不是最有营养的。

正是意识到社会事务的复杂性往往导致它是不可分割的，才使得个案研究成为研究人员工作中最受欢迎、最丰富的设计框架之一。这是一个具有巨大潜力的设计框架，但不可否认它也有其局限性。有时候，我觉得学生们在尚未真正确定个案研究的长处或局限性的情况下，就一头栽进了一项个案研究中。因此，在这本书中，我不仅关注如何做个案研究，还关注个案研究的长处和鞭长莫及之处。

根据怀特（White，1992）的观点，个案研究起源于19世纪哈佛大学法学院的律师职业培训，后来不断得到延伸和发展。1870年，这所法学院的首任院长克里斯托弗·哥伦布·兰德尔（Christopher Columbus Langdell）以恰当的名字开启了这一进程。实际上，我相信怀特的话，正是克里斯托弗·哥伦布·兰德尔给个案研究方法命名的。但是，这种“方法”如此明显，以至于我们很难去论证它是否需要被“开创”或发明。实际上，不管有没有著名得多的克里斯托弗·哥伦布的第一次航行，美洲都注定会被人发现。同理，即便没有19世纪与哥伦布同名的兰德尔的真知灼见，这种个案研究方法也会被人无意中发现。

另一些人可能会理直气壮地声称自己是第一个开发出一种系统的方法来研究单个案例的人，即使他们的方法不被称为“个案方法”或“个案研究”。19世纪初，让·马克·加斯帕德·伊塔德（Jean Marc Gaspard Itard）以及他对维克多（“阿维龙野孩”）的研究同样可以获得赞誉，就像弗雷德里克·勒普莱（Frédéric Le Play）在同一世纪中期对法国劳动人民所做的著名研究一样。（勒普莱使用了一种个案法，他让自己在一个普通家庭待上很长一段时间，直到他与这个家庭的成员能够亲密接触。虽然，他有没有不请自来地寄宿在汝拉山区贫穷的煤矿工人的小屋中，是否受到了主人家的热烈欢迎，所有这些都没有被记录在案——你可以想象一下《蒙蒂皮东》飞行马戏团那样的滑稽场景——但他丰富的分析在政界和文学界都受到广泛赞誉。）

虽然所有这些开创性的工作都起源于社会科学和人文学科，但我在整本书中试图强调的一点是，在与人文社会科学不同的领域中，研究人员运用个案研究的自觉性和自谦性要少得多。在其他领域，探究者似乎更倾向于采取自然的方式——采用适合手头问题的方法，而不过分纠结于这种或那种方法的正确性。考虑到如何最好地使用个案研究——特别是在应用社会科学中——确实存在着令人费解和不确定的地方，就如何做个案调查，我希望这本书能向学生提供一些清晰的建议，其中有许多例子可以说明个案研究是如何被最有效地加以使用的。

在本书中，我引用了真实的或想象出来的个案研究的例子，这些例子可能来自由真实的学生从事的真实的调查。我是这样做的，而不是采用由社会学家团队进行的备受瞩目的、众所周知的个案研究——每一项这样的研究都需要几年的时间才能完成。虽然这些标志性的例子可以提供线索和顿悟从而激发思想的产生，但是，如果我读了太多这样的例子，那么我可能会发现自己变得胆怯，而不是受到启迪，我会思考这样一个问题，即："我到底怎样才能做到这样的事情？"所以，我所举的例子基本上是真实的、经过改编的（多亏了那些我从他们那里"偷"来这些例子的学生），或者有时是想象出来的。

我认为人们会读这本书，是因为他们想做一项个案研究，而不是因为他们想了解个案研究方法本身。我想，对个案研究方法本身感兴趣的研究方法学家的数量肯定非常有限，但我的假设是，这些人不是这本书的主要读者。不过，看看有关这个话题的书，你会发现事实几乎完全相反。很多作者在写个案研究方面的书时，似乎认为大多数人想在个案研究方法上追求学术兴趣，而非想去了解它，以便能做得更好。

我还希望这本书提供的不仅是个案研究的入门知识，而且包括一些更兼收并蓄的东西，这些东西不能在大多数关于这个主题的书中找到。依照我的经验，几乎所有关于个案研究的学术论文都是由社会学家完成的，他们把个案研究视为社会学研究的一种形式。虽然个案研究在社会学中有着悠久而迷人的传统，但它并不为社会学所独有。事实上，正如我所注意到的，这种方法几乎可以在任何地方使用，我试图在本书中通过不同研究领域的例子来说明这一点。我还试图展示来自不同学术领域的关于整体探究的不同见解如何能有更广泛的应用，以及来自不同学科的观点如何具有共性。

我应该说明，本书第 4 章的部分内容已经发表在《定性调查》和《牛津教育评论》（Thomas，2011a，2011b）上。

要感谢的同事、朋友和学生太多了，虽然在这里我不能一一列出他们的名字，但我真的要感谢他们的想法和付出的时间。特别要感谢 SAGE

出版社的杰·西曼（Jai Seaman），他受委托策划了本书的第二版并整理了读者的评论，为新版本提供了非常有帮助的行动计划。非常感谢杰·西曼在出版社的所有同事，特别是凯瑟琳·霍（Katherine Haw）、理查德·雷（Richard Leigh）和他们在出版社生产部的同事们的帮助。

关于合作网站

访问 https://study.sagepub.com/thomascasestudy2e 网站，可以找到一系列额外的资源来帮助你的学习，包括：

- 帮助你跟踪研究过程中每个阶段进展的检查列表。
- 分发给研究参与者的同意书模板。
- 专业机构道德准则的链接。
- 选定的期刊文章，让你能免费访问为每章选择的学术期刊文章，以扩展你的知识并加强你对关键主题的学习。

目　录

第一篇　获取你的方位

第二篇 个案选择与从事研究

第一篇
获取你的方位

在本书的第一部分，我将考察：

- 个案研究是什么？这种探究形式对哪种研究有用？
- 从事和设计个案研究的一些基本规则。
- 个案研究是一种探究的形式，我们所试图做的就是考察一个情境的完整性及复杂性。
- 纵观探究的历史，人们为什么都觉得个案研究在考察事物的完整性方面是一个好主意？
- 衡量个案研究成功的一些方法。
- 个案研究的伦理维度。

第1章

什么是个案研究

如果你把个案研究作为你研究的设计框架，那么你将会专注于某个“东西”，并细致入微地打量它。当你从事个案研究时，你是对作为一个整体的那个“东西”本身感兴趣。

我之所以刻意用“东西”这个词，是因为“东西”可能是一个人、一个团体、一个机构（或一项制度）、一个国家、一个事件、一段时期或其他什么。你或许在打量一名病人的医疗诊断过程，或许在观察一帮青少年内部的人际关系，或许在审视一个学生在课堂上的学习情况。你可能正在考察一个家庭，或宜家企业的发展，抑或美国在古巴导弹危机时的政治立场。这些“东西”或这些现象中的任何一个都可以成为个案研究的主题。令人感兴趣的是“东西”的独特性和完整性。

作为一个“东西”，它是特定的而非一般性的。你不能从这个“东西”中得出一般性的结论，试图这样做也是没有意义的——换句话说，试图说“此个案适合这里，也适合别处”，这毫无意义。比如，你不能说：“一种叫作‘流感消’（Flugone）的新药对这个流感病人有效，万岁，把这种药发给所有流感病人吧。”

由于你不能从这一个案中概括出一般性的结论，因此考虑其他类型的研究中运用的所有抽样技术没有意义。如果说抽样与个案研究相关，那么其唯一的相关性在于，你走出去并发现个案研究的主题。

> 个案研究对象是特别的而非一般性的，你不能从个案研究中概括出一般性的结论。

你对研究对象的兴趣决定了你所选个案的主要特征。你为什么对它感兴趣？它令你感兴趣可能是因为：

- 它和你密切相关——可能它是你所在班上的孩子、你所在医院的病人，或它是你所在公司的一个项目。
- 它是你所感兴趣的事情中再好不过的一个例子——比如，宜家就是一个成功企业的例子。
- 4 它与典型相区别——它是一个“例外”，因与貌似标准的东西不同而显得不同寻常。比如，喀拉拉邦作为印度的一个邦，尽管普遍贫穷，但是那里的人却比印度其他地方的人预期寿命高出很多。

“单一性”是个案研究的口号。

你会担忧这种单一性吗？毕竟你或许知道人们对“坊间传闻”——换句话说，仅仅来自一种情境或某一事件的证据——不以为然。这样的“坊间传闻”未经其他经验事实证实。社会科学应超越仅仅是一些人的道听途说的层面。

当然，当我们想归纳——比如说这种现象在这一样本人群中出现，我们将这一发现推广到更广泛的人群中——的时候，很显然，我们不能仅仅依据某个人的经验或一组未经证实的观察来行事。这就是为什么许多研究在创建样本以代表更广泛人群时不得不大费周章。假如我们想归纳，那必须使得我们归纳的基础更加清晰。谁给了我们宣称*可以*归纳的理由？

然而，我们所讨论的个案研究，是一种不同于那些归纳所应遵循的路径的探究方式。这里，我们要讨论的是，理解事情是怎样发生的、为什么会发生，以及为什么它可能是我们要研究的个案。个案研究的假定是，经由对一个案例的大量而细致的研究，从多个不同角度观察你的研究对象，你就朝着研究对象“为什么”和“如何”的答案又进了一步。正如贝克尔（Becker，2014：3）所指出的那样：我想要理解的情境所呈现出的一切或与之相关联的一切，都应该被考虑并加以利用。“如果它在那里，那么它一定在做某件事，而无论这件事看起来多么微不足道、多么不显眼。”

你会注意到，尽管个案研究有关调查和分析有效过程的假定与许多其他社会研究的假定不同（因为我们没有赖以做出归纳的样本），但其关于证据运用的假定没有改变。对于个案研究，我们仍旧假定必须收集大量好的证据。用现在时髦的话来说，我们必须尽可能地“深挖”以获得证据，渗透到（研究对象的）方方面面，挤压出能够寻找到的（研究对象的）点点滴滴。

为使我们的比喻更加形象，我们必须从多个不同角度考察我们的研究对象，建构出被伟大的历史哲学家米歇尔·福柯（Michel Foucault，1981）称为“可理解的多面体”的东西。福柯的意思是，人文社会科学中的探究往往是一维的，好比我们仅从一个方向观察我们的研究对象。经由几个方向的考察，一个有关研究对象的更加全面、丰满、平衡的图像得以建立，由此我们获得了立体三维图像。

> 关于个案研究有两件重要的事情：(1) 你必须不断发掘证据；(2) 你必须建立三维图像或被福柯称为“可理解的多面体”的东西。

这种多面向的观点不仅仅在社会科学和人文学科中有价值，即使在被 5
视为“更硬”的科学（即自然科学），比如生物学、天文学和地质学，以及许多应用科学，比如古人类学（对人类化石的研究）中，个案研究也是被使用的最主要的方法之一。

让我们首先来看看天文学吧。尽管有无数颗星星（大约是 10 的 22 次方，也即 1 后面有 22 个 0），但当太空中发生异常情况时，天文学家也只能从很少数量的星星中做出推断——通常仅为一颗星星。天文学家的工作是借助个案研究的方法得以实现的。伴随证据的积累，证据的碎片被不断拼凑在一起。天文学家运用他们积累的数据，尝试用不同的模型和解释得出一些结论。

比如，在1967年，一种天文现象（后来被命名为“脉冲星”）是由天文学家约瑟琳·贝尔·伯奈尔（Jocelyn Bell Burnell）和她的同事在卓瑞尔河岸天文台运用当时最新的射电望远镜发现的。一天早晨，当约瑟琳喝着茶，吃着企鹅饼干早点，凝视着绿色的阴极射线管时，她注意到了一些异乎寻常的东西。遥远的星系中的某物正以极有规律的周期释放出大量射电能量，其节奏与原子钟一样。

怎样解释这种令人惊奇的有规律的脉冲呢？一开始，精明务实的科学家们认为这是智慧生命发出的信号，这颗脉冲星被命名为“LGM-1”（小绿人一号）。对于这种如同原子钟一样极有规律的哔哔哔声，科学家们没有发现更好的解释；在已知的宇宙世界中，还没有别的东西跟它一样。天文学家必须借助他们所拥有的关于与此类似的现象的知识做出判断，当时他们能想到的最好的解释就是，（智慧生命）小绿人正试图和我们进行联系。

这一脉冲现象是一个个案——夏洛克·福尔摩斯（Sherlock Holmes）或许会称之为“*天文现象的哔哔个案*”——天文学家得具体地（idiographically）不断加以研究（见下面方框中的定义）。事实上，个案研究也被称为具体研究，因为所有想法都基于或植根于单一图景——由探寻者所描绘的图景。考虑到只有这一个案可以加以研究，小绿人为科学家提供了一个可能但不一定有把握的解释源，科学家只能暂时满足于这种解释。

> 表意（idiograph）——代表某种意义的符号、图画或图形（来自希腊语，其中“idea”指“意义”，“graphein”指“写”）。

6 为了超越这种简单化（也就是说，太简单了）的解释，约瑟琳和她的天文学同事们得想出各种各样不同的观察方法并致力于得出不一样的解释。他们得用不同的方法考察脉冲现象，并试图了解脉冲的本质究竟是什么。通过运用他们既有的知识和进行理论推测——提出并拒绝或接受可能的假设——他们最终发现这些周期性的脉冲来自一颗坍塌的中子星发出的辐射闪光，这颗中子星高速自转，就像灯塔一样发出定向且高度浓缩的光束。

这个故事中最重要的一点是，上述结论不是通过对数百、数千甚至数万颗脉冲星的研究而得出的，而是通过对一颗或两颗脉冲星的详细研究和大量思考而得出的（见图 1-1)。对这一个案的研究得出了极为重要的科学结论，许多重要的自然科学尝试和发现是以类似的方式实现的。事实上，值得我们注意的是，爱因斯坦的*物理奇迹年*论文（包括他的狭义相对论和质量-能量守恒定律）只不过是依靠“思想实验”和一支铅笔写出来的；而达尔文的物种进化论可以说是基于从一系列精心进行的个案研究中获得的洞察力。从爱因斯坦的“思想实验”到达尔文（Darwin）的雀类再到约瑟琳·贝尔·伯奈尔的脉冲星，这些都是个案研究的范例。

图 1-1　问题是通过思考而非特定的方法解决的

我认为关键在于——现在我一门心思地回到社会研究中——被弗林夫伯格（Flyvbjerg，2001：132）称为“贴近真实”的表达。借助这个词，弗林夫伯格表达的意思是，保持与研究对象之间的联系并不断用你自己的经验和智慧进行思考。正是这种“贴近真实”回避了方法论的公式，使得个案研究特别擅长于鼓励、支持并激发批判性、创造性地解决问题的方法。

弗林夫伯格将“贴近真实”的重点放在“小问题”和“深描”上（第

11 章有更详细的介绍）。我们有时忽略了“大科学”观中有关研究应该像什么这样的小问题。弗林夫伯格引用尼采（Nietzsche）的话说：“所有政治问题、社会组织问题、教育问题都已经被彻彻底底地歪曲了……因为有的人学会了看不起‘小的’东西，而这些‘小的’东西恰恰意味着生命本身的基本关注点。”弗林夫伯格指出，小问题往往会通向大答案。

7 在我曾读过的最好的个案研究著作之一——《格拉斯哥黑帮观察》（Patrick，1973）当中，弗林夫伯格观点的正确性得到了印证。这本书是由一位名叫詹姆士·帕特里克（James Patrick，化名，由于显而易见的原因）的年轻学者，混入格拉斯哥玛丽希尔街区黑帮后撰写的。帕特里克欺骗帮派成员说他很喜欢他们，然后他加入其中，成为帮派活动的一名参与者，从而得以描述帮派运作方式的详细图景。尽管它只是一项个案研究——从中加以归纳的对象是 1 个而不是 50 个帮派——但帕特里克妙趣横生的分析，为我们提供了对帮派的广泛理解。即使有借口认为这并不是一幅代表性图景或其他帮派并不都这样，但总体上我们仍旧对帮派的动态、张力和动机有了一个丰富的理解。

在这里，我还要引用弗林夫伯格的话作为小结，因为他说得太好了：

> 实践理性和判断的演进及其运作主要借助于深入进行的个案研究。因此，实践理性最好通过案例——自己经历的或他人叙述的——加以理解，正如判断最好由案例的陈述加以培养或表达一样……这就是为什么……理查德·罗蒂（Richard Rorty）说“复魅世界的办法……就是坚守具体”。

很多结论可以通过诉诸具体事实而获得。我们经常在学术写作中发现一种倾向，即抽象概念上的模糊而非具体事实上的清晰，我们应避免这种倾向。试图用一些云山雾罩的抽象概念或普遍化的原理去解释你的主题，既不合理也无必要。

伟大的作家哈罗德·埃文斯（Harold Evans，2000：32）说过，抽象概念应被“逐出”并代之以具体事实。虽然他所指的是新闻工作而非学术探究和写作，但我认为他的观点在学术界至少同样适用（如果不是更适用的话）。这一点特别适用于个案研究方法的运用，因为在个案研究中，个案研究存在的理由就涉及具体与特别事实的有效性（效度）。埃文斯引述了蒙塔格（C. E. Montague）的话："我们应当摆脱'纯粹的知性主义'，否定其普适性及本质，转而接纳具体的细节，比如人们呼吸的味道、声音的音调以及生活的激情。"

在个案研究中，你应当能捕捉到人们呼吸的味道，听到人们声音的音调。作为解释性探究者，通过我们的理解，它们的折射并没有什么损失。事实上，当我们补充一个独立的观点——一个通过我们自己的理解来塑造和融合他人的经验的观点——时，我们获得了很多。

1.1 个案研究是科学的吗？

如果有人曾对你的个案研究不屑一顾——或假如你的确曾怀疑过这种方法的有效性——那么你应当提醒自己去回顾一下个案研究在自然科学中的谱系传统。个案研究对科学进步有着显著贡献，即具体分析的产生。

科学家对他们的工作以及方法论传统进行反思的有趣之处在于，他们 8
普遍认为并没有生成或整理证据以及开展调查研究的专门、正确或合适的方法。正如爱因斯坦所指出的那样，创造性的科学家必须是"无耻的机会主义者"。爱因斯坦说过，科学的本质就是，"无论以哪种合适的方式，去寻求一个简单而清晰的世界形象……没有逻辑路径，只有直觉"（Holton, 1995：168）。

社会科学专业的一些学生似乎并没有意识到在这一方法论上的折中主义。事实上，他们可能认为"严肃的"科学调查与个案研究的探索具有完全不同的特征，前者必然涉及变量的量化、分离与操纵，以及严格加以控制的实验。然而，这只是20世纪中叶在研究和方法上的一种特定思维的产物。

> 有很多研究方法是科学的，个案研究就是其中之一。

在一篇评论这种思维倾向的经典文章中，两位科学家帕勒特和汉密尔顿(Parlett and Hamiton，1987）认为，社会科学——特别是教育学和心理学——已经假定社会科学方法最好适当借用大数据集，以便从中做出归纳。

帕勒特和汉密尔顿认为这种态度是错误的，这一错误源自社会科学对生物科学某个分支观点和方法的滥用。他们认为，尤其是农业科学家和医务人员的方法被社会科学机构的大部分人视为合适的模板。他们将这种观点以及研究社会科学的方式，描述成适合他们的所谓的*农业科学范式*。农业科学家们所做的大部分工作是比较田地里经过不同程度干预的小麦、土豆或大豆的生长情况。但帕勒特和汉密尔顿建议，你不能像对待植物分析一样对待社会分析。

他们的观点是，农业科学家的评估方法对研究农业来说是再好不过的，但问题是，人既不是小麦的穗，也不是土豆、大豆。当我们从事社会科学实验的时候，我们不能像农业科学家那样，对“之前”和“之后”的情况做出假设，因为社会科学实验不可能像在农田里一样，有施加额外剂量的肥料或不同的杀虫剂的“之前”“之中”“之后”。

人们可以做一些土豆不能做的奇怪的事情。用行业术语来说，人们是自己命运的代理人（与土豆不一样），人们习惯于对实验的条件做出微妙甚至剧烈的改变。用于评估变化的测量不能由一把卷尺或一对卡尺来完成，而需要由测验分数、态度评级等来完成。

9 问题是，测验分数、态度评级等被假定为与对植物生长的长度和重量的简单度量（评估）一样具有稳健性。实际并非如此。这些社会和心理的测量标准既不同于长度单位厘米，也不同于重量单位克（由于一厘米就是一厘米，因此这些度量在测量中说一不二）；社会和心理测量远不值得信赖——事实上，测量结果可能彻头彻尾地具有欺骗性。简而言之，帕勒特和汉密尔顿认为，在这一传统下所开展的教育和社会科学研究，并没有达到他们自己的主张，即研究是受控的、精确的、无歧义的（参见本人对这一问题的思考：Thomas，2009）。

无论是从长远的学术史来看，还是从近期的学术前沿来看，社会探究都是没有办法做到完全科学的。同样，个案研究也属于这种科学的（但非完全精确的）探究方式。就像前文中爱因斯坦所提到的那样，科学的要旨不在于方法，更重要的是直觉与思考——研究者需要通过显著的论据和严密的逻辑去提供问题的答案，这是建立在多种研究方式基础之上的。无论使用何种方式，要成功找到问题的答案，都需要研究者在思考和分析的基础上去探寻研究对象主要的和本质的特征。

我认为，有时我们在科学的准则问题上过于纠结——也就是说，把比如因果关系和归纳这些东西视为科学事业的核心。爱因斯坦的观点是，这些并不是好的科学思维的核心。相反，科学思维的核心是建立事物之间的联系、富有洞察力，以及对事物之间的联系进行彻底检验，而不管采用什么样的方式。正如伟大的社会学家霍华德·贝克尔（1998：41）在写到我们所寻求的联系是怎样多线和如何多向时指出的那样，这样的因果联系在社会科学中是一个不太有用的概念：

> 事物之间有很多种联结方式，我们使用比如“影响”“因果关系”“因变量”等词语来表达。所有这些词都指向变化。有些东西自身会发生变化，而其他一些东西的变化则取决于先前发生的事情，它们会伴随先前发生的事情而发生一些变化。不同的事物会以复杂的方式相互影响，所以“因果关系”并非讨论我们想要强调的东西的真正的恰当方式。

1.2　一些定义

个案研究本身并不是一种方法。相反，它是一种聚焦，聚焦于一件事，从多个角度深入观察。鲍勃·斯泰克（Bob Stake，2005：443）是这样说的：

> 个案研究不仅是方法论意义上的一种选择，也是研究内容上的一种选择……不管采用什么方法，我们都选择研究这一个案。我们可以用分析的方法，或者重复测量的整体研究方法，或者诠释的方法，或者有机不可分割的方法，或者文化学意义上的方法，或者以上方法的

混合——但是我们聚焦的是个案，至少目前如此。

10 因此，针对这一个案你得聚焦，你所选择的方法必须有助于你探究这一主题，我将在第 10 章和第 11 章探讨其中的一些方法。

斯泰克一直强调特异性在个案研究中的重要性。因此，斯泰克（2005：444）说："一位医生或许可以成为被研究的个案，但在医疗过程中医生使用的方法很难被视为个案。同样，疏忽儿童的理由也不能被视为个案。因为，我们认为这些主题是泛泛而谈的而不是特定的。注意，个案是特定的、唯一的。"

海伦·西蒙（Helen Simons，2009：21）对个案研究的定义进行了很好的总结：

> 个案研究是从多个角度对现实生活中某一特定的项目、政策、机构、方案、制度的复杂性和独特性进行的深入探索。它以研究为基础，涵括不同的方法，以证据为导向。其主要目的是深入了解某一专题（如论文中的某一专题）、方案、政策、机构或制度，以生成知识，并（或）指导政策制定、专业实践、公民或社区行动。

斯泰克（1995：xi）也表达了相似的观点："个案研究旨在研究单个案例的特殊性和复杂性，以了解其在重要情境下的活动情况。"

这两位专家都强调了研究的特殊性和复杂性，以及研究所发生的真实情境。在查阅了一系列关于个案研究的定义后，海伦·西蒙说："这些定义的共同点是通过致力于研究真实情境所涉及的复杂性，而非使用其他方法来定义个案研究。"

仍旧在定义这个问题上，哈默斯利和戈姆（Hammersley and Gomm，2000：2）指出，在某种意义上，所有研究都是个案研究，因为"总有一些个体，或集合单位，与被收集或被分析的数据有关"。他们认为，个案研究与其他类型研究方式之间的重要区别在于调查个案的数量，以及可以从每一个案中收集到的详细信息的数量。比如，通过问卷调查，尽管参与人数众多，但从单个人身上你仅能发现一点点针对一组问卷问题的回复信息；通过个案研究，你会从极有限的个案身上发现多得多的信息。

在表 1-1 中，哈默斯利和戈姆总结了个案研究和其他两种研究方法（实验研究和问卷调查）之间的主要差异。

他们说，选择个案（或一个小数目）是要权衡取舍的。如果你选择很有限的样本，你就可以获得更多的细节，但就要牺牲研究发现所具有的普适意义。

表 1-1　　个案研究和其他形式研究的比较（Hammersley and Gomm，2000） 11

	个案研究	实验研究	问卷调查
调查样本数	一个或少量个案	相当数量的个案	相当数量的个案
数据收集和分析	每一个案大量特征	每一个案少量特征	每一个案少量特征
研究内容	选择自然情境下的个案，研究者不控制变量	研究者控制个案中重要的变量	选择自然情境下的个案，以最大限度地提高样本的代表性
数据的量化	不是优先事项	是优先事项	是优先事项

在哈默斯利和戈姆总结表的基础上，我补充以下内容：

	个案研究	实验研究	问卷调查
使用方法	许多方法和数据来源	一种方法	一种方法
研究目的	寻求变量之间的关系和事物发展的过程	寻求因果联系	寻求一般性的结论

像哈默斯利和戈姆一样，拉金（Ragin，1992：5）也提供了一个定义，这一定义与我们或许称之为“变量导向的研究”形成了鲜明对照：

> 以个案为导向的方法将个案而非变量置于中心位置。但什么是个案？对于这个问题，比较社会科学有一个现成的、约定俗成的答案，即由地点和时间段的边界来定义个案（如第二次世界大战后的意大利）。

拉金的定义做了两件事情。与其他研究方式强调变量不同，个案研究强调个案；同时这一定义也引入了边界这一重要概念。

1.3　什么是个案？

我写这本书的时候，当光标停留在“case”这个词上时，我一不留神按下了文字处理器上的词库按钮，此时不期而至的意外惊喜发生了。我对“case”的含义做了总结，见表1-2。

表1-2　“case”的含义

容器	情境	理由
盒子	实例	原因
套管	重大事件	辩解
装货箱	事件	正当理由
手提箱	事态	基本原理
文件夹	境况	基本原则

12 我本以为我知道“case”意味着什么，但这偶然的发现引导我对“case”的含义进行了更深入的个人研究。事实证明（如果我的一丝不苟是正确的话），作为同一个英文单词，“case”的多个含义之间相当不同，这是因为这个词源于两个发音相似的拉丁词根派生后的变体。这两个词根是：

- “capsa”，意指“盒子”“容器”等。
- “casus”，意指“事件”“降临”“事故”等。

凯莉（Kelly，1993：35）指出，牛津拉丁语词典列举了11个不同的词义，表明这个词在拉丁语中的意思与在英语中一样令人困惑。

无论如何，这种词源探索使我意识到，个案研究中“case”的使用可能依靠的是好运而不是周密的计划，这反映了这一研究方式的本质。因此，在个案研究中相当偶然地从事一些事情，是再正常不过的了。让我们现在分别考察一下“容器”和“情境”这两个不同的意思，再附带上计算机同义词典所识别的另一个意思。

作为“容器”的“case”

表1-2第一列标题所列的“容器”，是关于“case”的有形的具体含义。尽管起初我并不认为这一含义与个案研究有关，但有趣的是，它强调了个案研究的包容性。容器，比如盒子或手提箱（见图1-2）甚至是铅笔盒都是“有界的”：你关上它，然后上锁，就成了容器。容器——比如手提箱——包括了装在其中的一切东西：T恤、牛仔裤、袜子、内衣、洗漱

包、人字拖鞋、太阳镜等。

图 1-2　作为“容器”的“case”

冒着从荒谬到崇高的风险——事实上，这就好比伟大的哲学家路德维西·维特根斯坦（Ludwig Wittgenstein）在他著名的《逻辑哲学论》开场白中说到的那样：世界上的每件事都是个案（Biletzki，1993：3）。维特根斯坦的文字有时被认为有点难以理解、高深莫测甚至富有诗意，好像他在用难解之谜来戏弄他那些平凡的读者，比如“我不会回答你的问题，农夫，走开，自己想想这个问题吧”。

维特根斯坦高深莫测的陈述与个案研究有关。维特根斯坦（Biletzki， 13
2009）已经明白了伟大哲学家所说的“世界上的每件事都是个案”的含义，它是指作为探究者，我们所感兴趣的世界是由事实、事态和物体组成的，所有这一切都与另一些事实、事态和物体持续关联。就好像盒子中不计其数的原子，它们相互碰撞，不管彼此适不适合，都以无数种方式组合在一起，其结果本质上是高度复杂的，可能是无数种组合形式中的任何一种。从某种意义上来说，个案研究是对复杂性的关注。也就是说，我们有与个案紧密相关的情形（再想想手提箱），我们研究个案所拥有的复杂性。

因此，可以这样说，个案就像手提箱，或者可能像包裹。

作为“情境”的“case”

这里，“个案”指的是特定的实例、事件、意外发生的事情或者与这些紧密相关的系列情境。这与有形的手提箱不同，因为它并不去界定客体的参数，而更多涉及一组条件和状态。

这也能很好地解释个案研究的任务就是研究何时发生、发生了什么。个案研究需要一组情境的完整性，个案也正是由其情境加以描述和标识的。实例的情境就是个案研究的对象。它发生在哪里？何时发生？在这之前发生了什么？发生时附近都有谁？新闻里都说了什么？这一切是如何影响到正在发生的事情和事情的结果的？

这里指出了个案的一个重要特征，正如米切尔（Mitchell，2006：31）所指出的那样，在日常英语中，“‘个案’这个词有着强烈的意涵，意味着偶然事件”，这一偶然事件具有特异性或特殊性特征。

这是一个很重要的观点，正如我在第 4 章中所讨论的那样，不能假定个案在任何方面都能代表一个更广泛的整体——它是由你（研究者）所描述的特定情境所定义的一次性事物。

14 作为“理由”的“case”

当“case”出现在诸如“……的理由如下”或“控方的理由是……”这样的陈述句中时，这里的“case”意味着“理由”或“论据”。

坦率地说，这不太可能与“个案研究”这一术语的起源有关，对把这一术语作为一种调查形式使用也不太可能有什么影响力。然而，有趣的是，这一含义与个案研究也有关，因为个案研究涉及一件事与另一件事相关或一件事可能引发另一件事的理由。它不仅涉及你所要研究的要素之间相互关系的一系列推理，还涉及运用从经验工作中获得的证据以证明你的推理和结论。本质上，它是连接你所观察的要素之间关系的论据。你所摆出的论据好比是把所有不同的元素组合在一起的绳索（见图 1-3）。

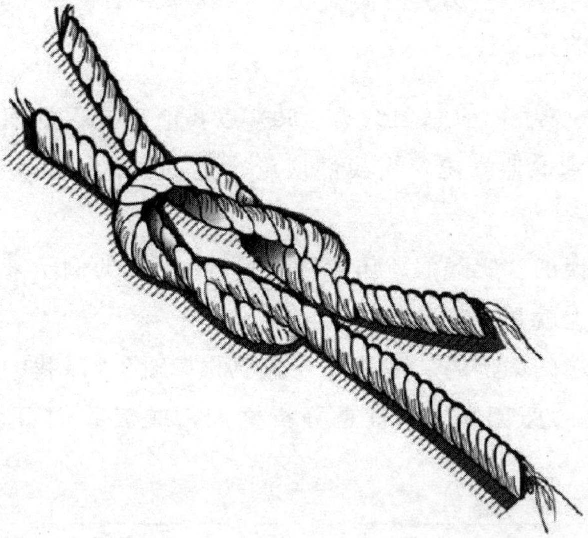

图 1-3　你的论据就好比将你的研究整合在一起的绳索

1.4　哪些是个案，哪些不是？

前面我所提到的斯泰克，把对某位医生的研究和对护理过程的研究加以区分——前者可以构成个案研究的主题，而后者则不能。如果那位医生不足够令人感兴趣或信息量不够大，那么也是不能成为个案研究的对象的。要想确立一个个案——一个有趣的个案——我们得能说出选择那位医生作为个案的理由（一开始你就应该充分了解他或她是个什么样的人）。随着研究的进行，这一分析焦点渐渐成形、延伸与拓展。事实上，个案出现、延伸与拓展的方式才是研究的核心问题。

因此朝鲜战争不是个案，除非它有成为个案的足够理由。朝鲜战争是战争的个案吗？如果它是个案，那么你能说出这场战争特别引人注目或与众不同的地方吗？只是记述朝鲜战争的故事是算不上个案研究的。然而，对这些“单功能草图”中的任何一种——任何一种分析背景——的探索，都会是一项令人着迷的个案研究。

15 **分析框架的重要性**

韦凡尔卡（Wieviorka，1992：159）以我前面提出的朝鲜战争为例解释了其中的区别，他指出，当我们谈论个案的时候，事实上在讨论两个要素：

（1）他所说的“实践的、历史的统一”（以我的例子来说就是朝鲜战争）——本质上就是“主题”。

（2）他所称的案例的“理论的、科学的基础”（以我的例子来说就是朝鲜战争爆发的原因）——就是分析框架，或者我们可以称之为研究目标。

个案研究包括两个部分：（1）主题；（2）分析框架或研究目标。

因此，仅仅权衡性地扩展战争主题，我们是不能进行一项题为“第二次世界大战：个案研究”的个案研究的。它不是什么个案研究。然而，“第二次世界大战：一项对‘正义战争’的个案研究”，却包含了韦凡尔卡所概括的两个要素。这会是一项有趣的工作，因为它可以详细检视“正义战争”的概念，并通过第二次世界大战的实例加以展示和说明。

或者，以医院病房为例。对病房的描述可以构成一项个案研究吗？在我看来，它不是什么个案。正如我在第 6 章中所详细解释的那样，当你可以解释分析框架并通过分析框架观察病房时，病房就变成了个案。个案可能具备这样的特征：

- 是分析框架的一个很好的例子。
- 由于它的特殊性，根据你的分析展示一些有趣的东西。
- 作为分析焦点的一个例子，源于个人经验。

正如我在表 1-3 中所指出的那样，分析的焦点必须超出单纯的描述。

表 1-3　哪些是个案，哪些不是？

主题（"实践的统一"）	哪些仅凭自身不能构成个案研究	哪些可能是个案研究？
在帕克敦儿童医院的杰森·沃德	对病房的简单描述	分析它被视为突出的儿童病房的原因
从 3 月 5 日开始的每周六天的《环球日报》社论	对每篇社论的内容分析	针对报纸老板对社论内容的影响的个案研究
亚历山大猫鼬广告	这一广告现象的兴起	对广告中人物个性与故事情节的典型运用的个案研究

因此，个案研究就像一个由两半组成的胶囊一样：如图 1-4 所示， 16
胶囊的每一半、每种成分对于另一半发挥作用都是必要的。它既包含了正如韦凡尔卡（1992：159）所说的"实践的、历史的统一"（或通俗地说就是"主题"），也包含了分析框架（或研究目标）。两个部分相互不能替代，缺一不可。

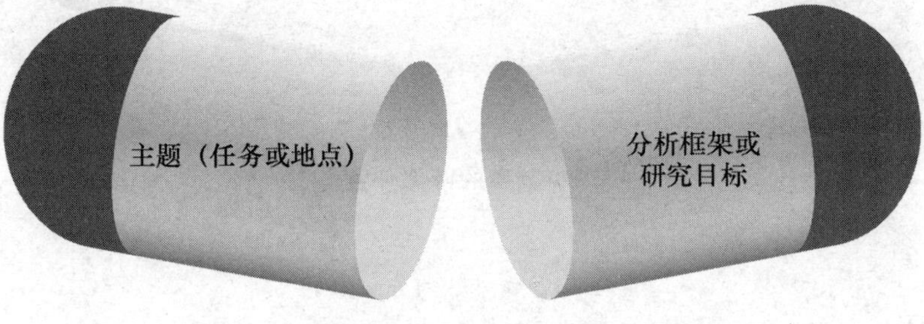

图 1-4　个案研究两个相互依存的组成部分

韦凡尔卡（1992：160）进一步谈道：

> 若要"个案"成立，我们必须能够识别出一个特征单位……这个单位能够被观察，但它自身没有意义。只有在观察者将这一特征单位归纳到分析类别或理论层面时，它才具有重要意义。仅仅观察一个社会现象、历史事件或一套行为就宣称它们是"个案"是远远不够的。如果你想谈论一个"个案"，那么你还需要解释它的方法或把它置于特定的情境中。

让我们再举一个例子，把它放在由两部分组成的胶囊里。让我们以英国 1923 年无任何党派占明显多数的议会为主题。对议会本身的叙述并非个案研究。我们如何把它放在分析框架的背景下呢？

我们首先要记住的是，我们在审视一个无任何党派占明显多数的议会——1923 年议会。我们正在审视一系列无任何党派占明显多数的议会中的一个。为什么我们要审视这一届特别的议会？也许，这届议会特别有意思或不同寻常的地方在于，就在选举结果敲定和宣布之后，议会一开始，各党派领导人之间就发生了谈判和讨价还价。那么，这就是我们的分析框架。显然，一系列分析框架可能蕴含在这个主题中，而我们需要从中选择一个（或几个）框架（见图 1－5）。

17

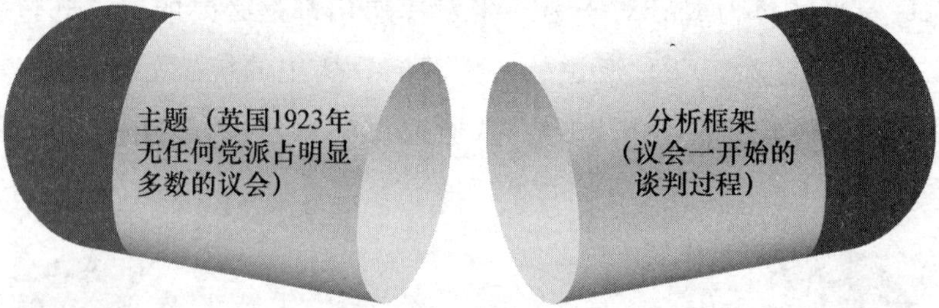

图 1－5　将胶囊的两部分整合在一起

1.5 个案研究的长处和短处

我们先从个案研究的短处开始说起。

个案研究不擅长于推论（的确如此，我说的是“不”）

在社会调查的历史上，关于调查可以和应当如何做有两条广泛的路径。一条路径是，我们应该收集关于议题的大量数据，然后从中做出推论。另一条路径是，对于某些问题，我们最好从具体的案例中发现一些东西。正如在第 3 章中我将要讨论的那样，这两条思维路径与雅典的山丘一样古老。就我所知，这两种形式的调查就达成其目的而言都是完全合理的，重要的是不要将它们搞混。比如，我们就不能通过做实验来找出比利反复殴打瑞安的若干潜在理由——至少在“实验”这个词的形式意义上不能如此。我们也不能在观察到一例病人痊愈的情况下，就做出药物成功的结论。

在整本书中，我都将致力于探讨一般化与特殊性二者之间的区别。我这样做是因为，对研究目的以及我们能从调查中得到什么的误解，是学生和其他初次做研究的人白费力气的根源。

一些学者假定，所有的研究都基于相同的基本规则——强调抽样、概括和归纳。归纳法是根据从经验中收集到的大量观察结果得出一个普遍原则的过程。

我觉得我必须重点强调而且再三强调这一点，因为学生往往误解了个案研究的目的。正如我一直说的那样，个案研究关于一件事，但我们所研究的事物的单一性本身并不令人满意到足以被称为个案研究的地步。这项工作背后需要有一些目的和方向，目的和方向来自前面我已经讨论过的分析框架（见图1-4）。

让我们想象一下，亚历克斯（Alex）和扎克（Zac）是一所专门培育 18
玫瑰的园艺学院的研究人员。一天早上，在他们每日例行的温室之旅中，扎克发现了一朵美丽的新的白玫瑰，花蕾刚刚绽放。这朵花很漂亮，几乎在闪闪发光。他弯下腰去闻一闻，那催眠一样的香味让他几乎晕了过去。扎克剪下一枝（别担心，还有许多花蕾）跑到亚历克斯面前喊道：“嘿，亚历克斯，过来看看这个！”他走到她面前，举着玫瑰花让她闻。亚历克斯闻了闻花的香味也几乎要晕倒了——好在扎克伸出手来扶住了她。在这里，扎克为亚历克斯展示的玫瑰就成了一种新的、特别漂亮的玫瑰的例子（这种玫瑰肯定会成为花园的经典之作）。

现在，你如果愿意，那么可以在心里用保拉（Paula）取代亚历克斯和扎克的位置。保拉是纽约大学植物系植物科学方面的讲师，而昆廷（Quentin）是听保拉授课的学生之一。保拉带着一朵白玫瑰去上课。她想说明的一点是，玫瑰在蔷薇科中并不是唯一的属——它们在蔷薇科中是一个特别的属，而蔷薇科还包含黑莓、苹果和草莓等（是的，非常奇特，但的确如此）。

在上述两个案例中，玫瑰是作为一个目的加以提供的，但不作为我们可以从中做出概括的例子。因为两种情况都仅仅是一朵玫瑰，我们不能从中做出概括。我们不能看着一朵白玫瑰说，“所有的玫瑰都是白色的”。我们也不能看着它说，“所有的玫瑰都是有香味的”或者“所有的玫瑰都是带刺的”。也就是说，根据一朵玫瑰加以推论是错误的。在上述情况下，玫瑰仅仅发挥了分析类别的特定示例功能。

稍后我会回到这一问题（下一个标题说的就是“个案研究擅长于独特性研究”），但在这样做之前，我想花点时间去介绍一个真实的案例，这一案例说明了为什么我们应该严格限制从个案研究中得出的结论。个案研究在医学教育方面，特别是在精神病学方面有很好的历史，西格蒙德·弗洛伊德（Sigmund Freud）通过案例的描述提出了许多新思想。然而，我认为弗洛伊德在他一个相当著名的个案研究中做了一些不适当的事情。对于说明个案研究中不应当做的事情，这是一个很好的例子。

这一案例说的是一个化名叫作安娜·欧（Anna O.）的年轻女子，她有一系列神经质的行为，包括反复瘫痪、无法说话和害怕喝水。弗洛伊德这样描述该女子的害怕喝水的特点（1957/2009）：

> *19* 那是在一个酷热的夏天，病人不明原因地口渴得厉害。她突然发现自己喝不了水。她充满渴望地拿起一杯水，但水一碰到她的嘴唇，她就像患狂犬病一样地推开它。她尝试了几次，都没有成功。她只能依靠如瓜类这样的水果而活着，以便减轻她要命的口渴感。这种状况大约持续了六个星期。有一天在催眠状态中，她嘀嘀咕咕地抱怨不喜欢她的英国“女家庭教师”，接着又用厌恶的表情描述她曾到过这位教师的房间，看见教师的小狗——可怕的动物——喝光了房间杯子里的水。病人什么也没说，因为她想让自己在教师面前尽量礼貌些。在压抑很久的愤怒情绪得到进一步宣泄后，她要求喝点东西，并且没有任何障碍地喝了很多水。当杯子碰到她的嘴唇，并且她被从催眠中唤醒后，病人喝水的困扰便消失了，并且再也没有复发过。

大众心目中有关“康复”过程中个人认可和接纳帮助的思想，是与精神分析学形成的许多关于贡献的思想联系在一起的。弗洛伊德得出结论：

> 女士们，先生们，如果我被允许做出概括的话——对上述案例提炼出精简的理由是必要的——我想确切地做出如下阐述：分离性障碍患者遭受回忆的折磨，其症状表现为特定经历（创伤性）的记忆符号或记忆残留。

弗洛伊德询问他是否“被允许做出概括”。哦，不，对不起，西格蒙德先生，你不能就此一概而论。至少在这样的个案研究中，你不能以令人满意的方式做出概括。我们当然可以在我们的个人知识和阅读的基础上进行推论和解释。然而弗洛伊德在这里怂恿我们去概括和下结论是错误的，即旧事重提会导致分离性障碍的反应是错误的。这怎么会是一个有用的概括呢？如果你或我像安娜·欧一样，目睹了一个朋友的狗从杯子里喝水了，那么我们是不会就此发展成喝水恐惧症的（嗯，我不会，我倒认为那是件非常有爱的事情，尽管你可能是一个敏感的人）。

我是不会因此患上喝水恐惧症的。安娜·欧的反应发生在特定的时代背景下，也有她自己的经历原因。当然，弗洛伊德对安娜·欧的经历进行了详细的分析。弗洛伊德就这些方面的分析是特别的，而且非常有趣。尽管令人着迷，但弗洛伊德从一个案例推导到其他案例的做法是不正确的。作为 21 世纪的读者，现在我们可以欣赏弗洛伊德的研究，但我们要明白弗洛伊德的概括为什么不正确。

我们可以这样理解，即安娜·欧的反应并不仅仅是患者个人心理史的 20
折射，也是那个时代社会、道德和政治背景的作用使然。用今天的话来说，安娜·欧所生活的时代是一个对粗俗的事物高度敏感的时代。如果安娜·欧能乘坐时光机来观看今天一位脱口秀演员的表演，她就不会仅仅排斥喝水了，她甚至会得分离性障碍，并有可能严重到永远不会恢复的地步。

个案研究擅长于独特性研究

回到前面玫瑰的那个例子。把玫瑰作为一个案例的目的是什么呢？对作为园艺师的扎克来说，玫瑰的独特性会被它的美丽和芳香加以定义，因而那朵白玫瑰被置于一个相对于其他玫瑰来说特殊的位置。对于植物学家保拉来说，玫瑰的特殊性在于体现了蔷薇科的特别的属。玫瑰潜在的独特性，不胜枚举，如表1－4 所示。

表 1－4　　一件事或一个独特的故事

	相对于什么独特？	个案研究如何展示玫瑰的完整性、有趣性或启发性？
一枝玫瑰	花园中的其他植物	展示这枝玫瑰如何不同于其他园林植物；展示这枝玫瑰相比其他植物特别容易患病
一枝白玫瑰	作为象征的所有其他玫瑰	白玫瑰的意义及其在不同国家历史中象征性地位的研究——如玫瑰战争；伴随这种象征性的运用，它的栽培及普及
一枝芳香玫瑰	所有其他玫瑰	芳香玫瑰及其育种的个案研究；使它被标记为一个基因突变的例子的醒目特征，包括围绕将这一品种嫁接到常用砧木上格外困难的讨论

我想说明的一点是，如果我们把玫瑰作为探究对象，我们就要寻求它们在品种和完整性上的醒目特征。换句话说，我们要用更广泛的分析范畴来研究玫瑰。再次引用韦凡尔卡（1992：160）的话，“个案”本身（玫瑰）没有意义，“只有在观察者将个案提到分析范畴时，个案才有意义”。韦凡尔卡继续论证道：

> 如果你想谈论一个“个案”，那么你还需要解释它，或把它置于某个背景之下……不管研究的实际方法如何，个案都是一个联系事实和概念、现实和假设的机会。但不要误以为它本身就是一个概念。个案不是从用来分析它的理论工具上，而是从它形成的方式上，获取其统一性的。（1992：160）

21 拉金（1992）从他和霍华德·贝克尔组织的一个研讨会中得出了一个有趣的观点——霍华德·贝克尔是著名的个案研究《白人男孩》的合著者之一（Becker et al.，1961/1980）。拉金说贝克尔在研讨会上不断地反驳与会者，说不应该一开始就定义个案，个案应该随着调查的进展而出现。贝克尔提醒我们应该经常问：“这是什么情况？”贝克尔建议，我们应该反复问这个问题，因为我们的证据围绕着潜在的解释（或“理论”）而不断积累起来。“对象”也就是解释。

看看贝克尔在表 1－4 中所列的关于玫瑰研究的三种方法的见解是有趣的。因为贝克尔把重点放在了研究的分析部分——解释上。解释和理论化是非常相似的焦点（本例中即为玫瑰）中的关键所在。

有边界的丰富图景

实验研究方法会告诉你关于因果关系的事情，而个案研究不会（尽管你可以选择实验研究方法作为个案研究的一部分，这在第 8 章中将会涉及）。个案研究提供给你的是一幅丰富的图景，图景中有许多不同角度的见解以及多样化的信息。因此，你可以通过做访谈、观察、写日记、看统计数据等方法从事你的个案研究。什么方法都不能排除。个案研究就是为你的研究提供了一个边界的框架。同样，你可以把个案研究当作探照灯光束的末端。在光束末端明亮的光线下，所有东西都能被看到。你研究光束中的东西，你感兴趣的主题是："这里发生了什么？是怎么发生的？什么和什么相关联？为什么会发生？"

光束有边界、有边缘，就像个案研究有边界一样。你的个案研究不是更多地由你所采纳的研究方法加以定义的，而是由你的个案的边缘——你希望研究的方向以及沿这一方向走多远来界定的。一开始，你就会定义这些。也许你会说："我想看看宜家是如何成长为世界上最大的家具零售商的。"在进行这项调查时，你将通过宜家的成长来界定你的个案研究的主题，而成长意味着随着时间的推移而发展。时间意味着历史，有起点、中间和终点。

让我们看一下由这些因素定义的这个特殊示例。

我们已经确定在这一个案中，你感兴趣的主题将是（宜家的）成 *22*
长。个案研究将聚焦于随时间而发生的变化，也许可以从调查可获得的统计数据开始，这将为你的个案创建基础。通过与其他零售商的比较，你需要确定宜家的确是世界上最大的家具零售商。你需要检查宜家由英格瓦·坎普拉德（Ingvar Kamprad）1943 年于瑞典创建以来的营业额和利润数字，展示其随时间的流逝而成长的过程。或者，你可以用一系列地图进行展示，每一幅地图代表10年间有宜家分店开设的国家。你可能很容易找到你需要的数字，或者你可能需要寻找一些不太为人所知的信息来源。

收集并绘制宜家从1943年创建以来的营业额和利润的基本数据，为你的个案研究提供了边界。通过数据可以发现，“这一事实已经发生，即宜家的确是世界上最大的家具零售商，而且是在不到50年时间里变成的”。

然而，仅仅做到上述这一点——展示随时间推移而发生的变化对于个案研究是不够的。你已经确定了宜家成长的主题边界，但现在你想知道成长是如何发生的以及为什么会发生。当你不能提供一个明确的答案时，个案研究应该为你提供足够的证据来做出有说服力的论证。信息像拼图中的碎片一样，你需要将这些零散的信息拼凑起来，收集大量证据用以支持关于宜家公司成长的一些尝试性想法（有时被称为“假设”或“理论”）。

如果你在考虑公司的成长，那么有什么说得过去的理由可以解释公司的成长呢？让我们看一看下面几个。

该公司因它的创始人有一项宏愿或一系列好主意而获得成长，如实现：

● 用锯末或刨花板生产廉价家具；

● 如果价格和设计是合适的，那么消费者乐意亲自制造家具；

● 随着多数人拥有汽车，消费者有能力也很愿意搬走自己的扁平家具。

如果上述这些都很重要，那么坎普拉德的想法从何而来？难道是因为他在锯木厂工作而注意到大量木屑的存在？或是因为他在零售业工作并意识到组装家具过程中“空运”的浪费？又或是去寻求宜家零售店所采用的零售技术方面的解释？因为在那里，消费者被鼓励沿着商家的既定路线行走，消费者在他们延伸的出其不意的行走过程中受到鼓励而买东西。（有多少次我是带着刚买的但以后永远用不上的东西，比如那个Benthölme牌抽屉整理器离开宜家的呢？这仅仅是因为我沿着商家设定好的消费鼓励路线行走吗?)

你怎样才能发现这些潜在想法中的哪一条是重要的？显然，理想的情况是采访英格瓦·坎普拉德，就你的尝试性理论征求他的意见，但我怀疑他是否会给你足够多的采访时间。你几乎只能依靠已经出版的关于他的传记。

比如，维基百科关于他的条目告诉我们，1976年他写了一份宣言，详细阐述了宜家节俭和热情的理念。我们也知道他曾与瑞典记者伯迪·托尔卡（Bertil Torekull）合著过一本书——《领航设计：宜家的故事》(Ingvar Kamprad，2000)。在自传体的叙述中，他进一步描述了他的哲学思想以及创立宜家的尝试和成功。他在小的时候就通过便宜地批量买进火柴，然后倒卖出去来赚取差价。后来他的生意扩展到鱼、圆珠笔和铅笔等。 23

我们已经看到，他似乎就是那种几乎忍不住赚钱的人。这并不是说他对家具有一个特别好的主意，或者说他对如何大规模生产家具有非凡的洞察力。相反，成功的秘诀似乎来源于他寻找销售方式的活力。除此之外，据说他开的是一辆已15年之久的老旧沃尔沃牌汽车，他只坐经济舱，并鼓励宜家员工双面用纸。因此，对赚钱的痴迷，把开支缩减到最低限度，也是其成功的重要因素。

这是一种新出现的信息，借助这些信息，个案研究的叙事得以建立。运用这种方式，分析围绕着一个主题渐渐“增厚”。

1.6 本章小结

- 个案研究关于从多个角度看待事物完整性的方法。这是一门很好的科学。事实上，好科学的精髓就在于此。

• 虽然我们不能从个案研究中进行推断，但概括不一定要从个案研究的探究过程中产生。我们并不总是想要或需要概括，事实上，一些最有灵感且富有见地的研究出自个案研究的结果。

• 个案研究特别擅长于获得事物丰富的图景，并从中得到分析性的见解。“解析”的切入点很重要：每一项研究都有一个有趣的主题（人、地点、事件或现象）和使研究得以进行的分析框架。

• 个案研究的定义强调特殊性和深入调查。我采纳的个案研究的定义如下：

> 个案研究是运用一个或更多的方法，从整体上对人、事件、决定、时期、项目、政策、机构或其他系统的分析。个案研究的调查主体会阐明和解释一些分析主题或调查对象。

24

1.7 延伸阅读

Bailey, M. T. (1992) "Do physicists use case studies? Thoughts on public administration research", *Public Administration Review*, 52 (1): 47-55.

这是一篇被广泛引用的文章，与我在本章中的立场形成了有趣的对比。该文章为个案研究做出辩护，认为个案研究符合普遍性、可转换性以及可复制性的科学标准。

Campbell, D. (1975) "'Degrees of freedom' and the case study", *Comparative Political Studies*, 8 (2): 178-193.

唐纳德·坎贝尔是实验研究方法最受尊敬的支持者之一，他在这篇经典论文中谈到了个案研究的价值。

Cohen, M. F. (2007) *An Introduction to Logic and Scientific Method*. New York: Harcourt, Brace.

这本书最初出版于1934年（与欧内斯特·内格尔合著），虽略显过时，却是一本关于什么是科学这一主题的宏大论著。对于科学，富有怀疑的精神是好的。请特别参见第 2 章和第 12 章。

Gomm，R.，Hammersley，M. and Foster，P.（eds）（2000）*Case Study Method*. London：Sage.

正如编辑们所说，这本书提供了个案研究中最有影响力和最重要的文献。请特别参阅哈默斯利和戈姆的介绍，以获得一个极好的概览。

Hammersley，M.（1992）*What's Wrong with Ethnography*? London：Routledge.

参见第 11 章，在《那么，什么是个案研究?》一文中，通过将个案研究与问卷调查和实验进行比较，哈默斯利旨在表明，这些方法之间的区别并不像我们有时设想的那样大。这些构建研究的方法之间存在的差异取决于个案的选择。

Patrick，J.（1973）*A Glasgow Gang Observed*. London：Methuen.

这是一本我不厌其烦加以推荐的书。就像贝克尔等人的《白人男孩》（1961/1980）一样，这本书写得像小说一样好，描述了作者混在格拉斯哥一帮年轻人中的故事。

Ragin，C. C. and Becker，H. S.（eds）（1992）*What is a Case*? Cambridge：Cambridge University Press.

这本书里包含有许多优秀的文章。尤其应关注拉金的介绍。

Simons，H.（2009）*Case Study Research in Practice*. London：Sage.

这是一本优秀且实用的图书，内容关于构建社会学意义上的个案研究的框架。它可以帮助学生了解学习个案研究的全过程。

Stake，R. E.（1995）*The Art of Case Study Research*. Thousand Oaks，CA：Sage.

Stake，R. E.（2005）"Qualitative case studies"，in N. K. Denzin and Y. S. Lincoln（eds）*The Sage Handbook of Qualitative Research*（3rd edn）. Thousand Oaks，CA：Sage.

斯泰克是个案研究方法的老前辈，他的著作非常值得一读。

Thomas，G.（ed.）（2014）*Case Study Methods in Education*. *Vol-*

ume 1：*Methodological Issues around the Use of Case Studies in Social Science*. London：Sage.

在本书中，我收集了一些典型的个案研究参考资料，包括本章中引用的一些关键参考资料。

第2章

个案研究与研究设计

2.1 做正确的研究

研究可以采取多种方法和形式，在任何领域都如此。想象一下你是生物学家，对解剖蚂蚁（甲虫或其他一些令人毛骨悚然的爬虫）感兴趣。如果这是你兴趣的焦点，那么你肯定会选择一个实验室去探索这种兴趣，用上解剖刀、移液器、放大镜和显微镜，在需要的时候记记笔记和录录音。你不会选择带着帐篷、笨重的靴子和双筒望远镜去野外旅行。如果你是对这些小昆虫的解剖感兴趣，那么野外旅行有什么意义呢？明智的做法是，获得你所需要的所有工具和设施（包括水壶），找机会在舒适的环境下开展你的工作。

这似乎是显而易见的——生物学家对此也很清楚。你不会发现他们经常用一个不太恰当的研究设计做愚蠢的事情。同样有趣的是，他们经常做个案研究，但他们不愿意称之为个案研究。也许这是因为，对他们来说，问题是明确的，设计和方法论很少有不确定性或令人绝望。我希望社会科学也如此。不幸的是，事情不是这样的。这是因为我们有时很不清楚焦点究竟在哪里。研究问题是否应该引导我们更详细地观察人与人之间的特殊互动，或者同一个问题是应该引导我们直截了当地计数，还是进行某种小实验或其他研究设计，研究者对于这些问题有时候并不清晰。由于这些不确定因素，我们经常花大量时间兴奋地讨论社会科学中的方法论——自然科学家一般不会感觉到这种焦虑。正如心理学家菲利普·列维（Philip Levy, 1981）所指出的那样，你既不会发现天文学家对研究方法有什么苦恼，也不会发现天文学领域出现诸如“望远镜在观察天象中的运用”这样的文章标题。

不幸的是，社会科学在许多方面比天文学或昆虫学更加复杂和令人难以应对，我们必须审慎地考虑方法论问题。诀窍是让思考恰到好处：不要太少但也不能太多（很多社会科学的学生在方法论章节写作中，花太多笔墨论述各种晦涩难解的认识论问题，而这些内容与他们的研究毫不相关）。

26 然而，因为社会科学如此复杂，我们的确需要花一些时间来考虑方法论的问题。作为社会科学家，很多途径对我们保持开放。我们需要清楚我们的设计，我们为什么要使用设计，以及我们希望设计引导我们到何方。个案研究尤其如此。

2.2 什么是设计？

研究设计没有什么奇特之处。对个案研究进行设计就像是对任何其他类型的研究进行设计一样，相应地，也像对比如浴室、船、网站、花园或海报之类的东西进行设计一样。你需要从研究目的开始——你得有一个需要设计干点什么的理由。然后，你去绘制草图。你对于如何达到目的要有概念。你环顾四周寻求别人的帮助，借用别人的想法。在这个初步案头研究的基础上，你完善你最初的构想，思考你将如何完成这项工作，然后，朝着实际完成任务的方向前进。接下来，你回顾你的工作，如果你的设计是好的，你就不需要回到草图板重新开始了。

> 设计一项研究就像设计其他东西一样——从研究目的开始，然后计划如何去实现它。

我说的“如果你的设计是好的”，意味着有许多个案研究设计的特征需要你牢记在心，以实现这个“好的”的设计。这些特征与我刚才强调的要点以及它们之间的相互联系有关：

- 目的。
- 概念（或问题）。
- 你的案头研究或文献回顾。
- 你决定采取的方法。
- 你决定使用的设计框架、方法和分析。
- 你将在个案研究中开展研究的过程——你的做法。

不过，你应该意识到这不是一个从上述清单中一项接一项勾掉的简单问题。要实现“好的”的设计，一些研究会采取一种有时被称为“线性研究”的方法，尽管它仅在某些类型的研究中起作用。但社会科学研究几乎总是不同的——它需要递归。就是说，它需要前前后后，曲曲折折：发现新事物，改进你的问题，根据这些修订再敲定你的方法，会有几个回合的反反复复。

因此，研究设计的清单就变成了如图 2-1 所示的递归过程。它涉及 27
相互影响的每个因素。

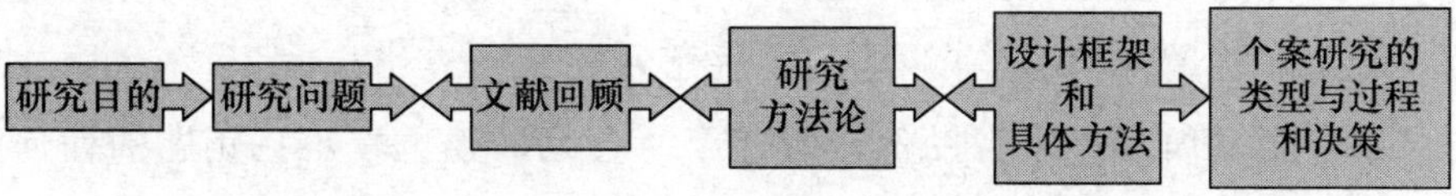

图 2-1　研究目的、研究问题、有关个案研究设计的决策之间相互支持吗？

这几个因素之间是相互联系的吗？每个部分都为其他部分提供支持吗？换句话说，做个案研究有什么好的理由呢？个案研究设计是否合乎逻辑地支持你的研究问题？这些研究问题可以通过个案研究来回答吗？

我将在本章接下来的内容中讨论这些问题，我希望我所举的例子能把事情讲清楚。

2.3 首要的事情：你的研究目的

研究始于研究目的和研究问题，而非研究设计。你需要有发现某些东西（你的研究目的）的理由，然后引出研究问题。这个研究问题将成为你研究的核心。设计从研究问题开始，而不是颠倒过来。

在你的研究问题中投入一些时间并仔细思考，会让你收获一个设计方案。但是由于所有关于研究问题可能走向何方的初始不确定因素的存在，有时人们会在对研究问题思考成熟之前就设计路线。这意味着他们将从完全相反的方向去接近他们的研究问题——先寻找方法或采用有利的技术——而对研究问题给予相对少的关注。

你必须做相反的事情：你必须把问题置于方法之前，让问题决定你用来回答它的方法。你不可以说，“这是一个伟大的方法。我确信我可以在我的研究中使用这种方法”。所以，如果你是明智的，那么你不应该一开始就说“我想做一项个案研究”。

在研究设计中本末倒置的错误，让我想起了一个关于“丢失钥匙的人”的著名故事。他在路灯下的水沟里拼命寻找。他的一个朋友走了过来，看见他四处搜寻，问道：“您丢了什么东西吗？”

那人回答说：“我把车钥匙给弄丢了，我找了有半小时了。”

28 那个朋友加入进来帮助他，但过了一会儿，她也看不见钥匙的任何痕迹。“你确认是在这里把钥匙给弄丢的吗？”她问道。

他回答说：“不，我是在黑暗的小巷里弄丢的钥匙。”

她难以置信地问：“那么，你为什么不去那边看看呢？”

他回答说：“因为这里有光，当然得在这里找！”

这个故事的寓意是，我们不应该把我们的研究和我们所有的分析工作集中在好的研究工具方面，如同光线充足并不意味着一定能找到钥匙一样，好的研究工具本身什么也不会告诉我们。主要议题必须是“我想发现什么”（“我试图找什么？哦，是的，我要找的是我的钥匙!”），而不可能是“发现问题的最佳工具是什么”，除非我们已经想好了第一个问题。

2.4 接下来，你的研究问题

正如刚才提到的，我们很容易被研究中的方法蒙蔽双眼——好像这些方法是研究的核心一样。它们不是！方法是回答问题的一种方式，但关键是从一开始你就得考虑你想要回答的问题并考虑如何来回答它。

如果在现实生活中有人问你一个问题，比如“你知道去圣何塞的路吗”，那么你的第一反应当然是简单地思考，然后尽你所能地做出回答。如果你是在加利福尼亚州的弗里蒙特市——离圣何塞不远的地方，那么你会说：“沿着 880 公路往南走 10 英里[①]，你就能到那里，我的朋友!”

然而，如果你在澳大利亚的弗里曼特尔——距离圣何塞 3 000 英里，当你遇到上述同样的问题时，你的反应就将取决于你的心情和你对提问者意图的评估。提问者在取笑你吗？她喝醉了吗？她真的糊涂了吗？如果她和男友在傻笑，那么你可能认为她在开玩笑，你会勉强地一笑了之。如果你心情不错，那么你可能会清清嗓子，带着歌手狄昂·华薇克（Dionne Warwick）式的颤音微笑着回应：“我离开这么久，我可能迷失了方向而走错了路。”如果你估计她喝醉了，那么你可能会不理睬她。如果你认为她遇到了麻烦，那么你可能会提供帮助。

无论问题是什么，你都会根据当时的情境做出评估，并以一种符合当时情境的方式加以回应，并尽可能用上当时可用的工具。因为你不是一台运用刺激反应程序进行编程的电脑，所以你对圣何塞问题的即时反应不会

① 1 英里约等于 1.61 千米。——译者注

是："啊！这是一个关于方向的问题。解决方向性问题的方法我知道多少呢？地图！现在，我需要一张运用墨卡托投影、横轴墨卡托投影、综合投影、摩尔魏特投影的地图，或者，让我看看，我真的应该去看看兰伯特正形圆锥投影的好处。"

29 不，你什么也不用做。你应直接考虑如何根据你的智力和常识来回答问题——这必须是你对研究问题的第一反应。要记住的重要一点是，在个案研究中，由于你正在研究的案例的完整性（也就是说，你不只是研究一两个相关变量），因此在问题的背景和答案方面，你都很容易发现有太多需要做的事情。然而，如果你真的去做的话，你就只会乱成一锅粥。

避免乱成一锅粥的关键在于，通过你感兴趣的一般性主题找到一个故事情节——它与你的特别的兴趣相关。在第3章中，我将继续指出把整个情境视为生态的重要性，巴克（Barker，1968：12）作为生态心理学运动的先驱之一，很好地说明了这一点。他通过援引一个对同一事件同样有效的替代性的解释，强调了其他形式的调查和分析的合理性。他让我们想象一列装满小麦的火车在堪萨斯平原上移动。这个移动如何解释？经济学家会用一种方式解释，而工程师会用另一种方式解释。"经济学定律和工程定律都是对的，在火车上都以可预测的方式运行。"

在第6章中，我将继续考察可以着手进行的个案研究的类型，当你详细地确定好你的研究问题后，就可以进行这一步。一旦你就如何回答研究问题做出决定，我建议你使用第6章中的分类作为一种检视方法。包括不同个案研究类型的那份"菜单"会使你说出："哦，原来我没想到。"它会在你面前设置选项，为你的研究提供各种可能性。回答你的研究问题的渠道是向你保持开放的，首先考虑这些渠道很重要。

总之，你不应该抱着打算做一项个案研究的想法开始一个项目。相反，你应该带着一个研究将要回答的问题进入项目。一旦你明确了你的研究问题，那么个案研究可能是也可能不是你选择的设计形式。

各种各样的研究问题

因此，研究论题——你的研究问题——才是你设计旅程的出发点。它是你研究的中心：一切都取决于它。你做研究的第一步不是大胆地说出“我正在做一项个案研究”，而是应该问“我想知道什么呢”或者“我想发现什么呢”。正是研究问题，引导你走向你需要去的方向。

你的问题不需要一开始就明确而具体。它从一个初始问题逐渐演变成一个更精细、更具有决定性的问题。当我谈到你的“初始”问题时，我的意思是一开始你提出的问题还不够深思熟虑。在你的调查过程中，研究问题几乎总是会发生变化。一开始就让你的研究问题合适且恰当是相当困难的，但当你做研究时，你必须从某个地方着手，你着手的地方就是你的初始问题出现的地方。

一开始对于你的研究问题是否合适且恰当，你不必游移不定。允许你 30
继续探索，勇敢地去面对它，不要因为研究问题的改变而害怕。随着你对这个主题思考得更多、阅读得更多，研究问题会变得更好。

> 研究问题是你研究的出发点。从研究问题开始，而非从假定你要做一项个案研究开始。个案研究应该合乎逻辑地遵循你的研究问题，否则你就不应该使用个案研究。

所以，把图 2－1 的一部分分解出来，让我们在图 2－2 中看看设计线索中你的初始问题和最终问题。

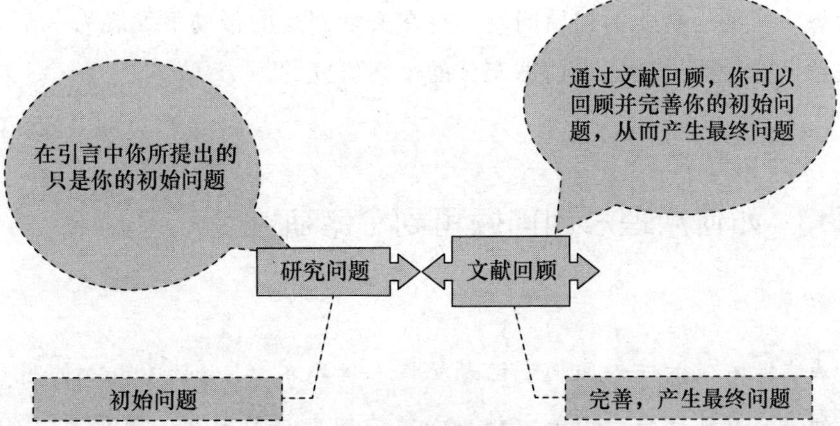

图 2－2　初始问题和最终问题

2.5 文献回顾

我认为最好的办法是，一开始就在你的论文引言中陈述你的初始问题，然后根据你的文献回顾不断对其加以完善、反思和修订，直至文献回顾结束。

文献回顾本身就是一个专门的话题，所以在这里我不打算细说（参见我的书，《如何做你的研究项目》，2013）。在这里，我想说的是，在你的初始问题的指引下，文献回顾会给你提供大量的新信息，是一个信息的宝库，你几乎肯定会想重新考虑那些初始问题。比如，可能已经有人很好地完成了你原本打算做的项目，或者在你希望能指导你的工作的现有的文献中，你可能会发现一些有趣的悖论。不管怎样，你原先的想法会有所改变，到文献回顾结束的时候，你会再明确你的研究问题。把研究问题写在文献回顾的结束处或方法论部分的开头处。

31 以上理论适用于任何研究。然而，在上述情形中尤其重要的是，理解在文献回顾结尾处经过阅读和思考重新修订、提炼和具体化而得出的研究问题，是如何导向个案研究或其他设计框架的。让我们来看一个例子，看初始想法是如何转化为初始问题，再在文献回顾的帮助下发展为一个更好的主意，并最终导向一个信息充分的个案研究的。

2.6 如何从理念到问题再到个案研究？

我在此提及的是新闻调查记者拉格·奥玛尔（Rageh Omaar）进行的个案研究。在4频道一个关于种族和智力的电视节目中，奥玛尔（2009）提出了一系列令人困惑和不安的关于种族和成就的发现。本质上，他的研究关注的是在学校中非裔或西班牙裔学生相比于白人学生更糟糕的表现。这是一个公认的现象，但为什么会出现这一现象？这既是他的初始问题，也是他在调查中采用的分析框架的基础。

奥玛尔首先概述了关于非裔或西班牙裔学生低成就水平的传统解释。智力过去（而且现在仍旧）被视为成就的根源：如果你拥有高水平的智力，你就可以获得成功；如果你智力水平较低，你就做不好。他还回顾了对智力差异的心理解释，并找到了这种心理解释的源头——在 20 世纪初期产生的一种思潮，这种思潮认为能力差异是由遗传决定的。当时，人们渴望能力得到测量，表现为智力测试和智商测试的发展。所有这一切都发生在人们对达尔文思想（集中总结为“适者生存”）有浓厚兴趣之时。对进化论严重扭曲的“社会达尔文主义者”将“适者生存”用于辩护“优生运动中低能的人应该绝育”（Thomas and Loxley，2007：34－37）。

尽管优生学和建立在优生学基础上的社会达尔文主义现在已成为完全不受欢迎的论调，但其拥趸对智力具有遗传性仍深信不疑。这仍然是很多人对待成功和失败的态度的核心。

事实上，优生学和社会达尔文主义可能仍然被视为公认的常识。奥玛 32
尔采访了一些信奉这种观点的重要的心理学家。他们所持有的观点扩展到相信不同族群的智力有差异，即非裔与西班牙裔往往比白人和亚裔智力低下。

奥玛尔的研究已初步成形并经得起一定的考验。他利用广泛的阅读和新的思想提炼了自己的研究问题。他提出的观点之一就是所谓的“弗林效应”。詹姆斯·弗林（James Flynn）是一位关注智商的研究人员，他指出个体和人群相当稳定的智商事实上在不断上升。平均智商分数始终保持在 100 的事实掩盖了智商上升的趋势。平均智商分数维持在 100 只是因为心理科学标准化的测量——定期“再标准化”数据用于计算智商。“标准化”虽然对于我们如何理解智商很关键，但却扭曲了智商的本来含义。奥玛尔运用“标准化”开启了对智商问题的辩论。

因此，标准化是什么？智商分数基于这样一种理念，即生活中大多数事物的值（身高、体重等）服从正态分布。换句话说，在这个范围的中间发生的概率最大（比如大多数人是平均身高），两端发生的概率较低（相对少数的人身高很高或很矮）。分布的人数可以用如图 2－3 所示的曲线来表示。这种“正态分布曲线”描述了自然界中大多数属性分散在人群中的方式。从这一点出发，早期心理学家假设智商也如此。

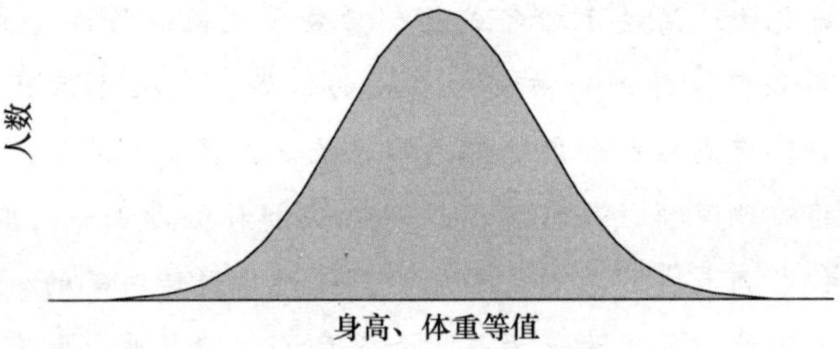

图 2－3　正态分布曲线

关于身高和体重的正态分布假设是很好的，因为二者毫无疑问地可以被测量。但正如我一直在整本书中煞费苦心地指出的那样，社会科学中研究的事物更为复杂。就智商而言，我们不能用尺子或秤加以测量。事实上，智商的概念是被建构起来的。

33 因为假设智商分数是服从正态分布的，所以必须对人们测试后的原始分数进行修正，以生成服从正态分布曲线的修正分数（被称为“标准分数”）。标准化的分数让人们的智商实现了正态分布。由于这种标准化，智商分布在时间上保持恒定。

弗林（1987）在一篇题为《14 个国家智商的大幅增长：智商测试真正测量了什么》的文章中（也请注意他后来的作品：Flynn，1998，1999，2003；Dickens and Flynn，2001）说到，如果你回到标准化前的原始数据，那么你会发现“智商”是不稳定的。人们“思考任务”的能力正在增强。令人惊讶的是，弗林是第一个对智商增长及智商概念究竟意味着什么唠叨个没完没了的人。

虽然弗林作品的兴趣主要集中在智商为什么会增长上，但更有趣的是——当然是就奥玛尔发展的研究问题而言——智商概念的建构。如果智商不是稳定的，也不像过去认为的那样服从正态分布，那么智商差异就无法被作为不同族裔的学生在学校表现好坏的解释依据。我们一般擅长于我们积极从事的事情，用这种简单得多的解释也许更令人满意。如果家里没有给机会去操练学校里要求做的事情，那么我们几乎注定做不好。考虑到非裔和西班牙裔学生来自贫困家庭的比例更高，这些家庭往往缺乏开展与学校相关的活动的机会，他们在学校表现较差与其说是遗传原因，倒不如说是家庭背景原因。

对这一理论背景的文献回顾——这个分析框架——为奥玛尔的个案研究提供了分析背景，个案的理论构建围绕学校的反预期对学生成绩的影响而进行。他可以修订先前的初始问题，提出完全崭新的研究问题："学校的反预期对学生成绩的影响何在？"为回答这一问题，他不仅需要利用文献回顾这一部分开展的分析，也需要借鉴经验主义的个案研究工作。

奥玛尔的下一步工作就是确定一个与上述趋势相悖的学校——表明非裔和西班牙裔的学生在有利的学校条件下可以取得非凡成就的特殊案例。他选择的学校是位于纽约布朗克斯的霍斯托斯林肯科学学院。

这是美国最贫穷和最困难的地区，80%的学生有资格获得免费或降价 34
的学校伙食。

霍斯托斯林肯科学学院是其所在地区 36 所学校中的一所。这是一所公立学校（即州立学校），为 6～12 年级的 534 名学生提供服务（小学最后一年直到中学结束，毕业考试后离校）。学生分别为非裔（23%）、西班牙裔（73%）、亚裔（4%）。

尽管贫穷和匮乏，霍斯托斯林肯科学学院的一些学生还是考入了美国最好的大学。这一成就显然不能被解释为拥有更好的教学资源，因为学校的每位老师要面对 17 名学生，而在纽约，平均每位老师只需要面对 13 名学生。

评估结果表明，该校在学生的学习方面做得相当好。英语方面，该校 52%的学生达到或超过了标准，而纽约同一地区学校的平均达标比例为 31%。数学方面，该校 77%的学生达到或超过标准，而地区平均达标比例为 51%。科学方面，该校 38%的学生达到或超过标准，而地区平均达标比例为 29%。像社会科学、化学、地球科学、生活环境等课程也是如此。

然而，对这种差异的展现并不是本个案研究的核心所在。如果没有下文，那么仅仅展现学校之间的差异是毫无意义的。研究的核心在于深入分析学校发生的事情，以及学生为什么能取得这样的成绩。

奥玛尔将注意力集中于该校发生的能够有效帮助年轻人的事情。他采访了学校校长尼古拉斯·帕尔伯格（Nicholas Paarlberg），参观了教室，进行了一些观察，与师生进行了座谈。奥玛尔特别感兴趣的是一名名叫关（Kwan）的13岁学生，他成了在较大的一所学校里的一个嵌套个案（见以后章节中有关嵌套个案研究的讨论）。

奥玛尔的结论涉及高期望值、对学生的肯定，以及学生有机会接触自身文化以外的文化。当学生毕业时，他们被允许在一面主廊墙上写上他们的名字，表明他们已经毕业了（见图2-4）。在对关的个案研究中，奥玛尔展示了这名学生在仅有一张床的狭小公寓里的起居生活，但在霍斯托斯林肯科学学院，他"转入了另一个世界，在这里他得到了茁壮成长"。

图2-4　霍斯托斯林肯科学学院的"毕业墙"

这是一项精心设计的研究。奥玛尔联系了很多重要因素，形成了一项很好的综合个案研究：

35 （1）注意到一些值得调查的东西，也就是说，非裔和西班牙裔学生在学校的表现总是很差。

（2）阅读相关领域的文献并提出一个假设或理论，即说明为什么会这样。

（3）找到一个反例或特殊案例，即通常出现的情况（这些学生成绩往往很差）在这一案例身上并没有发生。

（4）对特殊案例进行个案研究，借助这一研究，运用在文献阅读基础上发展起来的理论背景，试着解释非裔和西班牙裔学生具有良好表现的原因。

（5）把个案研究既作为解释又作为说明。

你的问题以及与它相联系的分析框架，正如拉格·奥玛尔所做的个案研究一样得到发展。它将从最开始的初始问题发展为最终的决定性问题。在从 A 到 B 的路上，伴随你的阅读以及试点性工作，研究问题可能会发生变化，并发展出一些新的想法。这一过程并不是个案研究的独特之处——任何领域的调查工作都如此。爱因斯坦用他著名的“思想实验”已经证明了这一点（Norton，2004）。在《白人男孩》一书对医学生培养的个案研究中，贝克尔等人（1961/1980：33）描述了由一个相对简单的问题引发出另一个更复杂、更具分析性的问题的过程。

> 我们首先提出了一个描述性的问题：学生们在什么发展方向付出了多大的努力？然后，我们提出了一个分析性的问题：为什么学生分别选择了这些发展方向，并为之付出相应努力，而不是选择其他的方向去努力？

2.7 问题与不同的研究方法

除了理解问题的发展——问题可以延伸出“分叉的问题”或“分层次的问题”——之外，重要的是理解存在着各种各样的问题，它们会导向各种类型的研究。我想把这些问题概括为 4 种基本类型。

（1）情境如何？——你在描述事情发生的情境。 36

（2）这里发生了什么？——你正在试图了解某一特定情境下所发生的事情。

（3）何时发生了何事？——你引入了一个变化，并看看它的效果如何。

（4）什么与什么有关？——你研究一件事情与另一件事情之间的关联。

通常，人们会想到这些会导向不同研究方法和研究设计的问题——他们确实这样做了。然而，有趣的是，个案研究可以包容各种不同的研究方法。它就像一把伞，涵盖了一系列研究方法。之所以能做到这一点是因为，正如我所说，个案研究是一个焦点而不是一个方法。即便个案研究涵盖了一系列的方法——这些方法我会在第 8 章详细地加以考察——我也宁愿把个案研究本身视为一个设计框架。我喜欢用这种方式思考个案研究，因为个案研究作为一种从事研究的方法，作为一种接近奇异点的方法，具有完整性。让我们再思考一下作为一个设计框架的个案研究，以及它是如何与你的研究问题相关联的。

问题与设计框架

橙子不是唯一的水果，而个案研究也不是唯一的设计框架。它是众多研究设计框架中的一种，可以被用来展开调查从而回答我刚才提出的4类问题。

因此，有许多设计框架可以运用，这让第一次做研究的人感到困惑。研究问题与设计框架之间并不是截然分开的，它们可以相互嵌入和相互包含。从这个意义上说，将各种研究问题映射到各种设计框架上是不容易的。

谨慎地记住这一点（稍后我会解决这一困惑），让我们概括一下在小规模研究中通常用到的设计框架：

- 行动研究。
- 个案研究。
- 比较研究。
- 评估研究。
- 实验研究。

因为以上设计框架各有优缺点，所以我们也要考虑它们各自适用的情境。对于不同的研究问题，以上设计框架各有千秋。比如，假设你关注“何时发生了何事”这样的研究问题——也就是说，你想看看X是否导致
37 了Y，此时你可能会运用实验研究的设计框架。如果你想知道某个新的管理方法对某个特定工厂的劳资关系是否产生了影响，你就要着手进行评估研究了。如果你想通过研究改进你的实践能力，那么你会着手进行一项行动研究。如果你想比较不同国家的现象，你就会着手进行比较研究。设计框架各尽其能。让我们把设计框架与各种研究问题和各种类型的研究分别对应起来。

你从表2-1中会注意到，某些类型的设计框架，如实验研究，仅适用于针对一类研究问题的回答（X导致Y?）；而另一些设计框架，如评估研究，不只适用于一类研究问题。其他设计框架如个案研究和行动研究，

可以涵盖我所概述的所有类型的研究问题。

表 2-1　研究问题、研究目的和设计框架

设计框架	研究目的——尤其擅长于	各种研究问题
行动研究	帮助发展实践	情境如何？ 这里发生了什么？ 何时发生了何事？ 什么与什么有关？
个案研究	了解正在发生的事情的细节	情境如何？ 这里发生了什么？ 何时发生了何事？ 什么与什么有关？
比较研究	观察不同的情境并做出比较	情境如何？
评估研究	看某事（物）是否在起作用	何时发生了何事？ 情境如何？
实验研究	建立因果关系——X 导致 Y？	情境如何？ 何时发生了何事？

这是因为个案研究为“单一性”而非程序性所定义。没有与个案研究完全相关的专门程序，这是因为，对一件事单一性的考察，允许使用它所希望的任何程序和方法。从事个案研究的重中之重就是事情的单一性。换句话说，个案研究既不是一种方法，也不是一套程序。相反，它是对一个焦点的关注。

2.8 设计框架与方法

在设计框架内，你会使用一种或多种不同的方法来回答你所提出的问题。就这点而言，个案研究拥有宽阔的胸怀：它喜欢所有的方法。

虽然说个案研究对方法的选择过于随意也许太过分了，但我们可以 38
说，个案研究对方法的喜爱是慷慨的——观察、日记、问卷调查、测试、统计、面访……无论是什么，都来者不拒。

同样，在个案研究的不同组成要素中，你可以在个案研究框架的基础上使用其他设计框架——在这个意义上，我们讨论的是框架内的框架。

重要的是你正在使用个案研究来详细考察你的个案。在这样做的过程中，你可以选择你能想到的任何方法和辅助设计框架，以帮助研究你的独一无二的个案。如果你去看一些信息量大的重要的个案研究——如鲍尔（Ball，1981）的《海边综合中学：对中等学校教育的个案研究》，或在一个完全不同的领域，继疯牛病流行之后发生在英国莱斯特郡的新型克雅氏病（vCJD）集群——你就会发现这些研究使用了广泛的方法，在对方法的使用上也采取了包容一切的态度。这并不是说个案研究中“允许”采纳一种或几种方法。相反，问题是当我们考虑方法的时候，想想看对于提出的问题什么方法是最好的。是观察法，还是问卷调查法，又或是社会关系图法？选择权在你手中。

把个案研究视为一个剪贴簿或文件夹或许是有益的。个案研究是你选择放入其中的所有内容。

个案研究好比是包含各种信息或资料来源的剪贴簿或文件夹。

2.9 使用故事板帮助你设计个案研究

不过，总有问题需要解决，我回到本书开头所提出的观点：没有什么可以替代思考来解决问题。方法不能替代思考，重温罗丹（Rodin）的《思想者》没有错。正是思考为你的个案研究提供了分析框架。

在设计个案研究时，为了让你有一种继续思考的感觉，我认为故事板是非常宝贵的工具。故事板能让你就最初的想法进行头脑风暴，并在这些最初的想法中找出好的、坏的或丑陋的路径。有了故事板，你就可以筛掉糟糕的或丑陋的想法——或者仅仅是那些不怎么吸引人的想法——然后继续那些有可能开花结果的想法。

你可以一边深入进行文献回顾并获得初始调查的信息，一边不断对故事板内容进行添加。最终，设计元素的路径就会展现出来。在第 9 章中，我将涉及操作化设计的过程。 39

在下面的例子中，我试图给出作为设计过程的一部分，需要继续进行思考的大体介绍，并解释一下故事板如何有助于设计。

个案研究设计　以头脑风暴和故事板为例

假设你是一名政治学专业的学生，对 20 世纪 80 年代东欧的文化状况感兴趣，那么你的目的是研究这个问题。

这可能会引发你思考一个初始问题，比如“柏林墙倒塌的原因”。虽然这是一个很好的初始问题，但它作为一个研究问题目前还太宽泛了，你需要做一些工作使这个问题变得更加有趣。可以用 1 000 种不同的方式来回答这个问题。想象一下。如图 2-5 所示，我提供了头脑风暴中的一些起点。

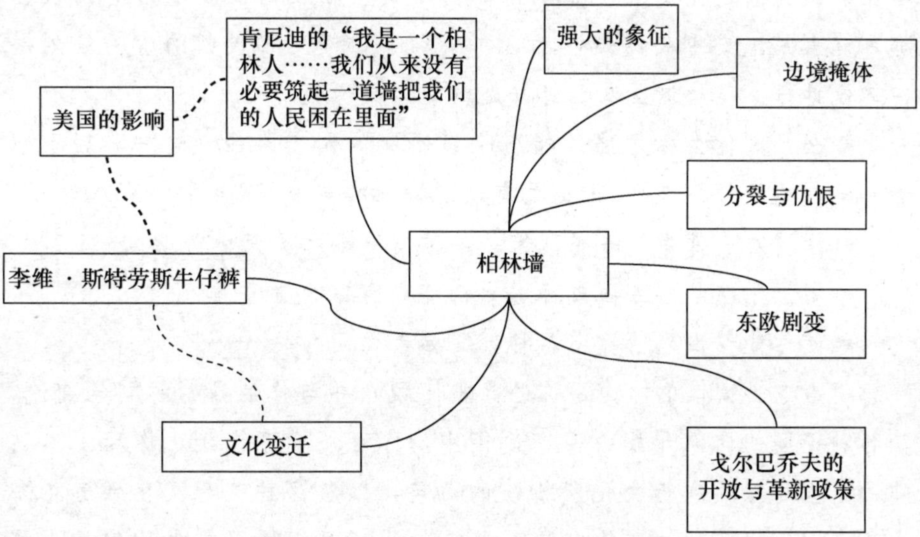

图 2-5　关于柏林墙倒塌的头脑风暴

40 任何事情都可以用头脑风暴加以考虑，这一特别的方法可能会让你更详细地思考那些允许被充分探索的大量可能原因：

- 几十年来美国和西方对西柏林存续的兴趣。
- 40 年军备竞赛后苏联的破产。
- 民主德国和联邦德国生活水平的显著差异。
- 戈尔巴乔夫（Gorbachev）的掌权和他的政治自由化。
- 李维·斯特劳斯牛仔裤黑市造成的经济破坏。
- 苏联政治当局拒绝支持民主德国当时的领导人埃里希·昂纳克(Erich Honecker)。
- …………

对于每一个可能的答案起点——每一个分析框架——都有许多潜在的方法来进一步考察。你可以查看统计数据和官方记录，浏览报纸报道，采访那些经历过此事的人，等等。

对于一项小型研究——本科生或研究生工作计划的一部分，上述潜在的途径因选择受限而缩小。你的时间、金钱以及获取信息的机会都可能有限。更重要的是，就这本书而言，问题将被归纳为一系列潜在的设计框架——这里我们感兴趣的是个案研究。

那么，是什么标示出了指引个案研究的调查路径（这一路径不同于其他一些设计框架）？正是具有以下特征的某个问题：

- 指引对一件事、一种现象、某种情境进行研究。
- 聚焦于在某些方面被标示为特定或有趣的情境。
- 使你能够看到情境中各种不同要素之间的关系。

思考它、阅读它（为了你的文献回顾）并与你的导师和同学交流，从各种不同的向你开放的调查途径中，你可能会意识到，你真正感兴趣的是当时东欧流行文化所扮演的角色，以及这种流行文化到底在多大程度上促成了柏林墙的倒塌。尽管如此，这仍然不能告诉你是否需要做一项个案研究。这会告诉你什么呢？

记住，个案研究的决定性特征是你研究主题的独特性。所以，如果你选择做一项关于柏林墙的个案研究，在某种程度上你就已将柏林墙识别为特定的存在（见图 2-6）。显然，在这里我们必须理智。柏林墙是独一无二的，它不同于你的后花园墙或你家的墙壁。（嗯，我猜你的后花园墙或你家的墙壁并不让人感兴趣——除非你是一名建筑工人或泥瓦匠，所以对墙的平直度或砂浆的质量特别感兴趣。）令人感有趣的问题也许包括：

- 侵略势力对领土的定义。
- 权力的象征。
- 分区。
- 国家边界。
- 涂鸦的对象。
- 国家暴力的对象。

41

图 2-6　柏林墙：一个什么样的个案研究？

对于上述任何一种现象，你都可以以柏林墙为例。然后，你会把这堵墙看作其中一个现象的特别有趣的例子——其中的一个分析框架。

稍微转变一下视角，你可以选择把柏林墙的倒塌视为一组完全不同的现象中的一个特别有趣的例子，比如：

- 权威的崩溃。
- 人民反对专制的胜利。
- 恐吓者的暴力与人性的弱点。

- 德国不可侵犯的完整性。
- 冷战时期西方宣传机器的成功。
- 流行文化和大众传媒在当代治理中的力量。

考虑到你对流行文化的兴趣，你决定接受最后一个。你可能感兴趣的是，柏林墙的倒塌如何在某种程度上证明了流行文化对国家和超国家事务的影响。你的出发点——你论文的萌芽状态——可能是这样的：政客们所实践的政治只是一种表面的粉饰，是一个国家的“自然政治”的一个主题。你可能会倾向于认为，在政治现象背后，往往会有更深层次的政治暗流涌动，这些暗流会自发地汇聚到一起，最终浮出水面，并推翻专制政权。（顺便说一句，这不是我所持有的观点，但它是一项研究中一个非常好的探索起点，会促成一项有趣的研究。）有了这个出发点，你就能找出几个这样倒台的专制政权，指出流行文化在其中扮演的角色，然后强调指出你准备集中注意力于柏林墙的倒塌，将柏林墙倒塌视为一个有大量书面证据可资利用的特别令人感兴趣的
42 案例。这就是你个案研究的开始。

既然你有理由将柏林墙的倒塌作为流行文化影响的案例，那么你需要时刻牢记的是，柏林墙的倒塌正是你集中注意力的事情。换句话说，不要陷入仅仅讨论文化在苏联对东欧影响的式微中所扮演的角色。

在这个巨大的分而治之的象征符号的崩塌中，什么是最具有标志性的？它的崩塌在某种程度上怎样说明了流行文化的力量？你需要建立这样的联系。

让我们想象一下，你再次用头脑风暴法思考文化与柏林墙之间的联系。故事怎么来编？我希望你能从图 2-7 的头脑风暴图中清楚地看到一些东西。

43 我希望你能明白的是，从我所列举的流行文化的形式——媒体、绘画、涂鸦、电视、报纸、流行音乐、小说、知识分子、服饰、名流——来看，从文化角度来说，墙在结构上有很多元素。有了洞察力的

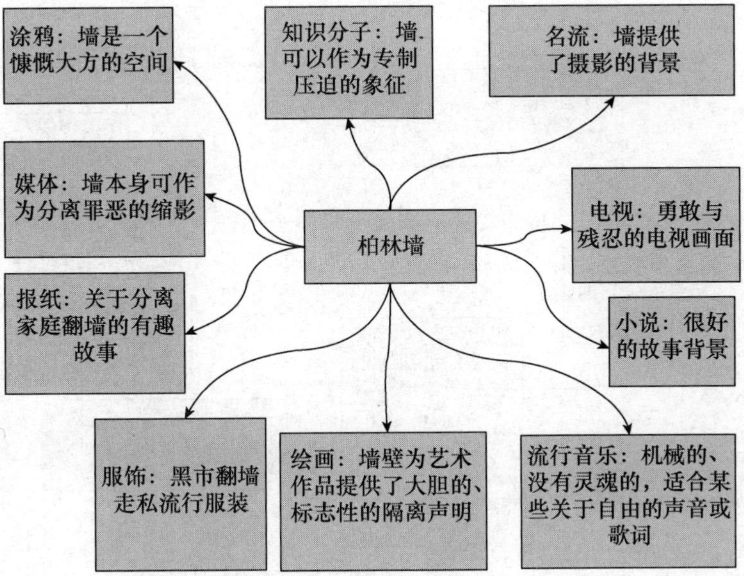

图 2-7　文化与柏林墙

火花，你会看到流行文化的表现形式丰富多彩。柏林墙规模恢宏，由不得人们忽略它，它矗立在那里等待人们去描绘。与其两侧的其他建筑物相比，它是惹人注目的野蛮符号。它被荒凉的、空旷的空间包围；它也象征着建立它的政权对人类规模和人性的仇恨——它是拒绝个人主义的象征。

在所有边境建筑的领域中，你可以对柏林墙进行一些特殊的区分——这就是它脱颖而出，不同或类似于其他边境建筑，从而成为一项个案研究的原因。

现在你可以绘制一个故事板（见图 2-8），在其中，你可以将所有想法的要点“连接”起来。你把头脑风暴中相关的和重要的部分联系起来。

墙是分离和压迫的象征。在这里，图 2-8 中的故事板集中了文化方面的独特特征。它指出，与其他可能涉及分离和/或压迫的边境建筑相比，柏林墙具有特殊特征——想想朝鲜与韩国的分离或黎巴嫩与以色列的分离。是什么使它们比起柏林墙来具有更少（或更多）标志性

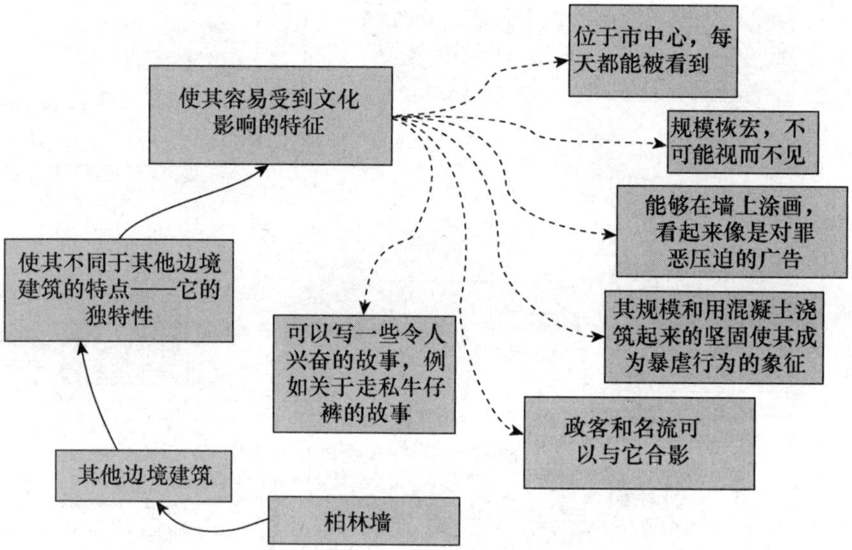

图 2-8　以柏林墙为例的故事板

的文化象征意义呢？首先，它们是由带刺的铁丝网而非混凝土构成的，并通过非军事区将其与普通民众隔离开来，这也有效地阻隔了文化之间的接触。

44 就文化影响而言，这些特性（铁丝网、用非军事区将民众与文化进行隔离）会自动使得其他边境建筑变得较为迟钝。就其本质而言，其他边境建筑是与人隔绝的，而柏林墙却切切实实地“在你的面前”。人们每时每刻都能看到它，它已经成熟到可以被当作一种文化标志使用，最终违背了建造它的初衷。我们可以说，它是自己最大的敌人。

我希望如图 2-8 所示的故事板能够使你明白，如何从一个松散的思想集合转变为以奇异性与特殊性为出发点，并最终形成一项个案研究，探索这种特殊性即唯一性。我在第 11 章描述了绘制故事板的具体细节。

2.10 本章小结

• 围绕一个问题而非一个方法展开一项调查。无论如何，个案研究都不是一种方法——它是不同方法的包装器。这是个案研究特别关注的焦点。

• 围绕你的问题建立你的个案研究——个案研究是达到目的（也就是回答问题）的手段，而不是目的本身。

• 在你的研究中尽早做一个文献回顾，尽可能全面地找出你的课题已经做了哪些研究。然后，你将能够相应地调整或修改你的初始问题。

• 记住个案研究不是方法。相反，它是一个设计框架——你研究的一个支架。在这个框架或支架内，你可以使用广泛的研究方法。

• 在构建个案研究时，要牢记建立故事情节的必要性。关键是从你独特的焦点中汲取丰富的、相互关联的信息，并从接下来的分析中获得独特的见解。你可以使用故事板来帮助你做到这一点——从松散的想法集合转变为清晰的叙述。

2.11 延伸阅读 45

Ball，S.(1981) *Beachside Comprehensive*：*A Case-Study of Secondary Schooling*. Cambridge: Cambridge University Press.

Lacey，C.（1970） *Hightown Grammar*. Manchester：Manchester University Press.

这些是个案研究的经典示例。书中的每篇文章都详细分析了一段时间内一所学校发生的事情。他们举例说明了个案研究中可以使用的非常多样化的数据收集手段，以及个案研究可以与国家政策巧妙联系的方式。

Becker，H. S.，Geer，B.，Hughes，E. C. and Strauss，A. L.（1961/1980）*Boys in White*. Edison，NJ：Transaction Publishers.

另外一本经典著作。这是一本关于美国医学生及其工作方式的很好的读物，它对个案研究过程的介绍几乎与医学生的培训一样详细。

第3章

整体大于部分之和：看清全貌

本章提供个案研究的思想史——展示个案研究的学术谱系和渊源。虽然或许这一内容对你从事个案研究的具体细节没有太多帮助，但我希望这些内容有助于你理解个案研究的起源，以及目前个案研究所代表的一种调查研究方法的起源。如果你想要自己的研究项目取得好的成绩，那么你确实需要了解这些内容。更为重要的是，如果你想要弄清楚为什么个案研究对你的工作适合且有意义，你就更需要了解它。你论文中的一个重要章节是你的方法论章节，如果你理解本章的内容（也即本书的这一章），那么你会写出一个更好的方法论章节。

整体地看待问题，代表着一种新的或至少是一种重新觉醒的世界观。整体方法论出现于 20 世纪，其目的在于说明，在理解现象的过程中，不能相互分离地看待各个组成部分，而应把各个组成部分视为相互联系的元素。尽管个案研究并不仅仅崇奉某一种思想流派，但任何想要做个案研究的人都心照不宣地认同这一世界观。我将在本章中回顾其中的一些内容。

3.1 还原事物还是视之为整体？

个案研究并不受某一思想流派的束缚，这使它看起来有点“另类”，这也是个案研究试图建立其信誉所面临的问题之一。

47 尽管个案研究可能不遵循某一特定的思想或学术流派，但它强调整体方法论，这使得它成为受人尊敬的学术共同体。这一共同体期望以整体的眼光来看待事物。

然而，从整体角度看待事物的愿望面临着诸多挑战，因为自启蒙运动以来（也即自 17 世纪中叶理性和科学思维发端以来），大多数科学探究的推动力一直来源于分析事物。分析方法是指根据事物的组成部分以简化的方式加以理解。换句话说，简化的分析方法就是哲学家们所认为的还原论。

还原论在自然科学以及发源于自然科学的技术领域里创造了一系列的奇迹——人类登月、制冷技术、抗生素、电脑等。从这个角度来看世界的万事万物，现象只不过是其组成部分之和。

相比之下，个案研究的出发点却是，某一现象的整体大于部分之和，必须将其视为一个整体，而不是仅仅作为一组相互关联的变量之和来看待。这一整体方法论立场如何与大放异彩的还原论立场相提并论呢？此外，既然还原论已经如此成功，那么为什么还有人想以不同的方式研究事物呢（见图 3－1）？

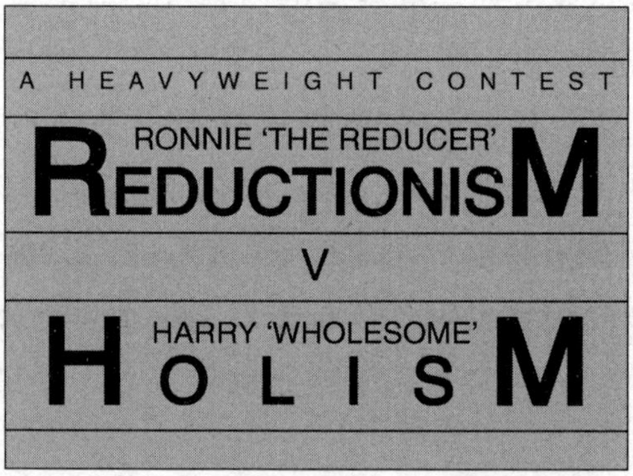

图 3－1　还原论与整体论：各有其优势

本章事实上试图以整体大于部分之和的方法去观察和分析现象，本章还涉及主要发生在 20 世纪而非以前的知识传统，这一知识传统与高产的还原论传统形成鲜明对照。这有点像大卫与歌利亚之间的较量[①]。有许多有着特定主题但与我们将事物理解为整体并不相关的元素，我会一一简要介绍——每一元素都以不同方式讨论整体性在探究中的重要性。

相比是简单地把世界视为不可分割的整体还是视为必然地可分割、可还原的部分，这个问题（即整体性在探究中的重要性）要复杂得多。与这里所做出的假设相关联的是，关于探究目的的信念。换句话说，我们为什么要做研究？

有人要说，研究的目的是建立起一系列的法则和理论，我们可以运用这些法则和理论来解释世界，并预测下一步可能发生的事情。还有人表示，对于理解自然科学领域出现的事物，这是再好不过的方法（正如之前我提到的，这些法则和理论把我们带到了月球等），但它不足以解释社会科学领域发生的现象。在社会科学领域，还原论的价值大打折扣。

还原论是否有价值的问题，就像古希腊雅典的山丘一样古老。柏拉 *48*
图、苏格拉底（Socrates）和亚里士多德（Aristotle）对此有很大的分歧。那是黎明时分的手枪决斗。嗯，可能是这样的。不，因为手枪不是在 2 000 年前发明的，所以他们可能是裸体摔跤。虽然场景不是很美观，但是，如果你的想象力允许的话，我希望你能想象到这个摔跤场。在运动员休息区的一边（蓝方），你会欢迎来自雅典的柏拉图先生吗？他认为由归纳而来的普遍真理是伟大而不平凡的——如果我们想要真正的知识，它们就是我们应该寻找的东西。他的朋友苏格拉底先生也来自雅典，他说："我正在寻找多样性中的相似性。"换句话说，他正在寻找由许多事例所证明的真理的本质——例如，我只看到过白天鹅，所以所有的天鹅都是白色的。

在运动员休息区另一边（红方），你是否会欢迎同样来自雅典的亚里士多德先生呢？雅典显然是一个孕育知识分子的热门地方。亚里士多德先生不同意柏拉图先生和苏格拉底先生关于"从多样性中寻找相似性"的观

---

① 据《圣经》记载，歌利亚是非利士的将军，传说中的著名巨人，带兵进攻以色列军队。因为其拥有无穷的力量，所以所有人看到他都退避三舍，不敢应战。有一个叫大卫的牧童用投石弹弓击中了歌利亚的脑袋，并割下了他的首级。大卫后来统一了以色列，成为著名的大卫王。——译者注

点。亚里士多德先生说，对于许多知识，我们只有运用我们的实践推理、工艺知识或隐性知识[①]——由经验而知的东西——才能取得进步。这是我们“在工作中”或仅仅因为活着而学习到的东西，这种知识只能在特定的案例中才可以得到解释，不能把这种知识简化为一般原则来进行传播。亚里士多德先生说：“苏格拉底先生和柏拉图先生，你们不应该忽略案例在知识生产过程中的价值。”（顺便说一句，我用艺术的风格编造了这句引述，但他也许的确说过这样的话。）全体退场……让我们来场干净利落的战斗吧，孩子们！

关于这一主题的分歧和争论一直持续到今天。分歧进入文艺复兴时期的第一大本营，弗朗西斯·培根（Francies Bacon）——有人会说他是人类历史上第一位科学家——断言柏拉图的追随者，即泛化论者和规则化者，“固守自己的理论和教条，对于特殊情况极其傲慢和轻蔑”。今天，这一争论不幸地被称为“范式战争”（Oakley，1999），而且没有任何减弱的迹象。任何持续 2 500 年的争论显然都受到了长期的关注，我们也不会很快平息它。

蓝方的人，也就是柏拉图和苏格拉底的想法取得了胜利（一般而言），他们的思想在自然科学中获得了巨大的成功。可怜的老亚里士多德坐在红方的角落里，垂头丧气地盯着自己的脚，舔舐着伤口。在这个问题上，精明的评论家本特·弗林夫伯格（2001）断言，对于我们的理解方式来说，这是一次巨大的挫败和损失。这个错误导致了人类在理解社会现象上 2 000 多年错误的开始。错误在于未能根据不同的目的区分不同类型的探究，并且它使我们在极端的情况下走向荒谬的立场，即认为讨论特定的例子或从特定的例子中学习不适宜，唯恐特定的例子被视为“趣闻轶事”而不科学。

49 因此可以说，这个区别（整体论与还原论之间的分歧）在思想史上已经走过了漫长的历程。本质上，它与特定的个别事件与更大的整体性图景

---

① “隐性知识”是相对于“显性知识”而言的。显性知识是能够被人类以一定符码系统（最典型的是语言，也包括数学公式、各类图表、盲文、手势语、旗语等诸种符号形式）加以完整表述的知识；隐性知识是指那种我们虽然知道但难以用文字、图表和数字加以表述的知识，是我们在做某件事的过程中获得的知识，主要表现为经验、教训等方面。——译者注

之间的关联性，以及我们能在多大程度上使用个别事件来建立我们可以解释和预测的定律或理论有关。有人说，在自然科学中归纳是合理的，但在社会科学中则不然。对于前者，比如物理学和化学，所研究的事件具有这样的稳定性，即定律和理论可以以一种被证明对解释和预测有用的方式总结出来。然而，在社会科学中，研究对象具有随机曲折性，任何通过建立稳定的定律或理论来可靠地解释和预测的尝试都是毫无意义的。

哲学家阿拉斯戴尔·麦金太尔（Alasdair MacIntyre，1985）在他的著作《追寻美德》一书中提出了这一经典论点。如果你有兴趣，请阅读该书的第 8 章“社会科学概括性的特征及其预测能力的缺乏”，内容既有趣又有启发性。

> 整体论就是把事物看成一个整体。有一种假设认为，整体大于其各部分之和。整体主义要求全面地、完整地看待事物。

我说过，关于还原论和整体论的争论已经持续 2 500 年了，就自然科学所使用的主要方法而言，还原论肯定赢了。事实上，在过去的 100 年左右，亚里士多德观点的拥护者在思考社会科学时才再次涌现。

早些时候，就在本书的开头，我提到了“表意”——一种不像罗马字母表中的符号一样代表声音，而是代表思想的图画或图形。在 19 世纪末和 20 世纪初，哲学家威廉·文德尔班（Wilhelm Windelband）运用了“表意”的概念，将社会探究中他分别称为“个别的”（个特式）和“普遍的”（律则式，来自希腊语“nomos”，意为“法则”）两种方向殊异的方法区分开来。

我个人认为，如果文德尔班将“表意的”称为“象形的”，那么它会使生活更方便，因为“象形”是一个完全可接受的“表意”的替代品，它更直接地解释了他想要表达的意思。象形文字是一种已经程式化的小图片，它以书面形式来表达事物。例如，“人”的象形文字看起来有点像火柴杆，有一个“躯干”和两条“腿”。（有趣的是，这些图片最终也采用了类似声音的表现形式，并发展为我们现代的字母书写系统。）

具体而言，“个特式方法”就是详细地描述和研究个别现象——在我们面前有一幅“图片”。与此相反，“律则式方法”就是从许多案例中进行归纳，并从这些归纳中得出一般性的规律。

事实上，文德尔班并不是第一个注意到这种差异的人，但正如在思想史上经常出现的情况一样，他对个特式方法和律则式方法巧妙地进行了概括，他所做的区分也一直沿用至今。事实证明，这对总结各种社会探究方式之间的差异非常有帮助。

50

3.2 格式塔心理学

在文德尔班之后不久，这次讨论经历的一个有趣路径就是 20 世纪早期的格式塔心理学。对于个案研究来说，这很关键，因为格式塔思维的本质是，应该从总体上看待事物，正如我们在个案研究中试图做的那样。这里出现的关键思想是，思维不是孤立地、单独地感知事物的，而是作为各组成单元一体化的整体加以运作的。我们人类，在动物中是独一无二的，对看似不相关的现象赋予意义，并从中得出说得通的模式。这就好比我们的大脑是一种模式制造或意义制造的机器。

这里的关键人物——如马克斯·韦特海默（Max Wertheimer）、沃尔夫冈·苛勒（Wolfgang Köhler）这样的心理学家［后来有伟大的社会心理学家库尔特·勒温（Kurt Lewin）——行动研究的创始者］——认为心理学家用来研究心理现象的方法扭曲了我们对心理现象的理解。他们认为，通过不断地将心理学的整体主题转化为构成变量，其最终结果是对思维运作方式的误解。思维并不建立在心理科学“方便的积木”——诸如性别、年龄、反应速度、时间、阶层等这样的变量——基础上，而建立在整体性基础上。

人类的确是一种寻找模式的动物。人类大脑具有无限丰富的预测模式的能力——它只需要形貌上的稍稍提醒，就可以从最初看似混乱的外界刺激物中提炼出清晰的对象。观察图 3-2，观察片刻之后，你看到的是一只达尔马提亚斑点狗。（看不出吗？它的鼻子在图片的中央，背朝向右上角。）事实上，对于某些类型的探究来说，这也许是危险的，我们不承认什么都没有看到，而似乎倾向于看到了根本不存在的事物。

图 3-2　人类有着惊人的见形造义的能力

哲学家卡尔·波普尔（Karl Popper）指出，见形造义的能力可能是与生俱来的。他（1977：270）同时指出，这可能是人类“使其寻找规律的机制”使然，也有可能是他称之为“教条式的思考方式”使然。

同样，巴罗（Barrow，1997）指出，人类大脑有不可避免地进化为 51
“超视模式”的趋势，也就是偶尔会看到根本不存在的事物（比如“误报”，把细长的阴影“看作”虎纹）。相比于事实上存在（其中细长的阴影的确就是虎纹）而不被承认，偶尔看到根本不存在的事物在历史上给了我们一个进化的优势。

底线是，我们必须谨慎地看待这种宝贵的观察事物的能力，因为在今天，有一种从形状不清的东西中塑造形状和理论的偏爱，这种偏爱可能不那么有用。我们可能会做出过度的概括，倾向于从不足的信息中归纳出一般性的结论。这种倾向必须在所有的抽样程序中加以防范，而这些程序都是由所谓的概率研究发展起来的。

然而，如果我们审视的是具体的案例而不是具有代表性的样本，我们就不能指望将结论一般化。相反，我们期望能够在不具有概括性的情况下，尽可能将现成的在理解方面的优势发挥出最佳效果。这似乎又回到了还原论者与整体论者之间的“裸体摔跤”上，我们不能把两种探究方式搞混。

尽管你不能从一项个案研究中概括出什么一般性的结论，但是你可以运用你的能力把事物结合在一起，并从中汲取经验，对这个特定案例的因果关系做出明智的判断。这是我们人脑所擅长的，这就是我们人类能够从树丛中走出来的原因。这也正是牛顿、达尔文和爱因斯坦所做的。因此我们不应该为此感到羞耻，整体论就是用来连接想法的，就如同神经元之间的神经节。

上面的许多部分从思想史的角度讨论整体性，下面的部分我将继续从思想史角度审视整体性。

3.3 戏剧、剧院与舞台

> 全世界是一个舞台，
> 所有的男男女女不过是一些演员，
> 他们都有下场的时候，也都有上场的时候。

这段引文来自莎士比亚（Shakespeare）的戏剧《皆大欢喜》，这是其中一个名叫贾克斯（Jaques）的角色所说的话，这段话总结了关于如何看待这个世界——自然界以及社会世界——的几条思考。因此，我们有必要多讲一下关于舞台的类比。

事实上，《皆大欢喜》的引文可能也是个案研究人员的座右铭，因为我在这一节中要回顾的关于社会情境的思考方式，都具有通过情境观察人的特征，其中行为是由人与情境之间的互动加以定义的，当然这也是个案研究的必要条件。每个人都受到周围环境的影响：没有人是孤立存在的。

52 再也没有比社会学家欧文·戈夫曼（Erving Goffman）的著作更好的示例来探索这一想法了，实际上，他把自己的社会生活观称为“戏剧理论”或“拟剧理论”。在词典的定义中，“戏剧”是写作和创作剧本的艺术，而对于戈夫曼来说，生活就是一系列戏剧性的表演，人们根据与其他演员的互动来扮演角色并改变自己的行为方式。当与不同的人在一起时，我扮演着不同的角色：当我和我的妹妹艾德丽安（Adrienne）在一起时我扮演的角色的特征，既不同于与我的朋友彼得（Peter）在一起时，也不同于与我的老板爱德华（Edward）在一起时。核心也许是相同的，但是如果要我在同一个房间里同时面对他们三人（但愿不会如此），那么我一定会患上精神医学文献中为人所熟知的急性三重人格内倾综合征（PIS3）（顺便说一句，这是个玩笑）。

戈夫曼注意区分了两种必要的表演情境：有一个“前台”，“行为”总是用于“印象管理”；还有一个“后台”，在那里人们可以更“自我”。

> 解释学家们说，没有“外在”的“客观”的社会世界。相反，它是由每个人基于其面对的不同情境而构建的，所以有时把世界看作我们扮演角色的舞台是有用的。

戈夫曼的戏剧理论本身就是社会学的一个分支，是被称为符号互动论的一个重要分支。符号互动论的主要倡导者之一赫伯特·布鲁默（Herbert Blumer，1992：82）提出了他所称的这一社会学派的“基本前提”和“方法论后果”：

> 人类解释或“定义”彼此的行为，而非仅仅对彼此的行为做出反应。他们的“反应”并不是直接针对彼此的行为，而是基于他们对这些行为的理解。因此，人类的互动是通过使用符号、解释，或确定彼此行动的意义来实现的。

符号互动论被视为解释主义这一更广泛的思想流派的分支。解释主义的基本假设是，社会世界是由我们每个人以不同的方式构建的，每个人在不同情境下对相同的言语和事件都会赋予不同的意义。从广义上讲，解释主义是由美国社会学家乔治·赫伯特·米德（George Herbert Mead）发起的，我将在第8章中更详细地研究它。

虽然没有直接联系，但这些思想流派的先驱是埃德蒙德·胡塞尔（Edmund Husserl）的现象学，它出现于20世纪初。现象学通常被认为 53

是一种哲学而非社会学流派，但它与解释主义者和符号互动主义者在对意义的强调上密切有关。胡塞尔会说，行动不能被分解成组成要素来理解。只有在行动者对行动施加意义的情况下，它才能被理解。换句话说，行动只有被放在完整的语境下才可以被理解。

事实上，一群哲学家，以及那些新兴的社会学者和心理学者，当时也在说着同样的话。威廉·狄尔泰（Wihelm Dilthey）提出了“理解”（Verstehen）的概念，更充分地划定了自然科学与社会科学之间的界限，以及我们探究它们的方式。他说，我们不能忽视人类所做和所说的所有一切的历史背景和意义语境。

3.4 生态心理学

另一种对整体性的需求表现在生态心理学中。在“绿色”意义上，生态学是指生物在它们所居住的环境中所发生的相互关系。它是对在这些环境中发生的复杂相互关系的研究。

生态心理学的一个出发点是，居住在这些环境中的有机体生命与环境的性质和质量密不可分。环境的任何一个微小的变化都会产生连锁效应，从而影响到居住于此的有机体生命。其中一个重要的方面就是，在这个环境中会有一个平衡且这个平衡会被维持。如果狐狸受到捕杀，那么它们的主食——兔子，就会由于没有天敌而疯狂地繁殖，所以狐狸随之大量繁殖，吃掉过剩的兔子，兔子的数量会下降，反过来导致狐狸的数量下降。然后兔子再繁殖……如此这般循环往复（见图 3-3）。因此，平衡得以维持。同样的情况也发生在我们作为人类居住的环境（家庭、学校、工厂）中。

因此，生态心理学家会说，人类即智人生活在一个五彩缤纷的世界中。这是一种生态，在这里，一种刺激物的增加引发的不是条件反射或一种无意识的定向反应，而是一种经过深思熟虑的反应或反应过度。

困难的是，这并不是说你可以建立一个有意义的研究，就像评估提高音乐音量对人们谈话音量的影响一样。当然，你可以在物理上做到这一点——你可以让一些志愿者在一个摇滚音乐小声播放的房间里交谈，然后开始调高音乐的音量并测量志愿者交谈的音量。

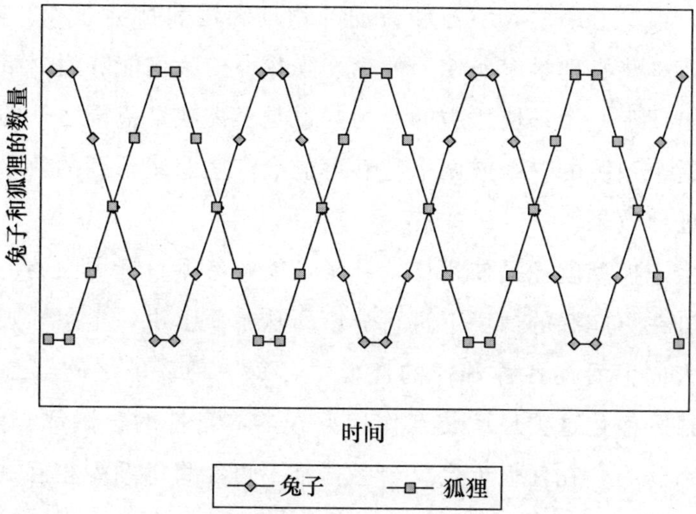

图 3-3　在一个生态系统中保持平衡

我猜你会说志愿者的交谈音量也随之上升了（许多心理学实验是这种类型的）。然而，生态心理学家会说，现实世界不是这样的。在现实世界中，人们会离开房间去谈话或者有人会去把音乐的音量调低。然后，会有人去把它再次调高，也许会有一场争论，然后可能是一场打斗，甚至可能有人会受伤被送进医院，等等。 54

因此，现实世界是复杂的，它是我们感兴趣的现实世界。生态心理学提供的理解是，在严格控制少量变量的心理实验室中，人们的行为方式远不能代表人们在现实世界中的行为方式。

其基本思想与符号互动论背后的基本思想相同，即行为不可能在真空中发生，行为发生在他人活动的背景下，在家庭、工作场所、学校或社区的背景下，以及在语言、文化、法律和物质环境的背景下。由于心理学及其研究通常是通过隔离变量、控制重要的变量以及操纵一两个变量来实现的，因此我们开始墨守成规地认为他们使用这些控制和操纵，是对我们日常生活中所发生事情的有效表述。我们开始以为，我们生活的这个世界真的是这样的，就像一个心理实验室，有一组简单的变量，这些变量在彼此之间的关系中或多或少是迟钝的。

传统上，对个体的心理努力的关注遍布于应用领域，干预也常常发生
55 在真空中，很少考虑个人学习和行动的物理环境和社会环境。自 20 世纪中叶以来，一些心理学家所使用的生态隐喻，使我们能够明白事情并非如此简单。出现于一个环境之中的行为，也是个体狭窄范围之外的条件的结果。改变这个系统的一个或两个特性可能会产生意想不到的效果，也可能根本没有任何效果。

采用生态模型就像是使用广角镜头，能够考察目标周围的更广泛的情境，并促进在更广泛的情境下进行分析。从本质上讲，生态学观点使人们认识到，人们生活在各种各样的环境中，每一种环境之间都是相互影响的，任何过分简化这些环境相互作用方式的丰富性的尝试都必然有缺陷。生态学观点认为，在任何社会舞台上，都不可能将一系列相互关联的现象的功能分离开来。

人们通常认为，正是罗杰·巴克（1968）引入了生态心理学的概念。他认为行为环境既有静态属性也有动态属性。在静态方面，环境包含一种或多种固定的行为模式和背景，后者包括诸如房屋、教室、刮风天之类的元素。在动态方面，环境包括人与人之间、群体与群体之间的关系。巴克说，科学试图将静态和动态、身体和行为分开，但它们的互动是巴克关注的焦点。巴克将这些互动发生的情境命名为“同型体”。

> 生态心理学是关于心理世界复杂性的学科。所有事物都是联系在一起的，因此很难评估改变一个变量的效果如何。事物往往处于平衡状态。

巴克显然是想让他的模型在现实世界而非实验室中发挥作用。以行为和环境的整合为起点，他希望能够预测现实世界的事件并解决实际问题。不幸的是，如果你继续跟进他的研究，那么你会意识到，他过于复杂的模型以及晦涩难懂的语言使他的目标很难实现——他的目标和模型就好比两辆不同路的公共汽车，事实上，公共汽车正朝着相反的方向行驶，一辆开

往莫斯科，另一辆却开往马里的廷巴克图。真让人遗憾，因为巴克的中心论点既重要又有力。

在巴克的复杂分析中，他不断重申物理环境的影响及其一系列其他影响，例如参与者的思想意识，以及与某些同型体相关的程序、实践或仪式的相互作用。值得注意的是，巴克及其他人如格雷戈里·贝特森（Gregory Bateson，1972/1999）——后者促进了人们在其所处的环境中理解人们的生态推力——自身都具有多学科的学术背景，并促进了不同领域的知识交流。

这个领域的另一个重要的代表性人物是库尔特·勒温，我之前提到过 56
他。勒温是一个心理学方面的博学者——一些才华横溢的想法在他身上迸发火花，使他看上去像一个人型范德格拉夫起电机。他像一个闪耀着光芒、嗞嗞作响的闪电球，除此之外（可能在业余时间），他发明了行动研究。

在当前的背景下，他提出了一个他称之为“场论”的观点，这与格式塔心理学和生态心理学都有联系，我在这里要提及一下。勒温（1951；1997）认为个体心理的“领域”包含一系列社会和心理因素，并随着个人的经历而发生变化。替换“场”的另一个术语叫作“生命空间”——家庭、工作、学校、体育俱乐部——我们在不同的时间以不同的方式占据着这些空间。所有这些都是由以不同强度运行的“矢量”连接起来的。

虽然勒温灵活善变（也许有点躁狂）的头脑，可能让他试图把事情做得过于精确，但他为发展整体论观点提出了另一个层面的思想。

生态心理学的主要支持者之一是尤里·布朗芬布伦纳（Urie Bronfenbrenner），但由于他的模型是由生态思想和系统思维混合而成的，因此我将在下一节“系统思维”里进一步详细讨论他的想法。

3.5　系统思维

系统思维是一种观察世界的方式，它天然适合个案研究，因为它旨在将整个系统视为一个整体，就像你在个案研究中所做的那样。不同的是，系统理论及其各个分支都被一些相当牢固的框架束缚，这些框架是用来观察存在的相互关系的。

在个案研究中，没有方法论的处方。相比之下，系统理论提供了方法论工具和路线图来辅助我们分析。不同于个案研究，系统思维是研究整体的一种特殊方式。这并不是说你不能在个案研究中使用系统思维的方法——你可以，而且它们可能对构建你的思维非常有用。出于这个原因，我在第 11 章中会详细介绍系统思维的一个分支。

系统理论是在各种学科背景下发展起来的——从生物学到工程学，因此它可以与一系列的主题焦点相关，并适用于其中每一个主题焦点。如果你对工程学、生物学或应用科学感兴趣，或者你对上述其中一个与社会世界之间的相互关系感兴趣，那么你可能值得去探索系统理论的各个方面。

系统思维中已经提出的理解模型是专门为满足整体论应对复杂动力学的需要而开发的。正如我刚刚考察的心理学和社会学中的平行思维一样，它指出了用还原论来理解复杂行为是不切实际的尝试。

57 系统理论家认为，我们的理解必须将这种复杂性放在前面：我们必须努力理解复杂系统适应、改变和从经验中“学习”的能力。系统理论既借用了生物学的思想，如负熵（一个系统有意义、自我重组并保持平衡的能力），也借用了力学的思想，如反馈（信号返回循环，并在每次返回时放大自身的效果）。这些是在系统的各个部分中看不到的系统的特性。

系统理论最早的支持者之一是路德维希·冯·贝塔朗菲（Ludwig von Bertalanffy，1950），他提出了一般系统理论。同样的主题——一种复杂的互动——冒着重复的风险而出现了，但贝塔朗菲并没有因重复而作罢。

贝塔朗菲在所谓的开放系统和封闭系统之间做了一个重要的区分。封闭系统就像一个工程系统（想象一下柴油发动机），也许除了操作员踩油门的动作以外，它一旦工作就不会改变其运动方式。相比之下，开放系统就像一个生物系统（想象一下各种生物，甚至包括细菌），它通过对环境做出反应来维持自身的平衡。

除了反馈和负熵等特征外，贝塔朗菲还谈到了生物系统与社会系统之间的同构（即模式相同）等特征。因此，从某些角度看，蜂巢就像一个小镇。

他的思维自然而然地引发了跨学科性，一个领域的见解为思考另一个领域的事物如何运行提供了线索。事实上，贝塔朗菲期望看到自然科学与社会科学之间更多的结合。遗憾的是，尽管各种各样的人都试图推进这一点，但目前并没有大量证据表明这一情况正在发生。他说，人文科学往往过于原子化，它们是一种最糟糕的“社会物理学”。

除此之外，系统理论还被其他人以一些有趣的方式提出，这可能对个案研究人员非常有用。其中之一是软系统理论的发展，彼得·切克兰德（Peter Checkland，1981）和他在兰卡斯特大学的同事阐述了这一理论。

切克兰德试图将系统思维的基本原则结合在一起，同时提供一个框架来查看元素之间的相互连接方式。因此，他提出了一个比巴克所倡导的模型更简单的模型，但这一模型仍然提供了一个更全面地理解社会环境的框架。他在工业心理学的背景下发展了他的“软系统”理论。他提出，我们所关注的问题是复杂的整体，它们在不断变化的环境中自我维持。它们通过适应和控制行动来做到这一点。

虽然切克兰德在他的模型中所使用的概念是从生物学和工程学中借用的，但他并没有明确地使用生态隐喻，他的目标与生态心理学家的目标一致。

他提出了一个用以区分“真实世界”和“系统思维”的模型，并对两 58
者进行了分析。他断言，“人类在日常生活中遇到的软而杂乱的问题”不适合用“硬系统”这一传统的工程方法进行处理。他认为，硬系统可以处理自然系统（即生物系统）和设计系统（如自行车、计算机、数学）的问题，但无法应对为人类感知所主导的情况。他称后者为“人类活动系统”。

他的软系统方法提出了一系列用于分析社会背景的事件和过程。我将在第 11 章关于分析的形式中详细描述这一点。

生态系统理论

我在生态心理学部分已经提到了布朗芬布伦纳（1979），他的著作非常有趣，融合了生态心理学和系统思维。作为一名心理学家而非社会学家，布朗芬布伦纳并不那么喜欢用“戏剧”和“舞台”作为隐喻（社会学家对此隐喻似乎非常着迷，如果不是轻度痴迷的话）。他没有把人类的行为和活动看作一出戏剧，而是把它视为一种生态。这个隐喻是生物学上的，而不是戏剧性的（或者用社会学术语来说就是“表演性的”）。

布朗芬布伦纳可能是系统地促进了生态学方法的实际应用的学者。他也可以说是生态学方法最坚定的支持者，并且对同时代的人的狭隘的科学方法进行了相当直接的抨击。对他而言，一条平行的轨道是不够的。他发现心理学的传统方法实际上损害了我们对于人的理解，他想迫使人们对心理学的传统、习惯和方法重新进行评估。几乎可以说，布朗芬布伦纳的目标是对心理学作为一种科学形式的方式进行范式转换。

对他来说，文化和社会为社会情境的设定提供了一系列的“指令”，他将自己关于情境的所有想法整合成一个框架，并将其作为“系统理论”的形式加以发展（Bronfenbrenner and Morris，1998）。他认为生态系统是由他所称的微观系统、中间系统、外层系统以及宏观系统组成的（见图 3－4）。微观系统是个体在给定的环境中的活动、角色和人际关系的模式。中间系统是由微观系统组成的系统。外层系统是指个人并未直接参与的环境，但事件的发生会受到个体环境的影响并反过来影响个体环境。宏观系统由信念体系和意识形态组成，信念体系和意识形态也存在于其他较低系统中。

59

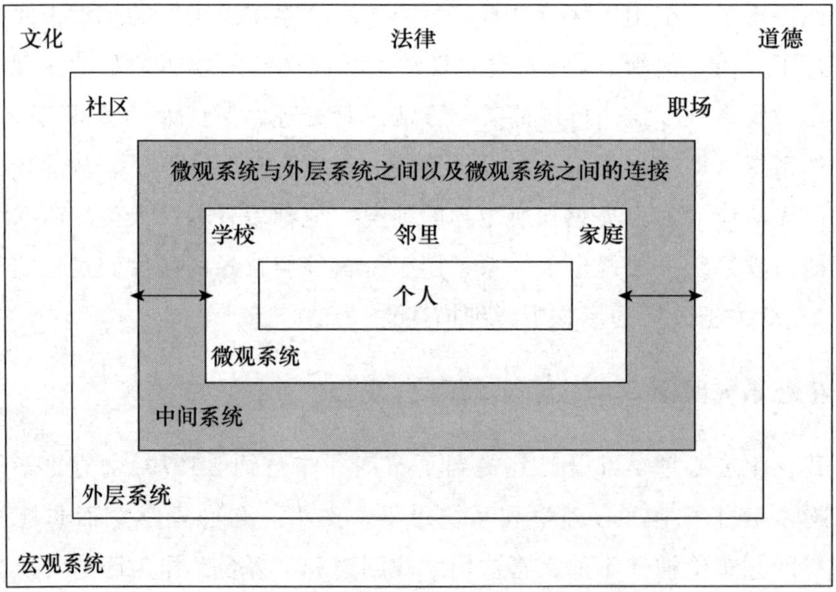

图 3－4　布朗芬布伦纳的生态系统

从生态学和布朗芬布伦纳的观点来看，如果萨曼莎（Samantha）决定今天不起床去上班，那么我们该如何解释呢？从单一的角度来看，我们可以从抑郁症的角度来解释。从更广泛的角度来看，我们可能会从友谊与萨曼莎缺乏朋友之间的联系的角度来看——她刚从澳大利亚搬来这里。再从更广泛的角度来看，我们可能会发现她在工作中遇到了麻烦。继续从更广泛的角度来看，她可能受到了一份逾期纳税申报单的影响，英国税务海关总署要求她的老板直接从她的工资中扣除税款，这让她羞愧不已。

这种理解与传统的心理学探究有很大的区别，现在为大卫·斯梅尔（David Smail）等新一代临床心理学家所推崇。事实上，这听起来像是对布朗芬布伦纳的回应，斯梅尔（1993：13）声称："毫无证据表明，心理学理论和技术的广泛应用能使心理痛苦有所减少。"斯梅尔说，罪魁祸首是试图运用一种过于简化的模型去解决悲伤和痛苦。

尤其是对于儿童的思考，布朗芬布伦纳对传统心理学研究的看法是，为了获得实验控制，传统心理学研究付出了太多的代价，并导致了"在陌生的环境中，在最短的时间内，儿童与陌生的成年人发生奇怪行为的科学"（1979：19）。这与符号互动论的联系是显而易见的。世界上没有什么新鲜事。

3.6 本章小结

我希望你能看到，对情境的强调和行为的"整体性"是多方面的，特别适合个例研究。本章提出了许多要点：

- 还原论者把注意力集中于将事物分解为最小的单位，操纵变量并寻 60
求这种操纵的效果。
- 相反，整体论者认为整体大于部分的总和，如果不考察整个系统，心理现象和社会现象就无法得到理解。
- 个案研究理论基础的核心是，假设整体论为解决社会调查中提出的许多问题提供了一种起作用的且富有成效的方式。

• 整体论涌现出几个思想流派：格式塔心理学、戏剧理论、生态心理学、系统思维。在整个 20 世纪，整体论观点获得了人们的认可，因为人们认识到它们为社会学和心理学调查中卓有成效的方法提供了理论依据。

• 图 3－5 总结了一些思想流派，这些流派引起了如今更为折中的调查态度。这种态度接受了具体描述的相关性和实用性，并通过强调而非否认心理与社会生活各部分之间的相互联系，提供了解决整体性问题的方法。

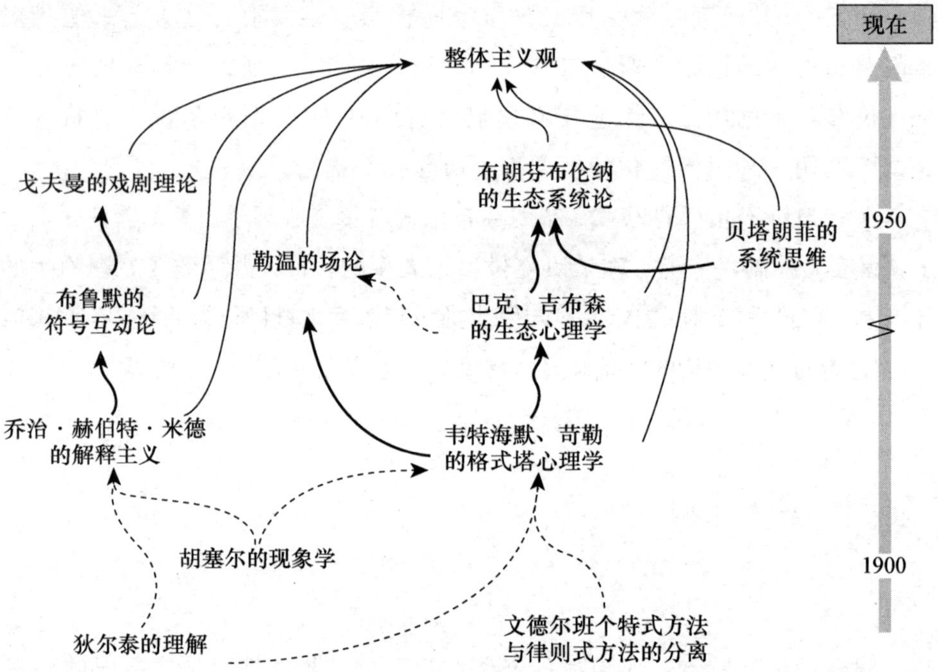

图 3－5　整体论及其思想流派

61 ## 3.7 延伸阅读

Barker，R. G. （1968） *Ecological Psychology*. Palo Alto，CA：

Stanford University Press.

巴克是推进心理学更好地对整体做出反应的运动中最为重要的先驱之一。他坚持认为行为始终真实存在——换句话说，行为并不存在于真空中。这本著作为个案研究提供了一个有用的平台。

Bateson，G.（1972/1999）*Steps to an Ecology of Mind*. Chicago：University of Chicago Press.

这是贝特森的一本论文和演讲集。实际上，他的文章是关于“思想”而非标题所示的“精神”的。这本书涉及他称之为“思想的生态学”的东西。虽然书的内容晦涩、令人费解，但它对于让人们进一步思考思想之间互动的方式很有好处——我们必须在个案研究中让它们互动起来。

Becker，H.（2014）*What About Mozart? What About Murder? Reasoning from Cases*. Chicago：University of Chicago Press.

这本书对什么是个案研究、个案研究能做什么进行了很好的探讨。

Burgess，E. W.（1927）“Statistics and case studies as methods of sociological research”，*Sociology and Social Research*，12：103–120.

这是一篇经典的文章，预示了今天涉及很少的研究对象与涉及很多的研究对象的研究之间的区别的大量争论。

Checkland，P.（1981）*Systems Thinking*，*Systems Practice*. Chichester：John Wiley.

这是切克兰德的有关软系统最初想法的著作。

Flyvbjerg，B.（2001）*Making Social Science Matter*：*Why Social Inquiry Fails and How It Can Succeed Again*. Cambridge：Cambridge University Press.

请重点参阅该书第6章“例子的力量”，它将个案研究与寻求建立普遍性的方法进行了比较。

MacIntyre，A.（1985）*After Virtue*：*A Study in Moral Theory*. London：Duckworth.

第8章“社会科学普遍化的特点及其预测能力的缺乏”是该书的关键一章。这被认为是对社会科学方法及其建立普遍性的尝试的关键批判。

Travers，M.（2001）*Qualitative Research through Case Studies*. London：Sage.

这本书主要关于解释性传统和个案研究，第 3 章对戈夫曼的戏剧理论进行了很精彩的介绍。

第4章

在你的个案研究中，严谨与质量哪一个更重要？

严谨性在研究中很重要：判断一项研究是否严谨是我们对其质量评价的主要依据。但是当我们谈论个案研究时，我们所说的“严谨”是指什么呢？而且，考虑到个案研究形式的灵活性，这种研究的“质量”又意味着什么呢？当说起严谨时，我想人们首先想到的是准确性、精确性、彻底性和对细节的严格注意。当涉及个案研究时，虽然严谨的以上特点无疑是很重要的（因为在任何情况下，不准确或不精确都是让人不能接受的），但它们绝不是研究的全部。或许正是社会研究的一些主要结构性特征——经由这些特征判断是否严谨——会分散我们的注意力或误导我们。例如，我们可以使用不同种类研究中的标准进行测量并做出对于准确性的判断。

让我们来看看研究的结构性特征——样本、信度、效度、质量、一般化——并思考它们在个案研究中的意义和相关性。我写作这一章的目的是探究研究的一些特点，如理论及立场，这在个案研究中尤其重要。因为关于研究质量方面已经有很多文章了——方法论讨论的一些要素是相当矛盾的——所以我打算在个案研究的背景下对此进行批判性审视。

4.1 样本在个案研究中重要吗？

当思考研究中的样本时，我认为重点应该放在它是针对什么问题的样本上。它是一个更广泛人群的样本（你可能对所有人的总数即“总体”感兴趣，样本是选自这个总体的一部分）。

63 例如，你可能对全国学生的酒精消费感兴趣。因为向这个国家的每一个学生（总体）发放一份调查问卷显然是行不通的，所以你必须找到一种方法，让你能获得一个具有代表性的学生样本。这个来自总体的较小样本，目的是代表这个总体，显然样本越大，代表性就越强。

当然，你可以想象在这种抽样中可能出现的所有错误。一所大学的样本不太可能代表所有大学；一个小组的样本，比如你的班级更不可能代表所有大学；再比如周二晚上酒吧里的 11 名学生最不可能准确地提供更广泛人群的代表性样本——特别是如果你对学生平常的饮酒习惯感兴趣的话。

虽然我的确说过样本规模“越大越好”，但是我们可以通过诸如“分层”这种聪明的做法来缩小样本的规模，这意味着在你的小样本中，你要确保总体中的重要部分（按性别、年龄、就读学校类别等进行分类）都有适当的体现。

然而，以上这些都与个案研究无关。我之所以用几段来阐释这个问题，是因为我试图明确地指出，样本及其背后的所有假设，对于个案研究来说都是不必要的。事实上，将样本用在个案研究中是错误的。在教科书中，为了将具有代表性的样本与其他样本相区别（我刚刚举了一个关于酒精和学生的例子），样本有时被分为概率样本和非概率样本。

然而，我个人认为，做出这样的区分是令人困惑的。在一项个案研究中，你对你的主题所做的选择与样本——无论是概率样本还是非概率样本——完全不同。事实上，任何研究，不仅仅是个案研究，我将会说不存在非概率样本——即使有，我们也可以轻松地、不那么困惑地称其为“坏样本”，或者更坦然地称其为“快速且无用的样本”。在词典定义中，样本必须是“显示整体质量的一部分”。如果不是这样的话——如果它不能准确地向作为研究者的你显示整体质量——那么它充其量不过是一个方便的、有目的性的或用于试测的样本。

> 样本应显示整体质量，样本不是个案研究所需要的。（是的，它不是。）

个案研究的重点不在于找到显示整体质量的部分的样本。你关注的是你选择的主题——婚姻、国家或其他主题，关注一个、两个或者几个主题——不要期望它代表更广泛的总体。所以，选择的不是样本而是主题。正是这种选择对你的研究至关重要。在第 6 章中，我将探讨如何进行选择。

4.2 在个案研究中我是否得担心信度和效度问题？ 64

与研究方法中的许多主题一样，关于信度和效度问题，学界有不同的观点，他们都各自提出了充分的理由来支撑自己的观点。理由之所以不同，通常是因为人们对不同的研究有不同的需求。我在《如何做你的研究项目》（2013）一书的第 5 章中更详细地探讨了这个问题。让我来总结一下我的论点，你在做个案研究时，信度和效度并不应该是你最关心的问题。

信度主要是从心理测量学引入研究方法的一个概念。心理测量学主要用于测量人的智力，属于应用心理学的一个分支。在进行测试时，重要的是这些作为工具的测试都是可靠的。换句话说，重要的是，它们在不同的场合以及不同的情况下都可以给出准确的数据，就像尺子或秤作为测量工具一样。这也适用于某些类型的应用社会研究。在某些类型的调查中，在不同的情况下对结果的一致性也有同样的期望。然而，这只适用于某些类型的调查。在个案研究中，如果只有一个案例，那么对信度的期望就会下降。因为只有一个案例，所以从一开始就不能做出“不同的人在不同的时间重复调查会得出相似的结果”这样的假设，从而放弃对信度的要求。

> 信度和效度的概念是从特定类型的研究中引入的。它们在个案研究中的意义还不太清楚。

现在，我要明确地说明这只是我的个人立场，尽管许多人（比如，Smith and Deemer，2000）认同这样的立场，但绝不是所有人都认同（Silverman，2010）。一种常见的方法是坚持把信度作为评估所有研究的标准，然而，有些研究永远不可能实现（也永远不要试图去实现）在不同的时间，不同的研究者有一致的发现。

当在个案研究中对其价值进行判断时，效度与信度相似。我所提到的关于信度的一切都适用于效度。在许多类型的研究中——例如那些使用概率样本的研究中——效度是指一项研究在多大程度上发现了研究者想要发现的东西。（这并不像这里说的那么简单，我在《如何做你的研究项目》一书中就使用“效度”这个词的一些方法进行了梳理。）

65 然而，在个案研究中，并没有概率样本，我们可能并不知道我们希望从研究中发现什么，效度的概念在这里就没有那么大的意义了。

在讨论某些解释性研究的质量时，人们普遍意识到这一点。虽然人们对效度的局限性感到担忧，但一些人仍然认为它非常重要。他们对于施万特（Schwandt，1996）所称的“标准学”，几乎怀着一种狂热的崇拜，换句话说，就是对寻找标准的痴迷。一篇关于方法论的论文，如果没有对效度和信度进行讨论，就会被认为是“赤裸裸”的；而只有在完成效度和信度的讨论后，论文才被视为完整的。因此在规范性研究中，效度从研究样本、变量和统计数据中被剥离出来，为了解释性研究目的，被扭曲成（与实证研究）完全不同的东西。其结果是，效度的方钉钉不进个案研究的圆孔（效度不适宜作为评估个案研究严谨性的标准）。

例如，惠特莫尔等人（Whittemore et al.，2001）在回顾了一系列作者在解释性研究中所撰写的有关效度的内容之后，提出了一整套评估效度的标准。标准包括合理性、相关性、可信度、全面性、重要性、可证实性、立场、证据准则、普遍性、适合性和可审核性。

现在，我知道人们类似这样读书，他们通过索引直接阅读相关章节，并没有把他们所读的内容放到全书背景中。所以，如果你想要把这些词语（合理性、相关性等）抄录下来，并放在你的方法论章节中，作为个案研究的有效性标准，那么让我重复一遍，对此我不同意。效度是使研究有效的因素。它不涉及合理性、可信度或别的什么东西。

看看惠特莫尔等人从他们的综述中得出的标准，我可以说，即使是最引人入胜的、最具开创性的研究也经不起以上所有标准的测试。让我们来看看爱因斯坦所从事的最终引出其“相对论”的工作。这些工作是否符合惠特莫尔等人提出的标准呢？不符合。让我们来看看其中的一些标准吧。

根据表 4-1 中所列出的效度标准，爱因斯坦的研究作为 20 世纪后期科学发展关键的一项标志性研究，几乎所有方面都未能通过测评。我们必须谨慎，不要根据这些粗糙的事后建构出来的东西来评估我们的工作。它们是质量审查的工具，而不是好的研究的判断标准。

我有意选择了爱因斯坦在自然科学领域中的开创性工作，因为这显然是一项极其重要的工作——有趣的是，它是通过“思想实验”和个案研究而不是传统的自然科学实验来完成的——它不符合任何方法论正确性的准则。我本来可以转向另一个方向，选择符合惠特莫尔等人标准的例子，但这毫无价值。我可以引用教育心理学家西里尔·伯特（Cyril Burt）的研究成果，虽然他的研究成果被证明是伪造的（Hearnshaw，1979：245-247），但它在出版时似乎符合所有传统的效度标准。

66 **表 4-1　　爱因斯坦的研究是否有效？十种不同的评估效度的方法**

标准	√或×	满足标准了吗？
合理性	×	不。令人难以置信（这就是没有人想到这一点的原因）。
可信度	×	不。你跑得越快，时间就越慢，这简直令人难以置信。事实上，这简直不可思议。
相关性	×	不。当时这项研究有什么用呢？事实上，几十年后，应用才得以实现。
全面性	×	不。它怎么可能是全面的？它适用于一件事，即时空。为什么自然科学和社会科学研究应该具有全面性呢？
重要性	×	当时只有少数有远见的人士看到了它的重要性。
可证实性	×/√	爱因斯坦的大部分工作是通过“思想实验”来完成的。他的一般性结论只能以零碎的方式加以证实。
证据准则	×	我不确定什么叫证据准则。爱因斯坦的突破来自对事物的思考，而非证据本身。后者就像门钉一样死气沉沉，没有智慧的思想。
普遍性	√	如果正确的话（事实确实如此），那么爱因斯坦的发现是放之四海而皆准的。
适合性	?	什么是适合性？为什么它与效度相关？
可审核性	×	在做出这个突破的时候，没有可能对质能相当量做出检验。

事实上，伯特的著作充分满足了惠特莫尔等人在表格中列出的合理性和可信度的要求。在解释性工作的背景下，当社会科学讨论有效性时，这种合理性和可信度（表 4-1 中的前两项标准）通常是最重要的。然而，对我来说，任何一种有效性的指标，无论我们是在技术层面进行思考还是在日常词汇意义上进行思考，都会带来特别的问题。

合理性（实际上与“可信度”相当），在我看来似乎是一种评估效度的奇怪方式。虽然学术共同体（你和我）有责任一心一意地对研究的合理性做出评估，但我们对什么是合理的看法取决于塑造我们思维的世界观。我们的思想是我们所知和所信事物的奴隶（不管怎么说，我就是）。伯特的案例尤其具有启发意义，因为很明显他撒谎并捏造了证据，以便与他信以为真的智力具有遗传性的观点相吻合。更重要的一点是：他的结论最终被采纳，因为它们是合理的。这就是他的结论被采纳的原因。

研究人员的受众（仍旧是你和我）——作为合理性的评判者——在做出评判时不能与主流的学术、文化和科学正统观念相抵触。

我想知道，在我们对合理性所做的一切评估中，怎样才能使我们免受那些偏见和期望的影响呢？而一些研究者正是利用那些偏见和期望塑造出了所谓的合理性，也正是这种合理性使得伯特的观点受到他的知识分子同行的认可。这里，合理性是罪魁祸首，而非白马王子。 67

简而言之，个案研究作为一种探究方式，我认为你不需要花太多时间去担心它的效度和信度。这一部分是因为个案研究并非单一方法类型的研究，它包含着各种类型的研究方法。在某些混合的方法中，你一定要确保你注意到了信度和效度，但记住，你总是有选择的余地的。你必须看看你的个案研究的组成部分，并问问你自己，信度和效度在这里事实上是不是合适的问题。总的来说，个案研究作为一种研究方法，并不是那种需要优先考虑信度和效度问题的研究方法，因为它的研究主题的单一性以及证据解释和分析的单一性甚至特殊性，才是最重要的。

4.3 三角互证

“三角互证”这个术语最初被用于几何学和测量学，在社会科学中以比喻的方式被加以借用。三角互证既并不真的涉及三角板，也并不真的以三个人为一组来完成。这个术语的意思是，从几个方面来考察比单从一个方面来考察要好。鉴于批判性意识应该是优秀社会科学研究人员的标志，因此他人的观点与分析方法可能会使我们否定最初所做出的解释。

当然，这应该是个案研究人员工作的题中应有之义，即从不同角度和有利的角度进行研究。我在本书的开头提到过福柯的“可理解的多面体”一词。福柯运用这个词表达的意思是，我们只有从不同的角度和使用不同的方法来看待事物，才能真正理解事物。因此，福柯比三角互证的要求更进一步。我们可以说福柯在提倡理解事物的“多面体化”（如果我们想为社会科学发明出另一个糟糕的术语的话）。这就是个案研究人员的出发点——从小的方面切入，深入钻取，运用不同方法从不同的方向深入研究。所以，在你的研究中，你可以一部分使用观察法，一部分采用访谈法，一部分进行频率计数，甚至在某一部分中采用小规模的实验法。方法之间的彼此验证提供了“三角互证”。我在《如何做你的研究项目》(2013) 一书中进一步讨论了三角互证的问题。

68

4.4 立场

在个案研究中，通常情况下你会沉浸在研究的主题和情境中。在获得对研究背景的过程、历史、事件、语言和传记的了解后，你将成为一位主动而非被动的推动者。你自己将在解释中起核心的作用。在做解释时，重要的是你要意识到自己站在一个不可否认的立场上，并且这个立场会影响到你观察的性质和你所做的解释。

要认识到这一点，就需要颠覆传统方法中的一些陈规陋习，比如势在必行的所谓的“客观性”。在解释的过程中，个案研究人员并没有试图保持“客观性”，而是在做出解释时接受了自身的重要性——他们的好恶、他们的背景、他们的消遣、他们的既得利益和期望。换句话说，他们优先考虑的是主观性而不是客观性。由于研究者和研究参与者之间关系性质的重要性，研究者的个人经历——包括阶层、性别、种族、思想和贡献——需要得到明确说明。

在呈现一个解释性的个案研究时，你应该接纳你的主观性，不应为此感到羞耻或害怕。鉴于主观性是中心，你的个案研究应该以这样的方式报告出来——明确你对指导这类研究行动的基本原则的理解。因此，解释性的个案研究完全不同于实验研究的报告方式。你在一开始的引言中，就应该充分地讨论一下自己的立场：你为什么对此话题感兴趣，你个人的情况，等等。你总是以第一人称书写，比如“我认为……”而非“研究者认为……”。这似乎是显而易见的，但对于那些从事解释性研究的学生来说，这是一个常犯错误的地方。这些学生在报告他们的工作时，就好像他们刚刚完成了一场实验，而忽略了关于他们自己的任何信息。解释性研究恰恰要求他们把自己置于分析的中心。如果你做了这样的研究，读者需要知道你是谁，你的立场是什么——无论是在比喻意义上还是在字面意义上。

4.5 一般化

正如我在第 1 章中所讨论的那样，人们常常认为个案研究在结论的普遍性方面存在缺陷。但我认为，个案研究的地位之所以稍逊一筹，是因为在归纳潜力方面明显不足。换句话说，个案研究在一般化方面确实存在不足。社会科学的其他设计框架寻求方法以实现测量的标准化以及结论的一般化，但这些尝试都停留在展示一般化可能是什么的技巧上。

如果像许多人争论的那样（稍后我将详述这个经典案例），在人文科学中几乎不可能有什么重大的一般化，那么，关于个案研究缺陷的争论就会失去动力。我的观点是，在考虑推理时，社会调查中的一般化被限制在皮尔斯（Houser et al.，1992）所说的"溯因推理"而非归纳的层面上。稍后，我要说明一下什么是溯因推理。 69

如果我的论据有效，那么就有来自个案研究的解释形式，它们的合法性和说服力来自这些研究的典范性知识而非它们的普遍性。对我来说，寻求一般化——把一般化看作社会科学的首要的也是最重要的目标——可能会抑制甚至扼杀好奇心和解释，而好奇心和解释恰恰是社会探究的核心。

一般化、归纳、溯因推理

一般化是自然科学方法的核心。一般化或曰归纳也就是说，因为 X 在某些条件下经常发生，所以我们可以推断 X 会在满足这些条件时再次发生。整个社会科学都在尝试这个过程，方法论谱系范围内也可以看到这种努力。

当人们在思考一般化的价值时，很容易忽略自然科学与社会科学之间的差异。在自然科学的归纳中，规律性、普遍性、法则、普适性和理论都是由严格的期望和程序所决定的，这些期望和程序使调查人员能够处理例外事物、异常现象或特异情况，并确立其作为一般化力量也有局限性的凭证。

问题在于，在自然科学之外，这种期望是无法实现的。阿拉斯戴尔·麦金太尔（1985）的论点比较有代表性。麦金太尔将社会科学与自然科学中的一般化进行了比较，注意到反例在各自规律建立过程中所发挥的作用。麦金太尔（1985：89）认为，社会科学对反例采取的态度是“容忍”。社会科学——所有社会科学，而不仅仅是个案研究——的一般化是没有意义的。这是因为，“我们不能以任何准确的方式说明它们在什么条件下出现”（MacIntyre，1985：91）。

麦金太尔接着说，社会学家们坚持认为，社会科学提供的是概率的一般化结论。麦金太尔（1985：91）说，这也不是什么好事，因为“如果我所引用的一般化的类型果真是一般化的话，那么它一定不仅仅是一个实例列表”。根据麦金太尔的观点，在自然科学中一般化是有可能实现的，但它在社会科学中的地位永远不会比门外汉得出的一般化结论的地位高。它的价值永远受到社会生活和人类活动的绝对可变性和不可预测性方面的限制。

70 这里的问题是，一般化过程中有着对无懈可击（或几乎无懈可击）的归纳的期待。然而，也许继皮尔斯（Houser et al.，1992）之后，我们对于社会研究中可能出现的一般化的预期应该有所降低。许多评论者质疑过度依赖于一种幼稚的科学归纳模型（例如，Haig，1995），其他诸如米勒和弗雷德里克斯这样的研究者（1999）也指出，归纳推理缺乏“特殊性”。他们论点的主旨是，常见的日常归纳法可以更好地被描述为“达到最佳说明的推论”或皮尔斯的“溯因推理”[①]。溯因推理就是对你所收集的事实做出最好的解释，这正是我们在个案研究中所做的。

① 英文为“abunction”，区别于归纳推理与演绎推理，皮尔斯于1860年引入由已知事实去推断产生这一事实的缘由的逻辑方法。国内学界对此译法不一，比较有代表性的有“外展推理”“不明推论”“假设推理”“溯因推理”“试推法”等，本书取“溯因推理”的译法。——译者注

哈默斯利（2005：5）认为："溯因法的好论据不同于归纳法的好论据。"他将溯因法描述为"一个解释性或理论性观点的发展，这通常是通过对特定案例的仔细研究而产生的"（又见 Hammersley，2007）。简单地说，溯因法可以被认为是"从日常概括中得出的结论"，然而归纳法关注的是从一种特殊的概括中得出的结论——如果麦金太尔是正确的，那么这种结论在社会科学中是不可能实现的。

考虑到这些，在我看来，任何关于个案研究的薄弱之处在于其缺乏普遍性的争论，都未能认识到归纳法在社会科学中的局限性。同时，也未能认识到溯因法的重要性。换句话说，这些争论没有意识到，在当时的情形下，可以通过某种较为松散的概括（无论人们如何称呼这些概括）来做出提议。

在讨论个案研究所谓的弱点时，我选择使用皮尔斯的术语"溯因法"来突出强调它与归纳法之间的区别。许多其他方式也表达了二者之间的差异——从"共同解释行为"（Schatzman，1991），到"有限理性"（Simon，1983）、布迪厄（Bourdieu）的"思维工具"（Wacquant，1989：50）或阿尔都塞（Althusser）的"一般Ⅱ"（Althusser，1979：183-190）——所有这些描述的都是大致相同的过程。这一过程是一种不固定的理解，它明确地或心照不宣地认识到我们对人类相互关系进行概括的复杂性和脆弱性。

它们描述了我们收集和组织信息来分析和处理我们的社会世界的过程。溯因法将所有这些连接在一起，提供了启发——也就是分析复杂性的方法，虽然这些方法可能无法为解释或预测提供无懈可击的成功保证，但它们对假设的易错性与暂时性并不讳言。

所有这些概括规律性的形式——这些类型的溯因推理——似乎是适合个案研究的"推理形式"。

理论

发展或检验理论被视为个案研究的中心，我在第11章中将讨论如何发展理论。然而在这里（在严格和质量的背景下），我想要从侧面批判性地看待理论，并探究理论到底是什么。

71 在对科学的传统描述中，归纳过程的终点就是理论。从皮尔斯在上面提出的方式来看，溯因推理产生了想法和试探性的“理论”，而这些想法和试探性的“理论”又成为假设的说明性概念。溯因推理之后是演绎推理（思想的连接），接着是系统的数据收集，以寻求验证最初的解释性概念。最后是归纳推理，推测性理论通过归纳推理被验证或被否定。

假定这就是事情总会发生的过程，对我来说它似乎总是会导致麦金太尔认为的死胡同。换句话说，从归纳推理中获得理论验证的假设，必然意味着对社会科学研究中无法实现的理论结构和可靠性的坚持。由于社会生活的偶然性，以及对可公开的证实性证据的种类和数量的必要限制，从任何一种技术意义上讲，理论都是不可企及的。

这里在对理论的讨论中，省去了对理论的预期。正如我在别处所指出的那样（Thomas and James，2006；Thomas，2007），从格拉泽和斯特劳斯（1967：1）开始的解释性探究的学术著作（Mouzelis，1995），揭示了期望从归纳中进行理论解释和理论预测这样一个持之以恒的主题。

当然，有些事情是可以实现的，但问题是：“这真的是理论吗？”它可能是理论，因为在某种意义上，一切都是理论。菲什（Fish，1989：14-15）指出，学术界关于理论的很多讨论一般并不涉及理论，而是“理论谈话”，即“一切形式的获得声望和威望的谈话”。他还指出（1989：327）：

> 当我停止闯红灯，或者用我的美国运通卡，或者在会议上发言时，我是在遵循或执行一种理论吗？当你坐着阅读我所写的内容时，你是否还在疯狂地理论化呢？如果你被我说服，改变了你对什么是理论、什么不是理论的理解，那么你对理论的新定义是新的理论吗？显然，我们对所有这些问题都有可能回答“是”，但同样明显的是，这个回答将会使“理论”的概念及其后果的问题变得微不足道。

换句话说，“理论”几乎意味着任何东西——任何概括、任何思想、任何结构化的反思（或者非结构化的反思）都可以被称为理论。然而，在我们对调查的讨论中，对我们使用的术语（本例中为“理论”）进行宽松定义是毫无益处的，在将溯因推理与归纳推理分离并寻求归纳推理的终点时尤其如此。

归纳法的过程应该引导我们找到一个特定特征的理论——一个我们可以用它来进行解释和预测的总结和概括的理论。它混淆了我们对调查的讨 72
论，把任何一种总结或概括的过程都称为“理论”。当一个理论被用作验证个案研究的推理的一部分时（Eisenhart，2009；Vaughan，1992；Walton，1992），它确实是总结、归纳或准归纳过程的一部分。

这里有必要回到麦金太尔的分析，因为它涉及社会科学中的一般化和理论这一核心问题。他指出，理论失败的原因有很多（也就是说，理论是准归纳过程的一部分），所有这些都取决于社会世界的“系统的不可预测性”。出于这些原因，他认为，就社会科学而言，不可预测性总是会赢过可预测性。只有那些不值一提的事情才是可以预测的，我们不需要任何复杂的方法来告诉我们这些。

理论和实践智慧

如果这一批判具有合法性，而且确实如此，那么我们必须在理论和实践智慧之间做出区分。

亚里士多德“实践智慧”的概念是指实用的知识、技艺的知识，以及综合二者所做的一系列判断。由于它最近被广泛使用，特别是在应用社会科学的讨论中（例如，Back，2002），因此它已更具有“隐性知识”的意味（Polanyi，1958）。

实践智慧是实践的知识。它是基于个人经验的模型。它是个人的，有助于我们理解特定的情形。有时令人困惑的是，它也被称为“实践理论”。它是基于经验而做出的判断，并不追求将我们引向理论应该提供的那种外部指导。正是在实践中，实践智慧得以发展，同样，正是在实践中，实践智慧得以发挥作用。

贝克（Back）继续提供了“实践智慧”与“理论”之间的对比。他解释说，就亚里士多德的术语而言，“理论”是作为一种建立绝对法则的方式存在的，这种绝对法则可以在一个有组织的且能解释的框架中被制定出来。它必须经得起效度和前后一致性的检验。相反，实践智慧中的实践知识或隐性知识，并没有对前后一致性的期望——实践智慧是特定情形下的理解及行为。

菲什（1989：317）对实践性学习的说明很好地分析了二者之间的对比，因为他解释了实践学习是如何随着实践环境的变化而变化的——也就是说，随着环境的变化，“规则的含义”（它被赋予的含义）也会发生变化。我们所获得和积累的实践智慧具有可塑性和可矫正性。因此，在谈论实践智慧时，我们会承认解释和分析的临时性和试探性。

73 换句话说，我们需要摆脱伴随归纳过程的对普遍性知识的期待。相应地，我们有必要向溯因推理和实践智慧的“典范性知识”迈进。在讨论“典范性知识”时，我指的是在别人的经历背景中看到和听到，但在自己的情境中使用的知识。这个知识也许被认为既不具有代表性和典型性，也不具有某种意义上可遵循模型的典范意义。相反，它被视为情境给出并在情境中加以理解的一种特定表示。然而，它只能在个人自身经历的背景下获得解释——换句话说，在个人的实践智慧而非理论背景下获得解释。

如果个案研究与实践智慧有关而与理论无关——个案研究与理论分析的归纳框架相分离——那么会出现什么样的结果呢?

我们只能看到，个案研究的有效性不再来自对一套理论体系或普遍性知识的参考。相反，它的有效性来自它所提供的他人的经验与你自己的经验之间的联系和洞察力。其实质来自实践智慧的可理解性——换句话说，就是与你自身的情形的联系。

这是基于阿伯特（Abbott，1992）所称的事件的汇集，涉及叙述的制作——个人可以与之连接的故事的发展。他指出，这是所有明智地从事的社会科学的特征。

4.6 发现或规则

在进行了归纳推理与溯因推理、理论与实践智慧的讨论之后，我认为值得注意的是，这一争论并不新鲜。我在第 3 章中就概述了柏拉图与亚里士多德之间关于建立（或不建立）规则愿望的区别。这一争论甚至影响到我们对调查方式的态度。你可以说，上述对比发生在那些可以被称为“发现者”的人与那些可以被称为“规则化者”的人之间。

另一种说法是，它是叙述者与理论家之间的一场智力争斗，它不仅仅存在于社会科学领域中。伟大的历史学家罗宾·乔治·科林伍德（R. G. Collingwood，1946/1994：30）在《历史的观念》一书中比较了希罗多德（Herodotus）和修昔底德（Thucydides）的历史研究方法，并得出结论认为希罗多德的贡献更大，因为“希罗多德最感兴趣的是事件本身；修昔底德最感兴趣的是事件发生的规律”。科林伍德认为，修昔底德的问题在于，“他总是不断地从事件中总结出一些潜藏在其背后的教训”（1946/1994：31）。科林伍德赞同希罗多德对叙事的批判性质疑，认为这是一种研究历史的方式。科林伍德写道：“在阅读修昔底德的书时，我问自己，这个人到底怎么了，他为什么这样写。”（1946/1994：29）科林伍德回答道，修昔底德为了一种伪心理学而抛弃了历史，“它根本不是历史，而是一种特殊的自然科学。它不是为了叙述事实而叙述事实。它的主要目的是确认规律”（1946/1994：29）。

科林伍德似乎是直言不讳地对那些进行个案研究的人发表意见，因为 74
他似乎在说“要更像希罗多德”。希罗多德要求我们和他一起审视事实。他可能会告诉我们他相信什么，但他也会邀请读者做出自己的判断。律师托马斯·盖根（Thomas Geoghegan，2007）是这样说的：“我们也应该花更多的钱，让那些在阅读修昔底德的年轻人走出图书馆，让他们开始像希罗多德那样生活——走出去看世界。”再一次重申，这也是个案研究人员的座右铭。

4.7 质量

我在本章开头使用了“研究的结构性特征”这一术语来指称本章所讨

论的许多概念语，并且正如我曾表示过的那样，这些概念（信度、效度、一般化等）在个案研究中与它们在其他研究中所假定的含义不同。换句话说，很难通过经常用来判断其他研究的标准来判断个案研究的质量。

尽管研究的一些特点非常普遍，但我们可以借助它们非常明确地判断研究的质量。假定我们主要关注一项个案研究的解释性方面，哈默斯利（2005：3-4）为研究质量提供了一些有用的指标，我已经做出改写，现列举如下。

- 写作的清晰度：

术语使用是否前后一致？

必要时是否提供了定义？

句子结构是否合适？

- 正被解决的问题：

是否被清晰列出？

是否为其重要性提供了充分的理由？

- 使用的方法：

在多大程度上以及在什么方面，选择的每一种方法（关于案例选择、数据收集和数据分析）可能是有效的？

75 • 对研究过程和研究人员的说明：

是否有足够的而非太多的关于研究过程的信息？

是否有足够的而非太多的关于研究人员的信息？

- 主要观点的构想：

主要观点表达得是否明确？

观点与证据之间的关系表达得是否清晰？

每个观点的性质（如描述性的、解释性的、理论性的或评估性的）是否已表明？

然而，哈默斯利（2005：6）却对这一标准提出了警告，这与施万特（1996）发出的“标准”警告有吻合之处。哈默斯利谈到了他对研究质量的看法：

> 这些是我们或许称为“初始性判断”的问题的列表：它们提醒读

> 者需要考虑什么，需要做出什么样的判断。然而，对于一个还不知道如何做出判断的人来说，他尚不能运用和操作这些标准，并且标准也没有告诉读者在每一案例中哪些是足够的。标准并没有告诉我们为得出积极的结论，是否必须满足所有的初始条件，在标准某一方面的高分能否抵消另一方面的低分，等等。此外，我不相信它们可以以这种方式运作，或者尝试这样做是可取的。

换句话说，你怎么知道你已经达到了这些标准？如果读者一开始就不是毫无疑问地知悉这些标准，那么他们怎么能应用这些标准呢？此外，如果研究人员或读者还没有潜心于研究领域的话语体系中，他们就不可能权衡一项标准与另一项标准哪项更重要。

对我来说，这些问题可以归结为你对案例做出的选择、你对分析做出的选择，以及你论点的可靠性。换句话说，你对以下问题的回答决定了你的研究质量：

（1）这个案例的选择有多好？应该对在数据收集和分析中采用的方法和过程做出适当的决定。

（2）这项研究的背景得到了多好的解释和证明？包括做出如何进行分析的决定的正当性理由。

（3）得出的论点有多好？对于同一种观察，是否有不同的解释？这是 76
本书中我为一些例子绘制的故事板可以提供帮助的地方——故事板为同一故事提供了替代情节的空间。从这个证据和推理中得出这些结论是否合理？

4.8 本章小结

个案研究的质量较少依赖于样本、效度和信度，而更多地取决于研究的设想、构建与行动。它取决于以下几个方面：

- 你最初的想法。
- 你选择案例的方式。

- 你描述个案研究背景的彻底性。
- 你在选择合适的分析方法上所付出的努力。
- 你在得出结论时所使用的论点的性质。

个案研究提供了一个将许多不同来源的数据汇集在一起以支持论点的机会，受限于不同考虑，运用其他形式的探究是不可能实现这一点的。当我们意识到在社会研究中任何一种概括都可能具有很大不确定性的时候，我们对我们能从个案研究中归纳出多少结论的担忧就会减轻一些。所有形式的探究尤其是社会探究，产生的知识或多或少都只是暂时不错的知识——换句话说，只有在我们找到一些更好的解释之前，这些知识才是好的。当我们意识到这一点时，我们就会发现从个案研究中得出的结论变得不那么显著了。

77 4.9 延伸阅读

ESRC/TLRP Seminar Series：Quality in Educational Research，available at：www. education. bham. ac. uk/research/seminars1/esrc_4/index. shtml.

这是有关教育研究质量的系列研讨会的链接入口，提供了系列研讨会的记录和文章。研讨会涵盖了与证据质量有关的问题，以及定量和定性研究中的质量如何不同。

Schwandt，T. A. （1996）“Farewell to criteriology”，*Qualitative Inquiry*，2：58-72.

文章就质量可以参照一系列标准来评估的观点做出了评论。

Thomas，G.（2010）“Doing case study：abduction not induction；phronesis not theory”，*Qualitative Inquiry*，16（7）：575-582.

Thomas，G.（2011）“The case：generalisation，theory and phronesis in case study”，*Oxford Review of Education*，37（1）：21-35.

Thomas，G.（2013）*How to Do Your Research Project*（2nd edn）. London：Sage.

在第 6 章中，我将更详细地讨论信度、效度和样本等问题。

Thomas，G. and Myers，K.（2015）*The Anatomy of the Case Study*. London：Sage.

Tobin，J.（2007）"An anthropologist's reflections on defining quality in education research"，*International Journal of Research and Method in Education*，30（3）：325-338.

该文对于社会研究中质量界定的问题有益。

第 5 章

伦　理

伦理是关于对与错的行为准则。但判断是非也许是社会研究中一项复杂的工作。对我来说是正确的，对你来说可能不是；对研究者来说是正确的，对参与者来说可能不是。对伦理的考量可能会鼓励我们以知识进步的名义来看待我们正在做的事情的本质。

> 在个案研究中，考虑伦理问题尤其重要，因为你可能与研究的参与者密切联系在一起。

显然，我们都想做正确的事情，避免发生差错。虽然这个问题看起来很简单，但是社会研究中有很多例子，初衷是好的，但研究人员却采取了有问题的行动。研究人员旨在推翻知识的藩篱或以其他方式帮助人类，并以此为理由，在研究中采用了侵入性的或令人痛苦的行动。有几个备受瞩目的例子，比如“米尔格拉姆实验”，志愿者被命令对同伴实施已被告知会危及生命的电击，这个实验引发了有关这项研究是对还是错的数十年的争论（Milgram，1963，1981）。

你不大可能去考虑像米尔格拉姆实验那样富有戏剧性的事情。然而，可能有些伦理问题是你没有意识到的，或者是你不曾考虑到的。虽然反应没有那么强烈，但我们现在面临的一些伦理问题如同米尔格拉姆当时所面临的问题一样。谁从研究中受益？你有权利占用别人的时间和精力吗？参与者必须得经历一些可能的不适吗？你侵犯了他们的隐私吗？

5.1 你的参与者

你的个案研究可能不涉及与他人打交道，可能是一项着眼于历史案例的纸质研究。

然而，在我们参与的大部分研究中，我们会与人打交道。在过去糟糕 79
的时代，当社会科学家对他人进行研究时，他们把这些人称作“被试”。现在，特别是在应用社会科学领域，我们更多地把研究对象看作“参与者”，甚至是“合作伙伴”，而非“被试”。将伦理问题纳入考虑，我们必须将我们的研究对象视为参与者，并视其为研究的一部分，而不仅仅将其作为数据提取的对象。

在与我们研究的参与者一起工作时，我们必须认识到，这些参与者有自身权利，他们应该在研究过程中占有一席之地。研究不应该只是“利用”他人，“利用”完后就走人。要成为真正的参与者，他们必须在一定程度上参与到你工作的规划、执行和记录中。你需要考虑他们的特殊贡献和特殊需求，尤其需要考虑那些因任何原因而易受到伤害的人的需求。

5.2 弱势群体

对于那些不了解事情的来龙去脉而糊里糊涂同意的参与者，或因社会或经济地位而被迫合作的参与者，研究人员需要特别加以考虑。他们包括：

- 儿童/未成年人（16 岁以下的任何人）。
- 非英语背景的人。
- 有任何身体残疾的人。
- 存在学习困难的人。
- 病人或专业人士的委托人。
- 被羁押的人或对法庭负有责任（如缓刑）的人。

正如美国政府于 1979 年发布的《贝尔蒙报告》所指出的那样，一些人特别容易被卷入研究项目中，因为他们“在进行研究的情况下现成可用”。应当仔细考虑一下他们为什么要参加以及如何参加这些问题，避免出现仅仅因为方便或因为他们可能容易被说服甚至被操纵而成为参与者的情况。

> 儿童、病人、雇员和有特殊需要的人都是脆弱的，你需要仔细考虑与他们合作的道德规范。

刘易斯和波特（Lewis and Porter，2004）强烈建议，当与任何一个弱势群体，包括儿童和学习困难者合作时，都应该提出以下问题：

80 • 参与者是否有充分的知情同意能力？是否与其父母、监护人或老师等人进行了讨论？

- 是否有一套针对保密性/研究目的理解程度的检查方法？
- 是否会提醒参与者有权利在适当的时间退出？
- 考虑到在少数族裔群体身上更难以实现，是否已采取一切可能的措施确保匿名性？
- 在提供反馈意见时，是否已采取措施确保信息的可理解性？这可以通过询问熟悉的人并与他们交谈，或者通过提供简化的文本或个案研究材料的图片来完成。
- 如何结束与研究参与者之间的关系？在研究过程中建立密切的关系是容易的，这一关系不应该突然被终止。

5.3 参与者的活动

当与你的参与者相关时——现在我们考虑的是所有参与者，而不仅仅是那些弱势群体——你应该考虑诸如以下问题：

- 对在研究期间或之后可能导致精神或身体不适的任何问题或程序的管理——这些可能包括乍看起来很简单的问题。要一直考虑问题可能对参与者产生的影响。
- 表演任何可能伤害自尊或造成尴尬的行为（如角色扮演）。我认为，有时候我们中间的一些人外向性越强，就越不明白，角色扮演这种程序对我们中间那些内向的人来说多么令人羞愧和无能为力。这些程序不仅在伦理上有问题，而且可能会产生误导性的发现。
- 参与者参与任何非法活动。这绝对不允许。
- 参与者接受任何物质或药剂——这可能仅仅出现在与健康有关的研究中，在这个问题上会有非常严格的职业行为准则。

5.4 欺骗或隐瞒 81

做研究的默认立场是，在与研究参与者的所有往来中，你应该保持诚实与公开。但是，有时候，正如我在前面提到的米尔格拉姆实验一样，你不需要百分之百的公开，因为你的研究可能具有这样的性质，即参与者对你的目标的了解会导致你的任何发现都无效。如果是这样的话，你就必须为了隐瞒的需要而准备好有说服力的说辞，在研究结束之后，你必须在你的计划中加入给参与者的汇报会，以解释你在研究中做了什么，以及说明为什么一开始不能向参与者完全公开。

始终把对参与者的尊重放在中心地位。尽可能地公开你的目的，避免让参与者感到任何不适。

来自专业协会的行为守则通常会承认，隐瞒或欺骗有时是必要的。的确，美国政府标志性的《贝尔蒙报告》（1979）承认了这一点，但它表示：

> 所有涉及不完全公开的科研只有在以下条款清楚的情况下才是正当的：(1) 不完全公开对于达到科研的目标是必需的，(2) 对实验对象没有隐藏的、超过最低限度的危险，以及 (3) 有一个在适当时候让实验对象了解科研性质及结果的合理计划。

所以，如果涉及任何程度的隐瞒或歪曲，那么对你来说，获得道德许可是很重要的：

- 明确承认正在做的事情。
- 充分说明这样做的理由。
- 注意，你将在研究之后向参与者解释研究的目的，以及为什么有必要对他们隐瞒信息。

5.5 保密性和匿名性

你应该始终把提供给你的任何信息视为机密，随时注意不要泄露机密。在你的日常事务和与他人的交谈中，在你的数据存储和报告中，保持参与者的匿名性是其中的关键部分。匿名可以通过改变参与者的姓名、他们所属的任何机构（比如学校）的名称以及所在地区的名称来保证。

82 你也可以通过提供假名或代码来实现这一点。你需要特别小心地与那些可能很难掩饰身份的参与者合作，比如少数族裔群体。在适当的情况下，你应该向参与者表明，你作为研究人员的保密承诺可能不一定能实现，因为你有报告伤害事件的法律或道德义务。虽然这样的情况是不常见的，但如果你真的遇到了，你就应该立即与你的主管或合适的服务机构（如儿童保护服务机构）讨论。

保密并不是简单地通过匿名来保证的，尽管匿名很重要。更广泛地说，匿名是关于尊重信息提供者意愿的承诺，他们可能不想他们提供给你的信息被公开。当然，研究的参与者应该理解调查结果将会公布，但他们可能会认为你会掩饰或隐藏他们认为是机密的信息——可能在得出结论时使用这些信息，但不要把细节记录在研究成果中。

你应该始终对这种可能性保持敏感，甚至主动询问，然后继续与你的研究参与者协商如何使用、分析和披露你的发现。他们最终可能决定不希望你发表某些事实或观点，这个愿望是你必须尊重的。在不清楚你是否对资料进行了保密或掩饰，以让你的参与者满意的情况下，你需要让他们有机会阅读你的最终报告，让他们就如何编辑你的报告提出建议。你可以在威尔斯等人的著作（Wiles et al.，2008）中找到关于所有这些问题的精彩讨论。

> 作为默认的规则，所有的数据都应被视为机密，名称或其他信息都应编码和匿名。数据应保持安全，分析后应删除。

有时，研究参与者可能会要求在研究成果中注明身份，而非匿名（见 Grinyer，2002）。你应该尊重任何这样的要求，同时确保你与所有参与其中的人（包括监护人）充分讨论过披露的潜在后果。并且要记住，如果一个人的名字被披露，就会增加其他不愿透露姓名的参与者的暴露的风险。在仔细权衡利弊之后，如果你决定同意披露的任何请求，那么你应该获得个人放弃保密权利的书面同意。

5.6 数据安全和管理

即使你会尽一切努力去匿名，你也还是有责任保证你收集的关于人们或机构的数据安全。

83 虽然在英国的数据保护法案中存在着各种各样的豁免权，允许研究人员收集数据而不需要通知数据专员，但这并不意味着你可以忽略对数据进行良好管理的原则。你应该：

• 仅将数据用于收集目的，而不用于其他目的。

• 将数据保存适当的时间。根据不同的情况，“适当”的内容是不同的：对于大多数本科生的研究，在你的项目完成并得到分数后，应当立即销毁原始数据；然而对于某些研究（比如一个临床项目，研究生项目可能是其中的一部分），职业行为守则规定，在项目结束后数年，数据都得妥善保存。

• 保证数据安全。你应该对任何包含匿名内容的文件使用密码。对于 Microsoft Office 文档，这意味着单击 Office 按钮，单击“准备”，然后单击“加密文档”。（如果这不起作用，那么请点击 F1 按钮寻求帮助，并输入“密码”。）你会被要求输入密码，你必须记住此密码。如果你不记得，就没有办法取回你的数据。

• 不要将数据发送给其他任何人——因为这样做显然不安全。

• 保持数据匿名（请参阅上一节）。

5.7 知情同意书

因为在涉及人的研究过程中可能会造成伤害，所以在考虑研究伦理时要思考一个重要问题——同意书。同意书是有关人们参与研究的协议。不过，鉴于我已经考虑过的问题，我们需要的不仅仅是简单的协议，知情同意是必要的。换句话说，潜在的参与者应该明白他们同意的是什么。知情同意书主要围绕以下几点。

（1）参与者需要了解的信息，包括：

• 研究的性质和目的，包括研究方法。

• 研究的预期收益。

• 研究可能带来的伤害。

• 信息的机密性、匿名性，数据如何保存、保存多久以及何时被销毁等详细信息。

• 需遵循的伦理程序和要求。 84

• 你的全名和完整的联系方式。

(2) 以一种有意义和可理解的方式提出，以非技术性语言简单解释任何不寻常的术语。

(3) 潜在参与者选择参与或不参与的选项。

选择同意与默示同意

选择同意与默示同意之间存在着重要的区别：

• 选择同意意味着参与者必须积极选择参与，并表示愿意参与研究。你必须向参与者发出参与邀请，最好为书面形式，并要求他们返回一份表示愿意参加的表格。如果书面沟通不可行，那么也可以直接通过口头完成。或者，参与者的其他一些主动选择也得被考虑，就像返回一份调查表一样。必须清楚的是，参与者的同意可以在任何时候撤回。如果参与者选择这样做，就既不会有进一步的数据收集，也不再对最初收集的数据进行分析，并从研究人员的记录中删除现有数据。

• 默示同意（或选择退出）指你告诉参与者有关研究的情况，并假定他们同意，除非他们另有说明。有关研究的信息可以通过一系列手段来散发，比如在学校发一封信件给所有亲自参与的孩子。信中会包括你所提供的关于默示同意的信息，但会伴随着这样的话："我假定你不反对艾莉的参与，除非我收到你的来信。"根据所涉及的风险程度，信息也可以通过公告或传单加以传达，只要可以合理地假定目标收件人将接收到信息即可。当然，在任何情况下都应该明确说明退出的规定，并且应该给予人们最简单的退出方式——通过短信、信件、电话、社交媒体或电子邮件，或与你面对面。

> 一定要获得参与者的同意，可以要求他们主动参与研究，也可以在风险较小的情况下，给他们退出的选择——换句话说，你假定他们接受参与，除非参与者主动联系你表示拒绝。

选择同意与默示同意各有利弊。如果存在一定程度的重大风险，那么选择同意显然是首选。

85 相比默示同意或选择退出，选择同意情形涉及研究人员的更多工作。然而，也有一些证据表明，采用选择同意程序可能会导致样本的扭曲（因为只有真正自愿的人才会选择同意，而这可能将部分重要人口排除在外）。在医学背景下工作的荣加斯等人（Junghans et al.，2005）因此建议，“默示同意的方法应该是对患者构成低风险的研究的默认招募策略”。

低风险或高风险

上一段中的关键词是“低风险”，哪些情况构成低风险是一个判断问题。如果你对此不确定，那么你可以与你的主管或地方伦理代表讨论。

潜在风险包括：

- 对参与者或其他人造成心理或人身伤害的可能性。
- 对参与者隐瞒了项目信息，或在项目目标方面欺骗了他们。
- 可能会损害参与者或其他可能参与其中的人的地位或声誉。
- 侵犯参与者或其他人的隐私。
- 违法的可能性。
- 以某种方式伤害一个社区（比如引发对社区内差异的关注）的可能性。

如果判断出这些事项有任何重大风险，那么你应考虑风险的范围和持续时间。你也许需要考虑任何风险可以被“消除”的程度，无论是自然地消除还是通过你采取的措施消除。你还需要权衡利益或学术价值上的风险，这可能包括对参与者或他人的特殊好处或任何潜在的帮助。在你寻求伦理审批和道德许可的时候，你应该准备好对所有这些进行扩展，并为你的研究做好准备。

表 5-1 作为一个指南，提供了不同种类的研究，以便你可以了解评估伦理判断的可能维度，以及可以得出的这些维度是高风险还是低风险的结论。

表 5-1　　道德：低风险还是高风险？ 86

风险水平	个案研究：主题和目标	使用的方法	为什么是这个风险水平？
没有风险	主题：古巴导弹危机 目标：了解军国主义在美国外交政策中的作用（1960—1970 年）	对当代媒体评论、官方记录以及对重要人物的采访的文献分析	数据收集中没有直接参与人员（也即没有研究参与者）
低风险	主题：一个被要求在课堂上参加考试时"僵住"的孩子 目标：了解应试导向课程对学生的影响	在教师自己的课堂上，观察每一次发生的"僵住"的情况	如果孩子的任何直接参与都是计划好的，那么这可能是高风险的。谨慎地观察和做笔记，风险将大大降低。考虑到这项研究是在教师自己的课堂上完成的，降低风险的可能性较大
中等风险	主题：在画廊生活的一周 目标：在博物馆和画廊中了解公众的反应	观察；采访参观画廊的工作人员、向导、志愿者、团体和公众	博物馆和画廊中的受访对象不太可能感到尴尬或不适。然而，在这个特殊的个案研究中，由于有关该画廊的工作人员之间存在紧张关系或分歧的信息正在浮出水面，可能会出现一些微妙的问题
高风险	主题：对一名患有神经性厌食症的年轻女性的深入研究 目标：了解神经性厌食症的"控制"现象	在一所精神病院的年轻人病房里，对一名年轻女性进行为期三天的密集研究，"盯梢"她，与她交谈，与工作人员和其他病人交谈	尽管这项研究能带来很多好处，但对于一个脆弱的年轻人来说，这里存在着严重的潜在危险。如果处理不当，那么这名年轻女性可能会变得烦躁或不安，治疗可能会中断

表 5-1 显示的关于风险的判断很难做出，而且结论从来都不是决定性的。比如，我曾提出，在教师自己的课堂上进行非侵入性的观察可能是低风险的，但其他人可能不同意，他们认为观察具有潜在的干扰性，而且当学生意识到教师正在做的事情后就有了观察的风险。但不管你如何对它进行分类，在本例中，你都有必要向家长和孩子充分地说明所要进行的研 87
究，并给予他们拒绝参与该研究的机会。

如果在寻求道德许可的时候（见下文“获得许可——伦理审查”），你被问及风险和收益，那么你应该详细说明：

- 可能与研究相关的身体、心理、社会、法律或经济风险，并列出你为控制这种风险所实施的安排。
- 是否有可能给参与者带来直接的好处？
- 是否对研究人员有特殊的风险？
- 是否有任何程度的被认为必要的隐瞒或欺骗行为？如果有，为什么？
- 参与者的潜在利益如何超过任何风险？
- 在研究之后，你为支持此研究所实施的任何安排。

如果你和儿童一起工作，同意的问题就尤其重要。任何一个成年人与儿童之间都存在着不平等的权力关系，而你作为研究者的地位也会加重儿童对权威的感知。刘易斯与琳赛（Lewis and Lindsay，2000）、奥尔德森（Alderson，2004）、凯莱特（Kellett，2005）与西蒙斯（Simons，1989，2009）等人的著作提供了关于与儿童合作的伦理问题的良好讨论。

信息表和同意书

当你思考了上述所有问题之后，才能写信给你的潜在研究对象或与他们交谈。如果是一个复杂的个案研究，那么你需要为参与者编写一份信息表，说明你项目的细节，以及你期望从中得到什么。如果项目涉及参与者任何程度的不适，那么他们也应该被要求签署同意书。信息表或同意书的内容应包括：

- 项目名称和研究人员及其所属机构名称。
- 对研究内容的解释。
- 确认参与项目是自愿的，参与者可随时退出或收回提供的数据。
- 89 说明参与者将被问及什么样的问题，以及是否会涉及音频或视频记录。
- 为保密而做出的细节安排，如匿名。
- 数据安全方面的安排，包括数据何时被销毁。
- 汇报和反馈方面的安排。

> 为参与者编写一份信息表，解释项目的内容是很有帮助的。

如果涉及的问题不那么复杂，只需要以一种可理解的方式涵盖这些问题，那么一封简单的信件就够了。图 5－1 是一封信件的例子，它既可作为一份信息表，也在寻求默示同意。

巴德兰兹大学 *88*
2016 年 10 月 24 日

亲爱的家长：

我是巴德兰兹大学的一名学生，作为课程的一部分，我正在从事一项关于助教如何帮助孩子的个案研究。在业余时间，我在巴德兰兹小学做义工。校长塔姆布鲁韦得(Tumbleweed)女士也很友好地同意我联系孩子的父母，请求他们允许他们的孩子参与我的项目。**(介绍自己的身份)**

我们知道，助教为教师提供了大量的帮助。在我的研究中，我想了解助教如何与教师和孩子们合作。我希望这将有助于我们了解助教的工作方式，也希望能提出一些关于如何更有效地工作方面的建议。**(简要介绍你的项目)**

我将在你孩子的课堂上观察助教的工作，我可能也会问孩子们有关助教工作的问题。

如果你希望我不要观察你的孩子，希望我不和他说话，那么就不会有人问他任何问题。当然，你的孩子也不会受任何影响。**(说出参与者被要求做什么)**

我不会与任何人分享我收集到的任何个人信息，即使是学校的工作人员。没有名字会被记录在案：任何关于个人的信息都会有一个代码，而不是名字本身。在我写完报告后，我收集的所有信息都将被销毁。**(解释匿名性、数据安全性和反馈)**

如果你乐意接受我在这封信中所概述的项目，那么你不需要做任何事情。但是，如果你不希望我对你的孩子进行观察或与之谈话，请你按虚线撕下纸条，填写上面要求的内容，请你的孩子返还给他们的教师。如果你有任何问题，那么请根据你的情况填写表格。**(默示同意)**

非常感谢！

露西・布洛格斯

教育研究专业学生

如果你不希望你的孩子参与我的项目，或者你有任何疑问，那么请填写以下内容并返还给你孩子的教师：

我宁愿我的女儿/儿子不参与 } 请划掉不适用者
我不确定：我有一些问题

我儿子/女儿的名字________________

我的名字____________________

☐我的电话号码________________

☐我的短信地址________________

☐我的邮件地址________________

图 5－1 通过默示同意寻求参与者参与的一封信的例子

5.8 联系参与者

请记住，每种情形都是不同的。你需要评估如何更好地与潜在的参与者联系，以及如何向他们解释研究的具体细节。在与参与者的书面交流中，你应当使用直截了当的语言。想象你正在和他们交谈。比如，应该写“我的研究从……开始”而非“我的研究肇始于……”；又如，应该写“请把这个读完”而非“请仔细研读这个”。[什么时候会有人在交谈中使用“肇始于”（commence）或“仔细研读”（peruse）这两个词？我不知道为什么设计表单的人会喜欢这样的词。] 使用“信息”（information）这样的日常用语，而非“数据”（data）。

关于寻求并获得同意的一个非常好的网站来自世界卫生组织，网址为：http://www.who.int/rpc/research_ethics/informed_consent/en/。这个网站提供了信件、表格和信息表的模板，内容包括：

- 临床研究的知情同意书。
- 定性研究的知情同意书。
- 儿童/未成年人的知情同意书。
- 涉及儿童研究的父母知情同意书（定性）。

5.9 关心你的参与者和你自己

我已经讨论了许多你需要考虑的事情，以避免对你的研究参与者造成
90 伤害或使其不适。如果尽管你尽了最大的努力，但你还是发现了一些让你的参与者感到痛苦的事情，或者你还是引发了一个明显让他们感到痛苦的

反应，那么你应该考虑向他们提供有关支持服务的信息是否合适。

同时，你也应该考虑在进行社会研究时对自己造成伤害的可能性。当然，在大多数情况下你不会有任何危险，但在有些情况下会。例如，如果你要同陌生人见面，那么一定要随身携带一部手机，让朋友或家人知道你要去哪里，你要和谁见面，你什么时候会回来。你可以告诉他们你会在实地考察期间或之后的特定时间拨打电话。

5.10 在我的个案研究报告中，我应该在哪里讨论伦理问题？

这是一个有争议的问题。你对伦理问题的讨论可以出现在一开始的引言部分，但如果你把它放在那里，它就会使你对研究目的的叙述失去平衡。它可以独立成章，但这似乎将伦理问题作为一种独立的、特殊的关注，与你全书的主体产生距离。我认为，关于伦理的讨论最好作为单独一节，放在你的设计和方法论那章。在那里，你可以在讨论设计和解释你的工作情况的同时讨论伦理问题。如果合适的话，你也可以在实事求是地报告你的发现和分析时简单地讨论伦理问题。将任何形式的样本副本、信息表、致参与者的信件和指南等放在附录中。

5.11 获得许可——伦理审查

着手你的个案研究的一个关键因素是获得道德许可或机构许可。虽然这在不同的地方有不同的名称，但它可以被称为道德审查或机构审查。你必须写一份你所提议的研究的提纲，由一个名为“伦理委员会”的小组或在美国更常见的“机构审查委员会”（IRB）来审查。

大学使用这些正式的程序来确保社会科学研究项目的伦理实践是相

对较晚的事情，而且仍然有许多研究者——无论是学生还是专业研究人员——认为这是一件麻烦事。然而，这不是一种正确的态度，这种态度源于这样一种不那么自我批判的信念，即我不可能对我的任何研究对象做出任何可能造成伤害的事情（这只是我的观点）。

91 它也源于这样一种信念：我自己对是非平衡的判断自然是最好的判断，而且对此加以质疑就是对我的正直加以攻击。但是，流逝的时间和过去的经验诉我，这些事情的平衡有多么微妙，以及多么有必要明确地阐明和系统地审查道德关切问题。事实上，让他人系统性地审查这些伦理关切，往往会给研究的设计和执行带来超越伦理的洞见。

> 在开始工作之前，你需要获得你所在机构的道德许可。专业机构的行为准则可能有助于你做到这一点。

你的大学会有一套研究行为准则，并且会有一个有用的网页，其中列举了获得道德许可的程序。有关专业组织也有关于伦理研究的政策和指导方针。例如，英国教育研究协会（BERA）的指南就可以通过在你最常用的搜索引擎中输入“BERA 道德指南”后找到。其他的则在下面的方框中给出。所有这些都是非常有帮助的，尽管有些组织（例如美国心理学家协会）的指南会很长，以致当你真的照着做时会感到生无可恋。一个写得很好的指南是社会政策协会的研究伦理指南。

行为守则和其他准则

要获得这些专业机构或政府机构发布的行为守则或指南，只需将下列文字输入你最常用的搜索引擎：

- 美国心理学家协会心理学家的伦理原则和行为准则。
- 美国社会学协会道德准则。
- 英国教育研究协会伦理指南。
- 英国心理学会道德准则。
- 经济和社会研究委员会研究伦理指南。
- 医学研究理事会在研究和研究同意方面的良好实践。

- 社会政策协会研究伦理指南。
- 美国卫生和人类服务部人类研究保护办公室。

世界卫生组织的伦理规范表格和指南可在以下网址找到：http://www.who.int/rpc/research_ethics/informed_consent/en/。

在查看这些协议时要记住的关键是，对伦理的思考而非协议本身是重要的，尽管这些协议本身是有用的。对伦理的思考应该是不可或缺的，而不应被视为塞进你的时间表中的一个插曲或琐碎的事情。 92

本科层次的伦理审查

对于本科生的研究，伦理审查通常发生在学校或系的层面。获得许可将包括完成一个表格，简要说明你的计划细节。一旦你决定把重点放在什么地方，并与你的导师讨论这个话题，你就需要在项目开始的时候考虑这个问题。不要被这种形式或围绕它的程序吓倒，它应该不会耗费太长的时间，可能还会帮助你在纸上写下早期的想法，为你提供工作结构。在大多数大学里，审批通常在你的系室内部进行。

研究生层次的伦理审查

对于研究生的项目，有更复杂的安排。这通常需要一个过程，首先要完成一个在线表格，在这个表格中你会被问到关于你研究的各种问题。你的答案决定了这项研究是否属于“低风险”。如果你对一系列问题能够回答“否”，那么该项目将被认为是“低风险”的——对你而言，则是愉快地结束这个程序。你可以继续你的计划。

但是，如果你不能以“否”来回答所有的问题，那么你将不得不进入第二阶段，这就涉及大学委员会对你计划的审查。伦理审查必须在任何有效的实证工作（包括任何试点研究）启动之前进行。

为完成你所在大学的确切程序，请从你的系室获得指导，或直接在你常用的搜索引擎中输入“××大学（你所在大学的名称）伦理审查”。如在美国，你可以输入“××大学（你所在大学的名称）伦理审查委员会审查”。

伦理是一个特别的且日益重要的话题，所有大学都会有详细的程序来确保你适当地考虑了伦理问题（我所在大学的程序，任何人都可以访问，网址为：http://www.birmingham.ac.uk/Documents/university/legal/uob-code-of-ethics.pdf）。如果在你计划的工作中，道德问题似乎很突出，你希望更深入地思考这些问题，那么你不妨看看在本章末尾列出的“延伸阅读”。

93

5.12 本章小结

伦理不仅仅是一个需要经历的过程。考虑到这种研究中可能会出现的参与程度，仔细考虑个案研究的伦理维度是必不可少的。你必须特别考虑——

• 你的参与者。确保他们知道参与的内容，并且让他们有足够的机会参与或退出——如他们所愿。尤其要考虑弱势群体——换句话说，就是那些可能不能完全理解被问及的问题的人（比如儿童），或那些因他们的社会地位而不得不接受邀请的人（比如雇员）——的需求。

• 获得参与者的同意。在这样做的时候，你需要提供尽可能多的有关项目的信息。

• 公开和分享信息。在某些情况下，可能需要保留全部细节中的一部分，但这会使项目转变为“高风险”，并需要对伦理委员会进行充分解释。

• 保密。可能有例外，但默认的做法是将所有数据视为机密并将名称匿名化。

• 数据安全。保持数据安全并在分析后销毁。

• 获得伦理许可。所有大学和大型组织都有一些程序要遵循。在你的个案研究开始之前确保你做到这一点。

5.13 延伸阅读 94

Alderson, P. and Morrow, V. (2003) *Ethics, Social Research and Consulting with Young People*. London: Barnardo's.

这是少年儿童工作方面的良好道德准则。

British Educational Research Association (2004) *Revised Ethical Guidelines for Educational Research*. Nottingham: BERA.

Grinyer, A. (2002) "The anonymity of research participants: Assumptions, ethics and practicalities", *Social Research Update*, 36: 1-6.

这些文献讨论了匿名的价值，以及在某些情况下是否应优先选择公开。

Malone, S. (2003) "Ethics at home: informed consent in your own backyard", *Qualitative Studies in Education*, 16 (6): 797-815.

文章包括对研究及研究对参与者的潜在影响的重要描述。

Murphy, E. and Dingwall, R. (2001) "The ethics of ethnography" in P. Atkinson and A. Coffey (eds), *Handbook of Ethnography*. London: Sage.

这是民族志研究伦理方面的综述与讨论。

Shaw, I. (2003) "Ethics in qualitative research and evaluation", *Journal of Social Work*, 3 (1): 9-29.

这是伦理与社会正义方面的好文献。

Simons, H. (2009) *Case Study Research in Practice*. London: Sage.

特别参见第103～110页西蒙斯对原则和程序的思考。

Simons, H. and Usher (2000) (eds) *Situated Ethics in Educational Research*. London: Routledge.

特别参见格伦有关“复杂完整性”的论文。

Social Research Association (2003) *Ethical Guidelines* (available at: http://the-sra.org.uk/wp-content/uploads/ethics03.pdf).

这当中包括有用的导言和参考书目。

Wiles, R., Crow, G., Heath, S. and Charles, V. (2008) "The management of confidentiality and anonymity in social research", *International Journal of Social Research Methodology*, 11 (5), 417–428.

文章中包括关于保密和匿名问题的出色讨论。

第二篇

个案选择与从事研究

在本书的第二部分，我将考察：

- 如何对个案进行分类？
- 如何识别个案？
- 你的个案研究的目的。
- 你在个案研究中可能采取的方法。
- 你在从事个案研究时可能遵循的流程。
- 以上所有这些因素是如何相互关联，创建出你独特的研究的。

第6章

个案研究的不同类型：为你的个案研究选择一个主题

在本章中，我将考察不同种类的个案研究及其分类方法。

分类受到教科书作者们的喜爱，因为分类可以使世界看起来好像被整齐地划分成许多部分，你可以在其中组织你的作品。然而，当涉及研究时，这是一种危险的思考方式，因为它鼓励了一种看待世界的观点，这种观点认为这个世界比实际更为规整。世界并不规整——当你读本章和后续章节时，请你记住这一点。我提供的分类只是为了帮助你思考、了解背景，并为你的研究提供框架。如果你认为我提供的是一件束缚你工作的“紧身衣”，那么我会感到心神不安。

提供一个设计框架也会带来本末倒置的潜在问题——换句话说，你可以从你的研究设计，而非研究问题开始。你认为你可以说“有 X、Y 和 Z 类型的个案研究——我想我会用 Y”，而这不是研究工作的方式。研究应该从一个问题开始（见第 2 章），这是你在做研究时必须始终牢记的。

98 6.1 你如何选择你的个案研究主题？

你的问题——如果它引发了一项个案研究——将是关于这一问题的完整性的东西。查看一下焦点选择的过程，以及怎样选择这个焦点，为什么要选择这个焦点。一旦你确定了这一点，你的选择就将由很多问题决定。我在图 6－1 中总结了这些内容。

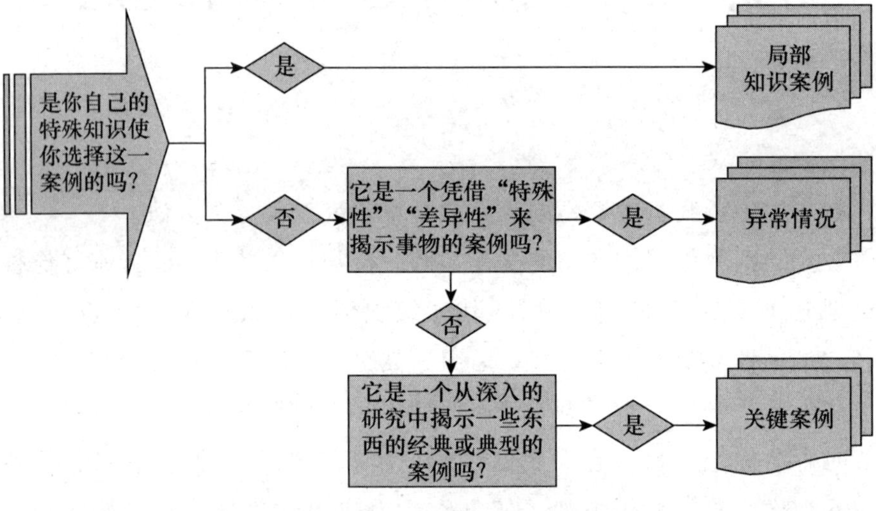

图 6－1　研究从何而来？你的主题

你的主题，即你选择的焦点，无论是有趣的案例还是不寻常的案例，抑或是发人深省的案例，都是至关重要的，因为它会引导你去思考你最终想要研究的问题。这对于学生研究者来说尤其重要，如图 6－1 所示，在做出这一决定时可以遵循两条主要路线。

第一条路线可能会因你熟悉它而被采用。因此，我将此称为“局部知识案例”。比如，是你自己的工作或家庭情况，还是你熟悉的另一种情况？在这里，对你自己的工作地点、你的地盘甚至你的家，你都非常熟悉。你了解甚至可以“阅读”生活在这一舞台上的人——你对他们可能就像对你的手背一样了解。这是进行个案研究的现成优势。

另一种情形是，作为大学学习的一部分，你可能不得不承担一个研究项目，并且除了你自己的情况以外，任何其他事物都是受限访问的——或者，从积极方面来说，对于你身边的环境，你可以获取在其他环境中难以获得的既有广度又有深度的材料。根据你自己的环境来完成你的研究并从事一项好的个案研究是一个完全有效的理由。不过，你如果处于这种情况，那么也要考虑到其他形式的研究也适合小规模调查［在《如何做你的研究项目》（Thomas，2013）一书中我已加以概述］。 99

如果出于自己的局部或特殊知识考虑而未选择你的研究，那么你可以采用第二条路线。你是否因为其内在的吸引力而关注这个主题——这是一个关键案例吗？在下面的例子中（见表 6－1），卡特里娜飓风是一个特别有吸引力的关键案例——考虑到该飓风的规模以及飓风在新奥尔良及其周边地区所造成的巨大破坏。

或者，你是因为这个案例在某种程度上具有特殊性而去研究它的吗？换句话说，你是因为它是一个例外——因其与其他例子不同而表现出一些有价值的东西——而研究它的吗？因为与其他情况不同，所以可能会出现一些异常情况，就像印度西南部喀拉拉邦的情况一样——该邦虽极度贫困，但婴儿死亡率却异乎寻常的低。

表 6－1　　你个案的来源

案例类型	案例的意义	可能的选择	选择的正当性理由
关键案例	一个很好的例子；经典的或示范性的例子	（1）卡特里娜飓风 （2）纽约霍斯托斯林肯科学学院	（1）飓风破坏的典型案例 （2）贫困学生取得高成就的典型案例
异常情况	一个“例外”，因为与常规不同而表现出一些有趣的东西	喀拉拉邦	一个婴儿死亡率异常低的印度邦
局部知识案例	在你的个人经历中，你想发现更多的东西	（1）来自罗马尼亚孤儿院的约安 （2）布兰登	（1）适应良好的案例 （2）布兰登的阅读进度突然落后和对布兰登处境的知悉

让我们看一下关键案例、异常情况和局部知识案例的例子，记住每种情况下的诀窍是找到案例的一个分析框架。

关键案例

100 **卡特里娜飓风**

杰克获得了地理学学位，现在正在攻读环境管理硕士学位，他必须做一项研究，考察环境管理在重大灾难后果中所扮演的角色。杰克有一位叔叔、一位婶婶、一群在新奥尔良地区长大的堂兄弟，这让他认为，他也许能得到一些真实的关于卡特里娜飓风之后的灾难的报道。因此，他决定关注卡特里娜飓风，以及环境管理在随后发生的灾难中所发挥的作用。

杰克能否简单地赋予他的项目“环境管理和卡特里娜飓风灾难”这样一个问题，比如：“环境管理对新奥尔良卡特里娜飓风之后的灾难有什么影响？”

是的，他当然可以，但这不会是一个非常有趣的项目。它忽略了分析框架，如果没有分析框架，它将更像是一篇报道而不是一个研究项目。报道除了广泛围绕事件且夹杂有一知半解猜测的描述之外，不会涉及任何其他东西。报道很容易成为一个只展示直接关联的说明：海平面上涨，堤坝不堪重负，城市被淹。

那么，把这作为一项好的研究需要做什么呢？首先，需要更紧密的关注。为缩小关注范围，杰克需要就这场灾难、这场灾难的自然地理层面和社会层面的构成，以及二者如何相互关联等内容进行一些头脑风暴。在头脑风暴之后，杰克也许会识别出以下可能的元素。元素中有两个焦点：一个强调天气事件本身的“前因”；另一个则关注“后果”，观察灾难的性质、如何演变成灾难，以及是否可以采取一些措施来避免灾难。

“前因”：

- 卡特里娜飓风是典型的“风暴潮”飓风的一个例子。它导致飓风区域海平面上升，低洼地区尤其危险。
- 新奥尔良是一个滨海城市，海平面以下的大面积区域受到堤坝

（防护墙）的保护。

“后果”：

● 帮派在城市里游荡，偷窃民宅，抢劫商店。

● 大约有 300 万人在没有电的情况下滞留了一个多星期。

● 该地区大部分炼油能力遭到破坏。

● 许多人在这场灾难中成为难民，不得不搬到乡下其他地方的临时住所。其中有些人再也没有回来。 101

这里的每一个点都涉及卡特里娜飓风灾难的某个具体方面。卡特里娜飓风的每一方面，在其完整性上都可以充当杰克研究的一个案例。

图 6-2 显示了一个简单的故事板，它将“前因”不断向“后果”推进。它把卡特里娜飓风给新奥尔良带来的灾难与规划中的一系列文化期望和偏见，以及地方和联邦政府在规划中扮演的角色联系起来。难道这些偏见在某种程度上影响了规划和环境管理的政治气候吗？

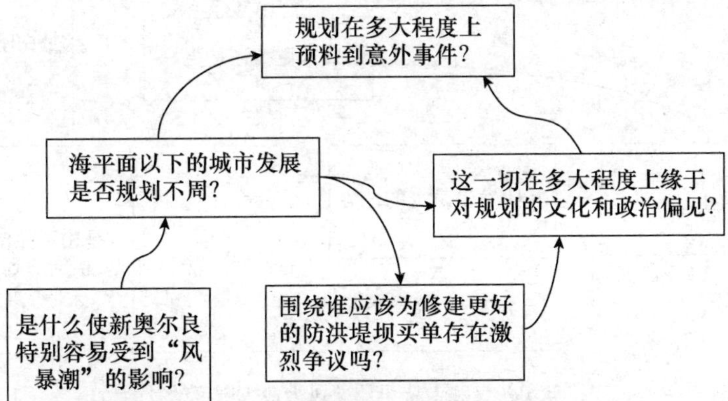

图 6-2　关于卡特里娜飓风“后果”的故事板

这是深入个案研究的基础。通过考察当地报纸上的地方规划记录或与亲属进行讨论，一些先导性的探索也许可以证实这是一个合理的初步假设的基础。如果它确实是一个可以深入探讨的合理叙述，那么可以进一步从新闻画面、访谈、书籍、原始文件和关于当地建筑计划的档案以及对它们提出的反对意见中收集数据。

102 或者，杰克可以把注意力放在“后果”上，看看卡特里娜飓风造成的巨大动荡——抢劫、违法、流离失所的人们，以及当地和全国的电力供应中断。他可能希望研究这些“后果”在多大程度上是由飓风造成的，或者在其他地方和不同的环境事件中发生的可能性有多大。在这里，他将关注卡特里娜飓风和新奥尔良的突出特征，看看它们是否以某种奇特的方式相互作用，从而导致了这一系列的社会后果。接下来会有一个不同的故事板，如图 6－3 所示。

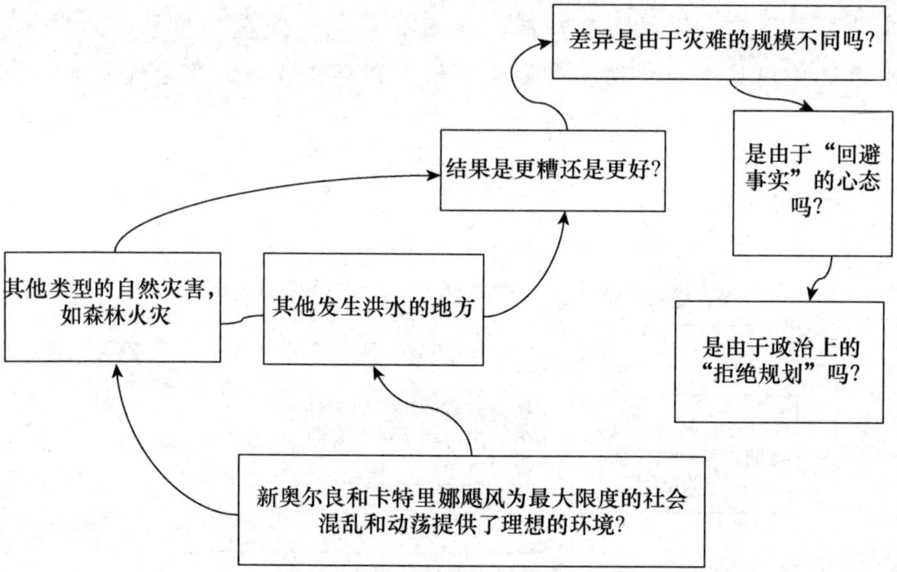

图 6－3　关于卡特里娜飓风“后果”的第二个故事板

这两个故事板说明了从非常相似的起点出发，叙述可能会有怎样的不同。

异常情况

异常情况令人困惑。这是一个明显不同于常态的案例。为什么选择异常情况呢？你可能有若干理由认为这一异常情况会提供一个研究的“入口”。它也可能提供一个分析框架。

喀拉拉邦：令人困惑的长寿 103

一个有趣的异常案例来自考德威尔（Caldwell，1986）的研究。考德威尔考察了一个国家人均国民生产总值与该国平均预期寿命之间的相关性。换句话说，他关注平均收入与平均预期寿命之间的关系。人们期望揭示出收入与寿命之间的高相关性，即随着收入的增加，预期寿命会延长。考德威尔的灵感主要来自异常情况——违背这种趋势的国家或地区，即异常案例。

一个突出的异常情况发生在印度的喀拉拉邦。该邦的收入水平极低——在考德威尔的研究中，它的人均国内生产总值为 160 美元，仅仅高于全世界的 4 个国家。尽管如此，它的平均预期寿命仍然达到了 66 岁——几乎可以与包括西方工业化国家在内的表现不错的国家相提并论。这怎么解释呢？对这一现象可以采用什么样的分析框架来解释呢？考德威尔的重点集中在喀拉拉邦和另外两个类似的异常国家——斯里兰卡和哥斯达黎加——是如何实现如此高的平均预期寿命的，以及其他国家是否可以遵循类似的路线。

在梳理了洛克菲勒基金会调查的原始统计数据的基础上，考德威尔指出，该数据的作者曾表明，喀拉拉邦的成就源于“政治和社会意志”的结合。这给考德威尔留下了一系列问题，其中包括：

- 健康记录特别好的国家与那些健康记录特别糟糕的国家相比有什么不同？
- 政治和社会意志在什么情况下可以运行？政治领导人在多大程度上受到其社会历史和性质的特殊影响？

• 对于那些有着完全不同历史背景的国家，是否有成功的经验或政策可以借鉴以加快降低死亡率？

他为回答这些问题设计的研究路线是进行个案研究。他必须利用现有的统计数据和文化与历史知识来解释喀拉拉邦、斯里兰卡和哥斯达黎加如何能够在公民的健康和长寿方面取得如此非凡的成就。

他给自己设定的第一件工作是把最好和最坏的统计数据分开，看看是否有机会进行对比（见图 6-4）。在这样做的过程中，他为最好成绩国家与最差成绩国家之间的文化差异所震惊。

104 最差成绩国家恰好是阿曼、沙特阿拉伯和伊朗，收入比平均预期寿命长的贫穷国家高出 15 倍，而这几个国家的平均预期寿命却低至 50 多岁。喀拉拉邦、斯里兰卡和哥斯达黎加与阿曼、沙特阿拉伯和伊朗之间的差异何在？考德威尔假定文化和宗教的差异是这两组国家之间产生许多差异的根源。在喀拉拉邦和斯里兰卡的案例中，佛教传统强调“启蒙”——西方术语解释为教育。相比之下，富有但平均预期寿命低的国家——阿曼、沙特阿拉伯和伊朗——的文化和宗教传统特征明显，这些传统隔离了女性，女性获得的受教育机会有限。这些国家的女性不仅受教育程度低，而且计划生育水平低，女性在家庭以外的就业机会有限。

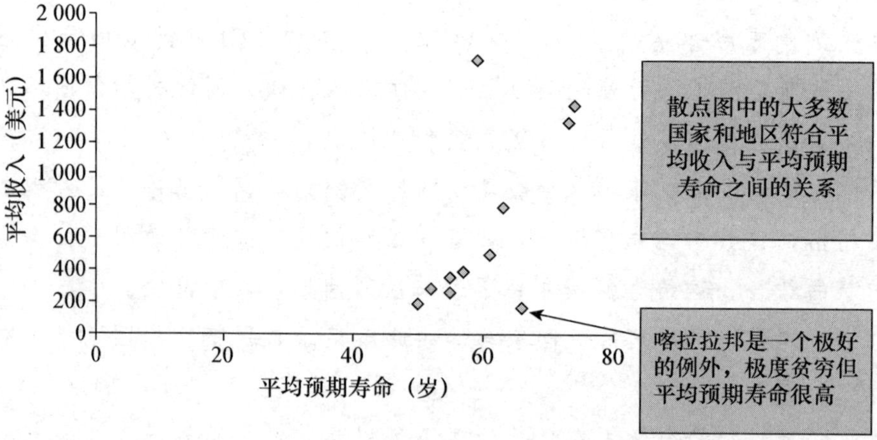

图 6-4　平均预期寿命与平均收入

考德威尔（1986：177）指出："对于上述名单中的大多数国家来说，1982 年的婴儿死亡率排名与 1960 年的女性小学入学率排名非常接近——随着女性教育水平提高，婴儿死亡率下降。"

他得出结论，这些国家之间有着一些惊人的相似之处。这些相似之处包括相当程度的女性自主权、对教育的高投入、开放的政治制度、基本上没有僵化阶级结构的平民社会、平均主义和激进主义的历史，以及政治竞争所产生的民族共识。

考德威尔在一篇引人入胜且内容丰富的分析中，提出了女性在社会中地位重要的原因，内容从女孩成长为护士的可能性，到社会中女性的地位越高，儿童的地位就越高。

他报告说，早期的人类学家约翰·戴维（John Davy）注意到僧伽 105
罗人对待他们的孩子有着"非同寻常的爱"，当孩子生病的时候他们会精心加以照料，这种照料的方式是他所研究的其他群体所没有的。

考德威尔的结论是，女性的教育可能很重要，这不仅因为女性可能了解更多关于营养和发育的知识来帮助她们的孩子成长，而且因为教育使得女性受到重视和包容——一些无形但似乎同样重要的东西。因此，为所有人提供教育似乎是在两个层面上进行的：为个人提供知识；社会对曾经被边缘化的群体的肯定，以及对这些群体的参与和融入的认可。因此，在某种程度上，为所有人提供教育似乎被赋予了额外的价值。也许这一额外的价值来自身份、地位、归属感和自我信念的提升。社会包容以及它所带来的地位，不仅孕育了女性自身的健康，也孕育了儿童学习和成长的条件。

他还研究了在健康和卫生方面的历史文化投资，并指出从 19 世纪开始，那些平均预期寿命高的国家就有重视这些问题、对教育进行强有力投资的记录。教育很重要，但它不只是教育本身。它与一个活跃的、参与性强的政治体制联系在一起，这种政治体制能够倾听到人们的"声音"。考德威尔（1986：202-203）这样说：

> 所有的证据都表明，持续的政治活动很重要，特别是当该社区存在一个占主导地位的民粹主义或激进分子因素时，这种活动会加速整个社区适当的教育和卫生系统的出现和传播。然而，这样的政治往往通过教育选民加以鼓励，这对基层和上层都有影响。

他将这种情况与印度其他地区的情况进行比较后发现："印度农村地区大部分卫生基础设施的低效可以用教育水平低下以及穷人被动参与政治来解释。"（Caldwell，1986：203）教育与健康之间似乎存在着一种共生关系。

考德威尔强调，在有限几个国家从事的个案研究也许意义不大。因为他所研究的国家数目很少，所以他无法断言因子 X 或因子 Y 就是这些异常国家拥有良好的平均预期寿命数据的原因。但考德威尔可以做出一个很好的有事实根据的猜测。这种猜测可以从历史记录、其他统计数据、人类学研究以及关于文化差异的推理中得到佐证。事实上，尽管考德威尔的研究开始于主要以统计学为基础的流行病学探究，但它最终更像一个历史比较研究。它把所有形式的数据、论证、推理和分析都包括在内，是一种不应被低估重要性的三角测量法。

因为异常情况总是一个谜，所以考德威尔总结了所有证据——他把这些证据聚集在一起，形成了福柯所说的"可理解的多面体"——对这一个谜给出了理智的、潜在的解决方案和有根据的猜测。

106 考德威尔的有根据的猜测——我们也可以称之为"假设"——是良好分析和试图理解的基石。只要它涉及证据的聪明组合，它就为找到解决方案和解决问题提供了基础。

尽管如此，我们仍应该始终铭记，在进行学术调查时，必须对这个或任何其他类型的思考保持批判态度。我们必须坚持对我们提出的解释做出最尖锐的批评。本着这种批判性探究的精神，有根据的猜测并没有错。

如果你今天再做考德威尔的研究，你可以将喀拉拉邦作为一个独特的例子，吸取更广泛的研究成果。例如，诺贝尔经济学奖得主阿马蒂亚·森（Amartya Sen）将喀拉拉邦的运作过程描述为以“扶持导致”的方式来改善生活条件：“扶持导致的过程不是通过经济快速增长，而是通过精心策划的医疗保健、教育等一系列社会支持以及其他相关社会安排来实现的。”（1999：45-48）你可以借鉴森针对国家公民提出的“可行能力”的概念，他认为这个概念比为人民的利益而设计的自上而下的措施更为重要。换句话说，这关于给人民一个参与的机会，它类似于考德威尔在参与式政治体系中所确定的概念。

如今，如果你做这样的研究，你就可以利用一些不同寻常的数据，这些数据与一些神奇的软件捆绑在一起，你可以很容易地将考德威尔不得不花费数周时间整理的同类数据进行比较。例如，加普迈德统计软件（http://gapminder.org）可以立即就人均国民收入、平均预期寿命、石油储量以及牙齿质量等进行复杂的国际比较。不仅如此，它还将显示随着时间的推移而发生的变迁情况。这是一种能够很容易看到异常值的信息。

如果我现在做一项“考德威尔模型”的研究，那么借助加普迈德统计软件，我可能会选择使用与考德威尔相同的方法，把注意力集中在“表现最好”和“表现最糟糕”的非洲国家。结果显示，分别是佛得角和斯威士兰这两个国家：佛得角的平均预期寿命是 72 岁，人均国民收入为 3 283 美元；而斯威士兰的平均预期寿命为 40 岁，人均国民收入为 4 595 美元。这两个国家有不同的力量在发挥作用，但是这些力量将揭示出引人入胜的异常情况以供比较研究。故事板可能包括如下因素：

- 佛得角与非洲大陆地理上的隔离状态。
- 后殖民政府的稳定性及其性质。
- 艾滋病的后果。
- 国际援助在大型资本项目中的运用。 108
- 来自旅居国外移民社区的支持。
- 教育和健康方面的支出。
- 石油、太阳能、海水淡化或旅游等新兴产业的发展情况。

利用我在这些“线索”中找到的信息，我可以对照随着时间的推移不断变化的散点图对我的故事情节进行三角测量，也许故事要回溯到佛得角从葡萄牙独立之前。我可以开始从其他容易获得的资料中“挖掘数据”，比如美国人口普查局的国际数据库（www. census. gov/ipc/www/ idb/ pyramids. html），这一数据库可以即时提供国际比较，如果你点击正确的地方，那么它甚至可以为你绘制人口金字塔——点击你想要的国家和年份，在下一个页面点击“人口金字塔”的选项卡。

今天，获得数据已经不再是问题——它只需要你的想象力。

局部知识案例——你的知识

研究项目通常从一些特殊的知识开始，注意到一些有趣的或不寻常的事情，把两个有趣的和不寻常的事情放在一起，然后只要用一点好奇的火花，一个研究项目就会被点燃，随时准备起飞。这是怎么发生的呢？

约安：被收养的婴儿

让我们假设你正在攻读心理学学士学位，你需要完成一个小的研究项目，你打算在你感兴趣的特殊领域——儿童心理学展开。

在去你家的路上，有一个家庭在罗马尼亚独裁者齐奥塞斯库（Ceausescu）倒台后，于1990年从罗马尼亚一家孤儿院收养了一名名叫约安的婴儿。当时，许多西方家庭收养了罗马尼亚儿童。在你的邻居中，每个人都知道约安被收养的事，因为那家人毫不隐瞒它。

你知道约安现在长大了，他的家人很好，他的姐姐和你上同一所学校。前提是你有一些特殊知识，你觉得这些特殊知识可以让你在那家人的同意下做一项有用的个案研究。从相关文献来看，你知道鲁特（Rutter）以及英国与罗马尼亚收养者（IEA）研究小组所做的研究结果表明，这些孩子在进入新家庭时通常发育迟缓，但之后会迎头赶上。你也知道那些在6个月前被收养的孩子比那些在6个月之后被收养的孩子情况要好。

109

很明显，你无法做一项类似于鲁特的研究——鲁特比较了 111 名罗马尼亚领养儿童和 52 名本国领养儿童。你不可能在你所在的社区里对约安和他的同龄人进行有意义的比较。然而，运用你的专业知识以及从阅读和广泛研究中所得到的知识，你能做的就是构建一项个案研究，这一个案研究将你对约安的了解——他似乎是一个快乐的、容易满足的孩子——与一些研究结果——一些被收养的孩子被证明患有严重的情感障碍——联系起来。

你如何在这里建立一个研究？你可以尝试将你自己得到的信息与你通过阅读得到的信息联系起来，形成一个聚焦于约安的成功的主题，并指出这些孩子不一定总能成功。

成功是如何实现的？在回答这个问题时，你可以看看约安被收养的年龄，收养他的家庭的特征（兄弟姐妹的数目等等），约安父母的沉思和约安自己的沉思，包括他在学校的经历。

你将会使用各种数据作为证据，并以多种方式分析和解释它——见第 9 章和第 10 章。

问题的关键在于，个案研究将使你能够深入研究这一案例——就好像它是鲁特的 111 个样本之一。虽然鲁特在他的大量研究中能够提供一些关于罗马尼亚孤儿院孩子进步的一般性结论，但他无法完成你所做的与你的局部知识有关的研究。

布兰登：阅读没有进展

卡丽娜在两年前取得了她的研究生教育证书，并在市中心的一所大型学校教授一个 9～10 岁儿童的班级。

布兰登是卡丽娜的一个学生，一个聪明的男孩，在课堂上总是表现得很好，但他最近开始变得粗野好斗，作业质量也在变差。在参与课堂活动方面，布兰登表现得有些落后，而且最重要的是，就卡丽娜所知，他的阅读能力没有像班上其他孩子那样取得同样的提高。

卡丽娜决定在当地的大学攻读教学研究方面的文科硕士学位。教学研究的主要内容是一篇论文，其中涉及一项小规模的研究。从文科硕士的研究方法课程中，她了解了个案研究在阐明需要深入分析的困惑方面的潜力。于是，卡丽娜决定做一项个案研究，而布兰登就是她的主题。

110 卡丽娜意识到，一项个案研究的本质是“深挖”，并从尽可能多的角度来看待这种情况——采取生态学立场（见第3章）。因此，她明白，她必须看到布兰登的行为，不仅包括教室中的行为，而且包括他生活中的一切表现。

她决定利用系统心理学中提供的模型作为分析框架。她可以从中看出似乎对布兰登的生活产生了影响的互相联系的力量。

她安排自己与布兰登的母亲见面，布兰登的母亲与她的新男友来到学校。卡丽娜发现布兰登的母亲及其新男友的关系比与前任的关系要热烈得多。布兰登的母亲意识到，这对她与布兰登之间的关系产生了非常严重的影响。

卡丽娜采访了学校的特殊教育需求协调员。她也在课后和布兰登进行交谈，在课堂上不动声色地观察布兰登，并做笔记。她每天写一篇关于课堂中人际关系的日记，并画出班级的社会关系图。

不需要系统心理学就能理解，布兰登因母亲的新关系而感到受排挤。然而，系统心理学所提供的分析把他在学校的生活放在家庭生活环境中，这是解决学校问题的主要方式的一个很好的对照，它倾向于寻求有助于缓解问题的教育（即教学）改变。

卡丽娜的分析证实了她最初的猜测，即将额外的教学资源强加给布兰登以解决他的阅读新困难很有可能是失败的，因为他对学校所提供的一切感到越来越困惑、沮丧和封闭。当然，他也会拒绝新的教学形式和由特殊教育需求组织提供的额外帮助。

关于这个个案研究，我们有两点要注意。第一个是卡丽娜对布兰登非常熟悉，她可能是一名参与观察者，她自己正是她所研究的情境的一部分。她可以很容易地接触到所有参与其中的人，并在一定程度上掌控局势。

第二个是卡丽娜的关注点。她关心的不是只为做一件事而进行个案研究，而是必须有这样做的理由——有研究和分析框架得以形成的问题。因此，她没有仅仅因为布兰登是一个没有学会阅读的好例子，就把注意力集中在没有学会阅读的布兰登身上。做一项研究的重点是什么？这就好比在口头上拍一张照片——你只是在向读者描述布兰登和他的情况。尽管这很有趣，但它并不构成研究。

研究，它需要有一个问题和一个分析框架来集中调查。如果你的问题是为什么布兰登三个月前突然失去专注力并落后于同龄伙伴，你立刻就有了一个“角度”，来关注一项可以从个案分析的完整性中受益的研究。

6.2 相同的起点，不同的路径——没有绝对的方法 111

在杰克对卡特里娜飓风（关键案例）的个案研究中，我指出了不同的个案研究可能从相同的出发点开始却有着不同的路径，这是个案研究方法的一个自然的和不可避免的特征。一个案例的独特性不仅取决于核心主题，而且更重要的是取决于你自己的兴趣和环境。也就是，取决于你想要发现什么以及你能做到怎样的极限。

这就好比维尼熊在树林里漫步一般。百英亩树林是个巨大的场所，至少对维尼熊而言是这样的。如果它从小猪的住所出来，那么它能够往东去屹耳的伤心地（他如果心情愉快，那么可以抵挡住黑暗的狂风），或者往北一点去猫头鹰的住所，假如它需要一些启发或者智慧性的建议的话。如果它感到累了，那么它可以一直往北走，回到自己的住处或者往东北去克里斯多夫·罗宾家。

你的案例的边界如同百英亩树林所确定的物理边界——反复考虑合适的案例。除此之外，维尼的选择取决于他的心情、需求和偏好，就像你在构建个案研究的框架时一样。维尼可以朝着各个方向走，你在做研究的时候也可以。维尼不可能做所有的事情，你的个案研究也不能。如果他想去拜访每个人——猫头鹰、屹耳和克里斯多夫·罗宾——那么他和每个人谈话的质量都会被缩减。猫头鹰甚至连喝杯茶的时间都没有，别提能给维尼任何明智的建议了。

这是个案研究的危险之一，当讨论到其整体性质量的时候（“holistic”的意思是“整体的”），因为强调完整性并不意味着必须覆盖一切内容。诀窍是使用一条线索贯穿调查研究始终。这应该一开始就确定下来（在理论检验阶段），就像卡特里娜飓风那样，或者它应该随着研究的进展而发展（在理论生成阶段）。（在第 8 章中，我将更多地考察理论检验与理论生成。）个案研究的质量将取决于这条调查线的完整性和连贯性，以及你能从一系列资料来源中整合数据用以解决你所发展的叙事的程度。把你的故事板想象成一个分析地图——有点像百英亩树林的地图。

关于你的研究范围并没有什么规定，它的质量由你选择的调查路线决定。正如怀特（1992）所指出的那样，这个范围既可以像列宁对农民社会形态的分析一样宽泛，也可以像戈夫曼的微笑那样狭窄。这取决于你在百英亩树林中如何选择行走的路线——你如何将这个主题与分析框架或对象联系起来。

112 同样，很难说一项个案研究有特定的关注点。至少，如果我们可以对个案研究进行分类，那么我们只有在事后才能做到这一点——也就是在个案研究完成之后。正如我在上面提到的杰克和布兰登的例子中所试图表明的那样，你做什么类型的个案研究必须给出一个与研究问题相关的原因。它不是一开始就强加在调查上的东西，而是必须在你进行调查的过程中，随着你对你调查目标的思考、你致力于这些目标的方法以及你采用方法的过程而形成。我将在第 7 章、第 8 章和第 9 章中谈到这一点。

没有特定或绝对的方法来决定你的研究如何开始或进行。正如怀特（1992）所指出的那样，这个范围既可以像列宁对农民社会形态的分析一样宽泛，也可以像戈夫曼的微笑那样狭窄。

为了结束这一节，我要重申，即使你不能确定你的个案研究是“关键”案例还是“异常”案例，也不值得大惊小怪。对案例进行这样的分类，是为了更好地理解正在发生的事情，以及哪些选择是开放的。举个例子，我发现很难确定霍斯托斯林肯科学学院究竟是一个关键案例还是一个异常案例。在某一刻，在这所好学校里发生的过程、一系列的期待以及活动都符合关键案例的特征，然后在下一刻，它似乎又是一个异常案例，因为不是所有的学校都是这样的。

我最终把它归为哪一类重要吗？不，一点都不重要。更重要的是要知道这个出发点如何让你在一项个案研究中设计出轨道，从而让你以最好、最有趣的方式回答你的研究问题。个案研究的分类仅仅为你提供了一套选项——一个菜单，通过这个菜单，你可以查看什么是可用的，并从替代方法中加以选择。你不应该被它束缚住。

6.3　个案研究的类型

寻找案例的过程就是焦点选择的过程——它决定了你的探照灯光束究竟照向哪里。决定的过程不仅包括一个决定，还包括很多。我们刚刚看了你就你的研究主题做出的决定。你还需要考虑分析框架和调查对象。除此之外，我们需要在做出这个选择之后考察它是如何进行的。

你必须在这里做一些进一步的决策，这些决策决定了你所进行的个案研究的类型（见图 6－5）。这些关于目的、方法和过程的选择相互作用，产生一系列的排列，并最终形成每一项独特的研究。

稍后我会详细讨论这个问题，我首先要做的是看看一些权威人士是如 113

何处理各种个案研究的问题的。表 6-2 总结了一些专家对个案研究的分类。虽然它决不是一个详尽的清单，但它捕捉了一些主要观点。

图 6-5　你的调查路径由你的目的、方法和过程决定。这些都涉及做出选择

表 6-2　不同专家定义的个案研究类型

梅里亚姆（1988）	斯泰克（1995）	贝西（1999）	德瓦斯（2001）	米切尔（2006）（借鉴埃克斯坦，1975）	尹（2009）
描述类	本质类	寻求理论	描述性的/解释性的	说明性的	批判性的
解释类	工具类	检验理论	检验或建立理论	社会分析	极端或独特的
评价类	集合类	讲故事	单一或多重案例	随时间拓展的	纵向的
		画一幅画	整体的、嵌入式的	结构性的、独特的	有代表性或典型性的
		评价	平行的或连续的	自律的、结构性的	启示性的
			回顾性的或前瞻性的	启发式的	
				合理性探讨	

从表 6-2 中，你可以看到试图定义类型所带来的风险。这里的每一位专家都用不同的方法对个案研究进行了分类。让我们再仔细看看，看看我们能否从中提取出一些精华的东西。

我们必须认识到，首先，在这里存在着一种混合的分类标准。目的和方法混合在一起，方法和各种主题混合在一起，而主题又与个案研究的不同“形态”混合在一起。其次，存在重复——不同的权威机构可能以不同的方式说过同样的话。

我们首先提取主题。有两位专家在他们的分类中确定了主题。在本章 114
的第一部分，我也考察了这个关键的决定。我们决定（准确地说，我决定），这涉及你选择关键案例、局部知识案例或异常情况中的一项。除此之外，专家们的分类还包括：

- 你的研究目的，包括解释性、评估性或探索性等等目的。
- 你的研究方法，用于描述、解释或尝试构建理论或检验理论的方法。
- 你究竟如何开展个案研究——你的研究过程——如单一的、多重的、平行的等等。

在表 6-3 中，我去掉了重复的内容，对个案研究重新进行了分类。这个表的重要特征是主题、目的、方法和过程是分开的。当你设计研究的时候，你需要在头脑中清楚地看到这些差别。

除了（希望）简化表 6-2 中给出的个案研究的分类以外，在表 6-3 中，我在去掉一些内容的同时还添加了一两项内容。

表 6-3　　个案研究类型——简化版

主题	目的	方法	过程	
异常情况 关键案例 局部知识案例	内在性的 工具性的 评估性的 说明性的 探索性的	检验理论 构建理论 绘图，说明性的 描述 解释 实验	单一的或 多重的	嵌套 平行 序列 回顾性 快照 历时性

在方法中，我添加了一个额外的“实验”；在过程中，我添加了两个额外的过程，即“快照”和“历时性”。（“历时性”意味着随时间的推移而变化，并且我使用这个标签而非“纵向”一词，以避免与其他类型的纵向研究相混淆。）

我删除了一些重复性的内容，并且去掉了尹（2009：48）所使用的一种个案研究类型，即“有代表性或典型性的”案例。你可以不必接受我的建议，但对我而言，典型性不是研究个案的理由。首先，一些经验性工作 115
显示，尽管我们知道这种情况是典型的——比方说，就其居民的种族和年龄分布来说，这是一条典型的芝加哥街道——但是，在个案研究中，我们可以用这种典型性合理地做些什么呢？如果我们只是拍张照片（当然这是隐喻性的），那么显然这不是研究，而是摄影。这并不在回答一个问题，我们也没有发现什么东西。因为我们不能说，通过深入这条街，它的境况将会以任何方式对它的典型性做出贡献（无论境况如何）。虽然我们可以就街道论街道，了解街道存在的问题、紧张局势、阴谋、敌意、友善和动态，但街道的这些典型性不一定会引起研究者的兴趣，因为下一条典型的街道很有可能与这条街道完全不同。

然而，如果这条芝加哥街道的确有什么值得研究的地方——你对它的熟悉程度、打架发生的频繁程度、房价的上涨等等——那么此时个案研究或许会派上用场。

重要的是不要混淆这些分类。换句话说，重要的是不要认为，由于你已经决定做一个“多重性”个案研究（或其他什么），因此这是你解释你的研究的开始及结束。分类只是描述了你研究的一个方面，它不会告诉任何人你为什么要这么做，或者你应该怎么做。

你的主题、目的、方法和过程都是相互关联的，你应该能够解释你是如何将你的主题与研究目的、所使用的方法，以及你打算使用方法的过程联系起来的。链条中的每一步都应该是可解释的。

让我们回顾一下流行文化在 1989 年柏林墙倒塌中所扮演的角色的那个例子。我们可以说，你的主题是有关关键案例的（因为它不在你的局部知识范围内）。你的目的是内在性的（因为你对这种现象本身有兴趣）、探索性的（因为你想探索一些你不太了解的东西）和说明性的（因为你想对自己和其他人进行说明）。

考虑到这些出发点，我们可以继续研究你的研究方法。你是会寻求发展出新的想法还是会检验他人的想法？因为可能两个目标你都在兼顾，所以这个研究既构建理论又检验理论。这个理论化就构成了你的目标。虽然你可能不会有太多简单的描述，但是你会寻求理解那些经历过这个时期的人们的观点和立场。在这个意义上，研究是解释性的。

从这里，我们可以说，当你正在做单一个案研究的时候（也就是说，

一堵墙倒塌的事件，不是几堵墙倒塌的事件），你正在研究它的嵌入因素 116
方面，因为（让我们想象一下）你已经选择将流行音乐、艺术和媒体视为流行文化的嵌入因素。我们也可以说，你正在回顾这一案例——你正在研究过去发生的事情。

图 6-6 显示了特定个案研究的主题、目的、方法和过程之间的关系。我们可以说，这个案例是一个关键案例，研究目的具有内在性、说明性和探索性，研究方法是检验理论、构建理论、解释，研究过程是嵌套的和回顾性的。

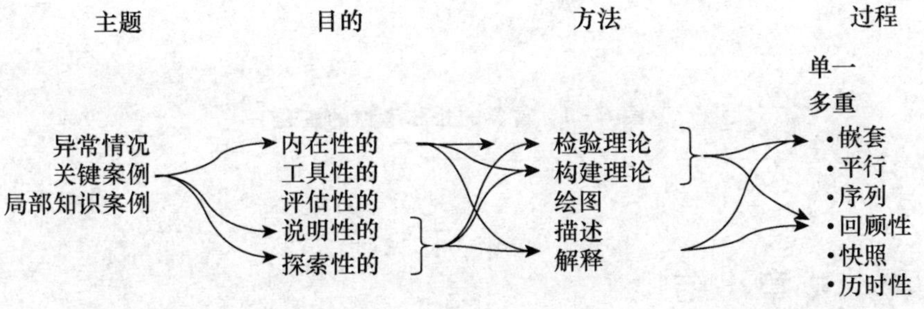

图 6-6　绘制“流行文化在柏林墙倒塌中的角色”个案研究的设计图

让我们使用本章前面的另一项个案研究来说明这一点，即喀拉拉邦人民以及他们令人费解的长寿这一异常情况。在这里，研究主题因其异常状态而被选择。其研究目的是内在性的和说明性的。其研究方法是构建理论并检验理论。其研究过程是以喀拉拉邦为焦点的多重个案研究，同时也使用对比和类似的案例进行平行研究（见图 6-7）。

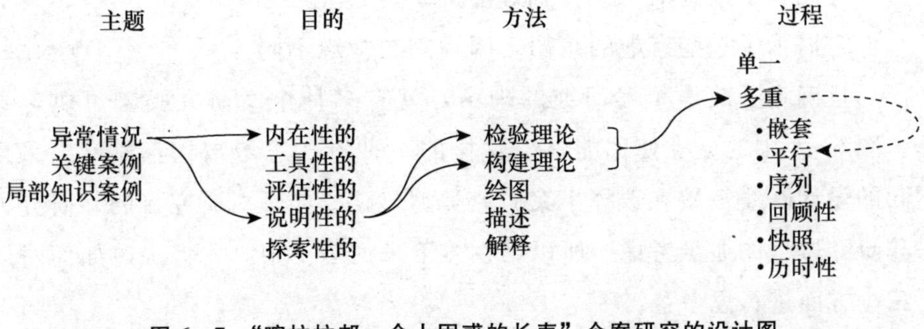

图 6-7　“喀拉拉邦：令人困惑的长寿”个案研究的设计图

我将在书中的其他地方使用这个分类图来展示个案研究可能采取的调 117

查路径，这取决于它们如何将主题、目的、方法和过程相结合。在本章中，我们主要研究了主题，如图 6-8 所示。

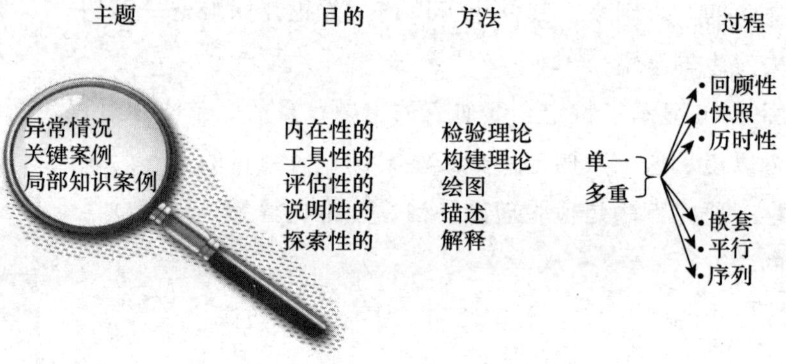

图 6-8　首要的是思考你的主题

6.4 本章小结

你可以为你的个案研究选择三种路径的特定主题。你选择它分别因为：

- 你对这个案例的问题有很多了解，并且你想深入了解它的某些方面。
- 它提供了某方面一个特别好的例子。
- 它揭示了一些有趣的东西，因为它与常规不同。

一旦确定了从事个案研究的理由，就有多种个案研究类型可供你选择。图 6-8 中的分类使你能够以这样的一种方式思考结构：你可以采用不同的设计路线审核和选择个案研究类型，路线涉及对研究目的、研究方法和研究过程的通盘考虑。所以，在接下来的三章中，我将探讨如何对以下三个方面进行思考：

- 从事研究的目的。
- 从事研究采取的方法。

- 为取得最丰硕的成果而采用的过程。

6.5 延伸阅读

118

Bassey，M.（1999）*Case Study Research in Educational Settings*. Maidenhead：Open University Press.

贝西主要是在课堂教育行动研究的背景下讨论个案研究的。他阐述了个案研究产生一种他称之为“模糊不清、隐隐约约”的普遍化的想法。换言之，我们可以经由某项个案研究的结果指向正确的方向，而不必确定一种普遍化是否适用于另一情境。

de Vaus，D. A.（2001）*Research Design in Social Research*. Thousand Oaks，CA：Sage.

该书有助于将个案研究作为一个设计框架放到许多其他设计框架的背景中。

第 7 章

你的研究目的：思考你的研究目的

在考虑了你的研究主题之后，我们现在可以考察你的个案研究的目的了。因此，重点现在转移到图的下一部分，如图 7－1 所示。这意味着开始转向你研究工作中的理论或分析的层面。在你已经确定主题后，被用来解释或理解的案例究竟是什么？如果你还记得，在第 1 章中，我提供了关于案例主题的比喻——案例主题就像一面透镜，通过透镜来观察和研究一些我称之为“目的”的理论话题。为了理解它的潜在维度，我们现在转向的正是研究的目的。

图 7－1　考察一下你的研究目的

你为什么要做一项个案研究？你的研究目的是什么？它是由内在的兴趣驱动还是作为达到某种目的的手段——也许是一种了解事物比如医疗程序的更全面图景的方式？你这样做是为了评估一个过程吗？也许你想在从事其他不同类型的研究之前先进行一些研究来探索这个领域。也许你正试图解释在某种情境下究竟发生了什么。 120

斯泰克（2005）使用了“内在性的”和“工具性的”两个词来区分你在研究之初头脑中可能有的不同研究目的。让我们先看看这些。

7.1 内在性的个案研究

在一个内在性的个案研究中，研究者出于简单而纯粹的兴趣开展个案研究——个案本身被作为主要目的，研究者对它所呈现出来的特质感兴趣。当然，如果我们继续尝试分析我们的兴趣，那么它可能来自很多角度中的任何一个，但是我们暂时把它放到一边。有时，当一项研究仅仅出于兴趣而进行的时候，它被称为“蓝天”研究或“好奇心驱动的”研究——被称为“蓝天”，是因为你可以自由地思考，像在天空中一样，没有任何障碍阻挡住视线，没有别有用心的动机——也就是说，你是为了发现而发现。

> 内在性研究，是为了探究而探究。这是“蓝天”研究。

斯泰克（2005：445）认为个案研究具有内在性的特征。

> 如果进行这项研究，那么首先也是最后是因为人们希望更好地理解这个特殊的案例。它的进行既不主要因为这个案例代表了其他的案例，也不主要因为它说明了一个特定的特征或问题，而是因为，尽管它具有特殊性和普遍性，但这个案例本身是有趣的。

内在性的标签主要用来将这样的研究与工具性的研究区分开来。

7.2 工具性的个案研究

工具是一种辅助手段，工具性的研究是一种有目的的研究。你把研究当作工具；你这样做不纯粹因为对知识的热爱。你的研究是为了评估什么吗？（稍后我们再详细讨论这个问题。）为了让事情变得更好，你是否有一个试图增进理解的目的？比如，如果你的个案研究关注的是约书亚在阅读上的持续困难，那么你的最终目的可能是帮助约书亚。在这个意义上的个案研究是工具性的；研究是达到目的的一种手段。

121 斯泰克（2005：445）对内在性的个案研究和工具性的个案研究做了区分，强调了个案研究的一些要点：

> 工具性的个案研究考察案例的目的主要在于提供对问题的洞察或重新做出概括。对于案例本身的兴趣退居次要地位，案例起到了支持性作用，促进了对其他事物的理解。

你可能会注意到，斯泰克使用了“概括”这个词。如果是这样，那么你可能会对自己说：“等一等。写这本书的那个家伙不是在第 1 页上说，你不能从一项个案研究中概括出什么一般性的结论吗？”嗯，是的，我确实说过，这正是它开始变得有点棘手的地方。我在想个案研究究竟能提供什么，不能提供什么。也许我们每个人头脑中都有这样的概括——不是科学的概括，而是日常的概括——一项个案研究的意义在于可能有助于证实或反驳这种概括。你可能还记得，我在第 4 章讨论过个案研究的这个属性，在那里我提到了案例对于溯因推理和实践智慧的重要性。

通过工具性的个案研究，调查是为特定目的而服务的。所以，个案研究扮演着一种工具的角色。

除了内在性的个案研究和工具性的个案研究的区分，你还可以根据研

究的目的，将个案研究划分为评估性的、说明性的和探索性的，或者它们之间的任何组合。让我们依次来看。

7.3 评估性的个案研究

评估建立在你对正在从事的研究的期望之上，审视一件事正在如何运行或运行得如何。改变了某些条件，或者引入了一个新的想法，然后执行评估性研究，以便找出变化带来了什么。事情是变好了还是变坏了，抑或是保持不变？

当然，有很多方法可以回答这样的问题，个案研究只是提供了一个评估性研究的途径。评估性研究的主要过程通常是在引入改变之前，先计算一些东西，接着引入一个创新或改变，然后再计算。无论结果是什么——改善、稳定或恶化——我们都有理由相信，它可能是由创新或改变造成的。请注意，我要强调的是，这里的关键词是“我们有理由相信”，因为导致这种变化的原因有很多。事实上，社会科学方法中的很多讨论涉及我们在研究后对我们所持有的信念的信心。

个案研究在所有这些方面的作用是非常特殊的。它涉及我之前讲过的 122
“深挖”——试图了解如何以及为什么。

例如，你所在的管理团队在财务办公室引入了一个新的值班表计划，不过你发现生产力——每个员工完成的工作量——在引入新的计划后下降了，而非像你预期的那样上升，你想要探索更深层次的原因。

你可以通过访谈来询问那些在财务办公室工作的人的想法。根据你最初的发现，这会是一个完全合理的跟进……但它本身并不是一项个案研究。一项个案研究会涉及深入的剖析——这里的重点是深度而非广度。这样做是为了获得正在发生的事情的详细信息，从多个角度审视哪怕只是一个人的经历。在观察一个人的时候，你会想要尽可能详细地解释他或她的个人和职业环境，并用你认为相关的所有情境细节对此进行详述。

在这里，个案研究将有助于评估，但个案研究不能构成评估的主要部分。通过运用某种类型的结果测量，评估的主要部分可以确定绩效有所下降。这样，也只有这样，个案研究才能够洞察为什么会出现这种下降。考虑到个案研究为获得深度而牺牲广度，你可能会关注数量有限的员工以进行后续研究。

你可能会选择只专注于一个人——比方说詹妮弗，她已经在财务办公室工作了 18 个月——来了解她对所发生事情的印象。你可以在一个非结构化的访谈中与她交流，询问她对改变前后发生的事情的看法，她对此的感受，以及这件事对她的影响。你可以看看改变前后詹妮弗收发邮件的日志以及她的“待办事项”清单。你可能会问她诸如此类的问题（在这种情况下，永远要记住完全保护你的信息提供者的隐私，并充分意识到考虑伦理因素的必要性——参见第 5 章）。你所有的时间都用于探索詹妮弗的态度，观察她行为中的细微差别，正是这些细微差别提供了反映她真实想法的线索，因为你发现的这个问题（生产力下降），是你和公司都没有预料到的。同时你应该警惕詹妮弗可能不愿表达的一些微妙信息。

正是在这些微妙的线索中，你才有可能讲述这个案例中所发生的故事。个案研究的关键优势在于它给予你这样的力量，即你可以从不同的来源，利用你自己对世界、世界的错综复杂性、世界的意义及其理解网络的了解，来实现建构性的工作。有了这些，你可以建构一个解释——一个将所有线索编织在一起的故事。教育哲学家杰罗姆·布鲁纳（Jerome Bruner，1991：2）称之为“现实的叙事建构”。布鲁纳（1991：2）在他的著名文章《批判性探究》中说：

123 我们以叙事的形式来组织我们的经历和对人类事件的记忆——故事、谎言、神话、做和不做的理由等等……与逻辑和科学程序所生成的结构不同，这些结构可以通过伪造加以篡改，叙事结构只能实现“逼真性”。因此，叙事是一个现实的版本，它的可接受性取决于惯例和“叙事必要性”，而非验证。

这对于理解个案研究所提供的内容非常重要。布鲁纳指出，理解人们的行为有不同的方式，如果我们假定我们只能以有限的方式使用社会科学中的自然科学方法，那么我们必须区别对待通过建构叙事产生的知识。

7.4 说明性的个案研究

说明可能是个案研究最常见的目的。请记住，在个案研究中，你在用广度来交换理解的深度，而基于深度理解的潜在说明是个案研究最擅长的。

这些说明可能是尝试性的或基于特定背景的，但正是在个案研究多方面的本性中，你获得了将一点点微不足道的信息与另一点点微不足道的信息关联起来的机会，并基于这些信息之间的相互关系提供说明。在能够无意识地观察这些相互关系的过程中，个案研究是潜在说明的最有力的推动者。然而，我们必须记住，它所提供的说明可能仅限于个案研究所提供的背景。要时刻意识到，你正在审视的只是许多人中的一个。

让我们假设你对学校中的成人就业模式的变化感兴趣。在美国和欧洲，在过去的几十年里变化一直在发生，现在受雇的助教（英国的助教）的人数比 20 世纪 80 年代以前要多得多。尽管这些新增的成年人使师生比例有所改善，但几乎没有证据表明，新的就业模式实际上对孩子们有任何好处。结果——比如在能力测试中——在有助手或助教的班级里的孩子相比那些没有获得这些额外资源的同类班级的孩子，很少或几乎没有进步（Vincett et al.，2005）。

现在，这是一个值得思考的发现，而且确实值得关注。为什么师生比 124
例优化了，但孩子的成绩却没有提高？我们也可以问问自己，现有的研究可能不会告诉我们什么，因为很明显更好的师生比例应该能够产生一些积极效果。

故事板在这里或许有些帮助——它也许能提供一些探究的途径，目的是建立一个分析框架。

图7-2展示了一个非常小的故事板。你会发现，源自底部的问题有两个不同的前进方向。右边的是由于课堂中有更多的人出现而可能出现的问题——这些问题可能会为关于孩子成绩的研究发现提供解释。我们倾向于认为增加师资会带来好处，但也有可能带来坏处，坏处可能与好处同样多甚至更多。

相比之下，左边的问题则是我们研究的重点。我们是不是把注意力集中在了成绩的提高上，而忽略了课堂上与成绩无关的改善方面？

125

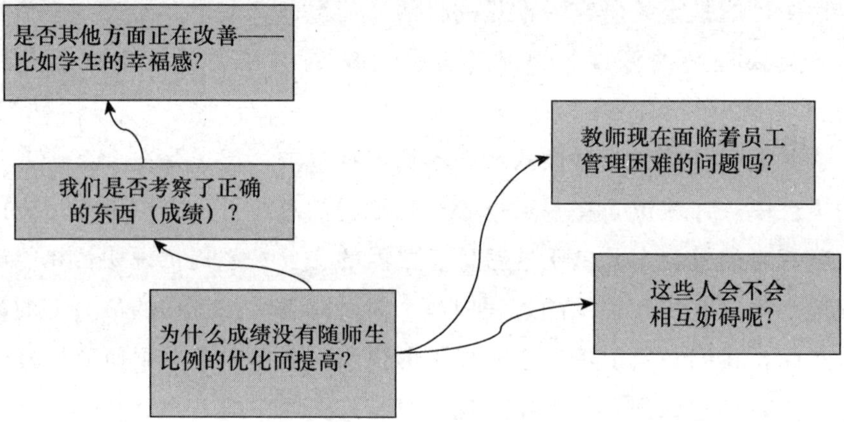

图7-2　关于在课堂上获得额外帮助的影响的问题故事板

个案研究可能会给出一个说明。不过，也许我应该更具试探性地说，个案研究可以为说明提供一些线索。你将如何构建一项个案研究，来考察这个关于师生比例的悖论呢？

一开始，我们应该在我们希望研究的情境下画一条线——我们应该定义它的参数。我们应该意识到，我们所做的是寻找一个说明的指针，而不是给出明确的答案。因此，我们不会试图根据直觉来定义这个或那个变量，认为它可能很重要，然后通过一项研究或一系列的研究来检验它的重要性。相反，我们会系统地寻找直觉，寻求潜在的说明。

你如何开始这项研究呢？想象一下，你正在某种情境的周围扔一根绳子、一根套索，这种情境在某种程度上说明了你感兴趣的领域。通过这种方式，定义你感兴趣的研究领域，你就有机会在这种小范围的情境下进行说明。在这里，你会想到教室里有额外的人和班主任一起工作，所以你选择一个这样的教室。在这个教室里，你的注意力集中在一个问题上：为什么研究表明额外的成年人似乎没有帮助学生提高成绩？

一旦问题被选定，并围绕情境抛出了绳子，你就可以开始思考你选定的问题了——使用如图 7-2 所示的故事板。这个研究的边界是这个班级——这位教师以及这间教室里的 29 名学生。不像其他类型的研究，隔离和操纵一个变量从而判断它对另一个变量的影响有多大。你的目标是说明——尽管是尝试性的初步说明，但说明都是一样的——这就涉及采用整体的观点。

为了在头脑中得到这个整体性说明的观点，你会从许多不同的方向进行审视，而这些方向将取决于你的第一个故事板中浮现出的想法。

首先，回到图 7-2，看看图的左侧，你可能会决定不去关注孩子们的成绩，而去关注关于这一主题的文献似乎没有涉及的东西——孩子们的注意力。

所以，你设置了观察孩子的两种情境：第一种，周一早上当助教斯皮德女士出现在课堂上时；第二种，周二早上当孩子们在做同样的任务而斯皮德女士没有参与时。你观察两种情境下的每个孩子，用视频记录他们的行为。然后，比较这两种情境。由此，你可以判断在这两种情境下孩子们的行为是否存在显著的差异。然而，这本身是不够的。

其次，我们回到图 7-2 的左侧的上部，我们会看到幸福感这一因素。虽然成绩没有显示出改变的迹象，但在助手或者助教在场时，孩子们是否会更有幸福感呢？

你如何验证这个假设？可以观察孩子们有多少次露出微笑吗？也许这不是一个好主意，因为即使你能找到一个测量微笑次数的好方法（当然这是不可能的），你也不能确定微笑是幸福感的准确表征。也许那些看似微笑的孩子只是试图控制多余的风。也许他们在笑，只是因为他们在一个嘻嘻哈哈几乎不受控制的教室里。

但是这是测量幸福感的标准吗？我们知道孩子们不喜欢待在一个不受控制的教室里，所以，即使他们可能在笑，他们也可能不开心。（社会研究真不容易，对吧？）

也许用一些其他的幸福感指标来测量会更好，比如自陈报告。换句话说，你可以用带有笑脸的图表简单地问孩子们，他们在不同的情境下到底有多快乐。

我们再移动到图 7-2 的右侧，我们可以看到完全不同的另一组问题。这里有一些关于人们如何合作的非常深刻的问题，你的故事板中出现了一些有趣的想法，即关于把两个人放在一个工作环境中会带来什么样的影响。

126 事实上，经济学和管理学的学者们很清楚这些效应，并将其总结为“边际收益递减定律”。在这个定律里面，每增加一单位资源——无论是人还是机器——新增加的产出比原来更少。虽然这一定律可能并不百分之百地适合这里的情形，但它提供了一个线索，即关于在教室里有额外的人可能会发生什么。如果增加的人不知道自己在做什么，那么越多的人意味着越多的困惑。（他们可能不知道自己在做什么，因为教师们并不熟悉在教室的范围内如何与他人一起管理和工作。）

那么，在你的个案研究中，你怎样才能尝试去检验这一边际收益递减定律是否有效呢？你可以用很多方法加以验证——也许实际上就是观察教室里是否出现任何令人困惑或令人恼火的迹象。你可以通过访谈或问卷调查来询问助教们，他们在这种情境中的感受如何。他们感到不确定吗？他们感到迷茫吗？你可能会问教师，他是否对如何处理和管理额外的工作人员感到不自信。你可能会看到孩子们利用教师与助理之间的混乱的迹象。孩子们是在利用这种困惑吗？

因此，借助个案研究，你会对这种情境进行“深挖”工作，以提供一种关于发现的似是而非的说明。

7.5 探索性的个案研究

一个探索性的个案研究将会在你面对一个困扰你的问题或议题时完成。你需要知道更多的信息：发生了什么？为什么会发生？你可能对这个议题没有什么初步的了解——或者至少对它不太了解。你可能对它有点熟悉，但是你所知道的可能只是其中一个维度，因为你仅仅能看到你的角色的情况——作为一名老师，或来访的学生家长，或学校校长，或在课程中间作为志愿者帮忙的午间监督员。

让我们来举一个例子。

假设你是一名老师，你班上有一个名叫乔尔的孩子，在一年一度的学术能力评估测试（SAT）就要举行的时候，他“僵住”了。在一项个案研究中探究这一点，你初步的头脑风暴将围绕其中的潜在原因，就潜在原因你可以跟进你的多方面的探索。

你的初步想法很可能比说明性研究更不确定，也更不完善，但是通过研究你可以得到一些你想要追求的清晰的想法。因此，一项探索性研究将会更加开放。

你会运用各种各样的方法，如观察、做笔记、进行访谈去了解别人的 127
想法。这些会给你提供可追随的线索或通道——其中一些可能通向一扇敞开的大门，而另一些则可能通向死胡同。

假定你的研究的第一部分是向不同的人询问他们对乔尔的印象。你问他们中的每一个人——他的老师、家长、校长、午间监督员——为什么他们认为每当学术能力评估测试邻近的时候，乔尔就会“僵住”。考虑到这项研究是探索性的，你将主要听取意见，而非提出问题来测试你的受访者的观点。比如说“你认为乔尔有阅读障碍吗”，这样的提问是不合适的，因为这将在很大程度上限制受访者的初步想法——将你的主张强加给受访者。

你可以每天早上留出一小时的时间，在课堂上观察乔尔，那时他和他的同龄人正在学习。你可能会以一种非结构化的方式观察，试图从乔尔的背景经历（即以前发生过的事情）和乔尔学习的结果（即之后发生的事情）中找到关于乔尔行为的线索。他似乎使用了回避式的策略？他看起来焦虑吗？他是否试图让自己远离其他学生？当有组织的工作迫在眉睫时，他是不是开始胡闹了？他的老师或助教对他的行为有没有表达过任何焦虑？这些焦虑是否可能转移到乔尔身上？

在这些探索性的问题之后，接下来是观察和开放式访谈，你将开始针对乔尔的情况进行一个探索性的个案研究。当“线索”出现时，你将跟随线索走下去。有些线索似乎是有实质内容的，针对这类线索，你要进一步进行检测。

我们举另外一个来自现实生活的例子。在公共卫生领域，这是一个复杂得多的问题。我希望，它能表明，当你遇到一个看似无定性的问题时，个案研究有多么有用。事实上，它不仅展示了个案研究如何在探索性意义上具有价值，而且展示了如何进一步进行这些探索，在收集更多数据时缩小搜索范围。

20 世纪 80 年代，在“疯牛病”（确切的名称为“牛海绵状脑病”，简称 BSE）出现在英国之后，人们通过实验研究意识到，这种疾病已经被从碾碎的绵羊（包括它们的大脑）转移到牛身上，这些羊的骨粉被做成饲料喂给了牛。因为奶牛是天生的素食动物，人们最终的假设是它们没有进化出相应的免疫力，它们因为吃了另一种动物使病毒转移到了自己身上。

另一种假设是，这种新的疾病是由牛脑中的“朊病毒”引起的，这种病毒不能转移到人类身上（我们是杂食动物，因此我们进化为可以食用其他动物）。当时的英国农业部部长约翰·格默（John Gummer）甚至给他的女儿喂了一个汉堡，以向全国证明病毒对人类没有危险。

128 然后，令人担忧的是，人们注意到一种叫作克雅氏病的人类大脑疾病的发病率正在上升。这是一种特殊的克雅氏病——一种变异——所以新的疾病被称为变异性克雅氏病（vCJD）。最终，疯牛病与变异性克雅氏病之间的联系被证实了——疯牛病似乎是导致变异性克雅氏病的原因——但人们预计，感染这种疾病的风险是微乎其微的。

然而，就在 2000 年，人们注意到，在莱斯特郡的奎尼伯勒村有一群人感染了变异性克雅氏病。在 1996 年 8 月至 1999 年 1 月间，该村有 5 人感染了此病，而这些人随后都死亡了。这是公众健康的一大隐患。这可能是一场流行病的开始吗？在英国，吃过牛肉的每个人都有可能感染变异性克雅氏病吗？这些人群必须迅速地接受调查，以查明是否存在导致该群体感染的特定环境，以及是否有可能在全英范围内发现更多的患病人群。

唯一可能的调查方式就是个案研究。这个由患病人群定义的案例必须针对它周围的环境来进行研究（见图 7－3）。在奎尼伯勒村有什么特殊的情况导致了变异性克雅氏病的发生？两位研究人员，格里·布莱恩特和菲利普·蒙克（Gerry Bryant and Philip Monk，2001）领导了莱斯特郡卫生当局的调查，他们的研究为我们提供了一个典型的探索性个案研究案例。

图 7－3　通过个案研究的方式对“疯牛病”进行研究

调查人员立即设想了一系列的调查思路。排除掉这是大量患病人群中出现的第一个这一多余的可能性，还有一些竞争性的解释主题必须加以探索。

这种病有很长的潜伏期，受到感染的年轻人可能在几年前上小学的时候就感染了。小学厨房的卫生状况可能是罪魁祸首吗？感染特别严重的牛群会与此相关吗？发病与牛如何被屠宰或者肉如何被运输有关吗？但对于布莱恩特和蒙克来说，还有如下更多的潜在解释：

- 该地区的人通过输血、牙科手术、注射、身体穿孔等渠道感染。
- 在当地消费的婴儿食品给幼年儿童传播了变异性克雅氏病。
- 饮食中缺乏锰元素，因为初步调查显示，莱斯特郡这一地区的土壤 129
中锰元素含量特别低，所以其他地区的锰元素可能提供了某种预防作用。

这些思路中的任何一种都可以提供一条很有价值的研究路径，或者将研究引向一个死胡同（见图 7－4）。

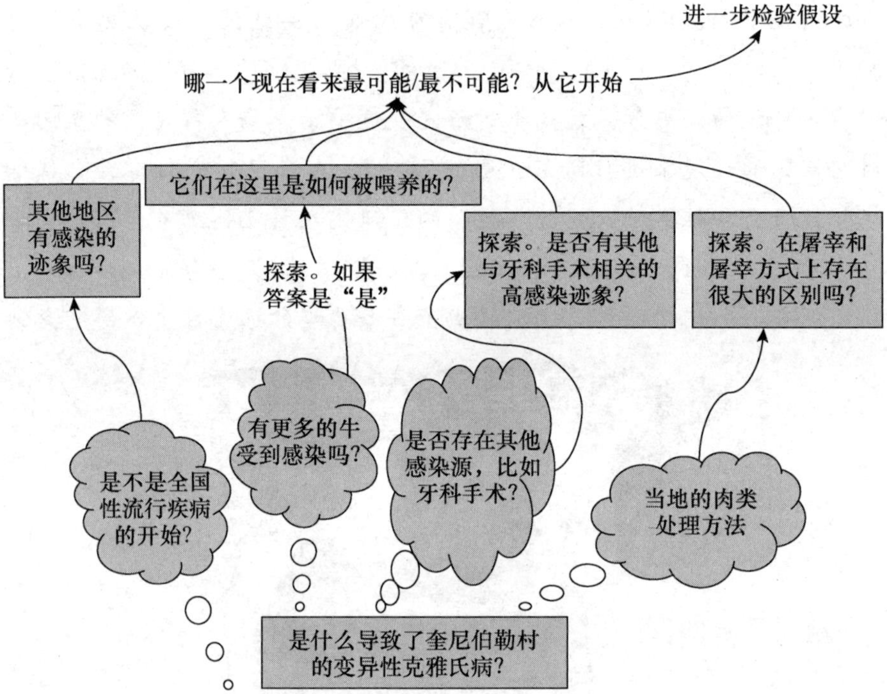

图 7-4　探索和生成想法是一个偶然过程，所以追随那些看起来最有可能的想法

第一条法则是思考。调查人员必须考虑这些备选方案，并从最可能的情况开始。他们首先考察了当地养牛的做法。他们发现：

> 当地的肉牛和奶牛被一起饲养。这意味着从 6 天到 6 个月的时间里，肉牛被喂以肉和骨粉补充剂，这是整个牛群的状况（Bryant and Monk，2001：2）。

结果是，这里饲养的牛比其他地区的牛有更高的概率感染疯牛病，同时接触骨粉中朊病毒的时间比其他地区的牛更长，莱斯特郡这一地区确实被证明疯牛病的发病率很高。

130 另一个有力的证据是这个特定的地方人们所吃的肉的性质，这引导我们开始对肉食店进行调查。在这个调查阶段，故事会变得相当血腥，所以如果这会让你感到恶心，那么你最好不要阅读接下来的几段。

该地区的屠夫们用如下三种方式中的一种来获得被宰杀的动物的肉：

- 他们自己宰杀动物。

● 他们从当地的小型屠宰场购买。

● 他们从大型批发供应商那里购买。

因此，调查人员也更详细地调查了各地不同的屠宰方式。

他们发现当地的小型屠宰场的做法，包括在牛死后插入一根“髓棒”，将“髓棒”推入牛脑中的螺栓孔，防止使用该螺栓后可能发生的动物踢脚。这种做法在大型屠宰场中并不被使用（目前这种做法已被定为非法）。

大型屠宰场和小型屠宰场还有两个主要的区别：

● 在大型“工业化”屠宰场，屠宰后的动物尸体会被用软管进行冲洗，而在较小的屠宰场则会被用抹布擦拭，因为屠宰业的传统说法是：用软管冲洗会让肉“变酸”。

● 当地的小型屠宰场和屠夫采用的传统做法是，将头部切开以切除大脑，这就为交叉感染提供了进一步的机会；而这种做法在大型屠宰场并没有被采用。

当地的宰杀和屠宰做法，为病毒感染提供了更高的可能性。实际上他们的行为可能使病原体从牛的大脑中溢出并扩散到生肉上。使用传统屠宰方法，这些病原体并不会被冲洗掉。事实上，用抹布来擦拭牛的躯体会让情况变得更糟，它会使传染物四处扩散。

在初步调查之后，布莱恩特和蒙克改进了他们最初的“思考泡沫”式的一些想法（见图7-4），得出了一个假设：

（1）因为在当地饲养的做法中，牲畜在早期阶段就被饲以骨粉，所以当地的牛特别容易受到感染；

（2）然后，考虑到当地宰杀和屠宰的做法，传染源是从动物尸体散布开来的，从那里，病原体被转移到屠宰店的本地顾客身上（我们从实验中可以得知，病原体——朊病毒——不会像其他病原体一样在烹饪过程中被破坏）。

布莱恩特和蒙克通过比较变异性克雅氏病患者与健康人群消费的肉类 131
来源，来检验这一假设的第二部分。是否存在这样一种模式，即变异性克雅氏病患者的家庭从当地传统的屠夫那里采购肉类？通过使用结构化问卷，他们首先询问了受感染患者的亲属在20世纪80年代的饮食和肉类的购买模式，并将他们的回答与对照组的回答进行比较——对照组由没有感染变异性克雅氏病的健康人群组成。

调查结果显示，简而言之，5名变异性克雅氏病患者中的4人定期食用两名当地屠夫中的一名供应的肉，而这两名屠夫都是用传统的屠宰方法从被宰杀的牛身上获取生肉的。对照组所购买的肉类来自范围更广泛的零售商（超市、冷冻店和其他肉店）。而后者——那些更“安全”的零售商——当被问及他们肉类的来源时，所提供的回答不出所料：这些肉类来自更远的地区，而且不是用传统的方法屠宰的。

使用简单的统计，就有可能表明这种模式碰巧发生的可能性确实非常渺茫。我反复强调从个案研究中归纳出结论是不可能的，这一点仍然有效，而布莱恩特和蒙克（2001：5）十分明智、谨慎地给出了他们的结论。他们说：

> 这项研究提供了一种生物学上合理的解释……（但）在全英层面上，它不太可能解释所有感染这种病的患者是如何接触到疯牛病病毒的。

然而，这项个案研究提供了极有价值的信息。这项研究还提供了一个令人意想不到的额外信息：

> 我们对病例暴露在这种屠宰做法中的情况进行分析，指出了变异性克雅氏病发病的潜伏期为10～16年。这是第一次对该病潜伏期做出可能的估计（2001：5）。

虽然这是一项来自公共卫生领域的个案研究，但这些研究人员在进行这项探索性工作时所采取的步骤在任何领域的所有此类调查中都是常见的。它们包括：

- 初步进行实地调查和观测以收集资料。
- 提出潜在的解释或解决方案。
- 通过探索性的工作，以检验这些潜在的解释是否有实质性的可能性。
- 检验这些潜在的解释。

7.6 本章小结 132

虽然题材或案例本身是你在个案研究中直接关注的焦点，但在某种意义上，它只是你用来检验或解释某个主题或主旨的工具。你用题材来理解研究的主题或主旨。在本章中，我们研究了主题的潜在形式和维度以及分析框架，而分析框架可以被视为研究的目的或目标。我们注意到你的研究目的可能是：

• 内在性的——纯粹出于兴趣来考察一个主题，用以验证或阐明一个理论话题。

• 工具性的——以个案研究为手段，来更好地理解某些主题、过程或想法。

除此之外，我们还可以将个案研究分为：

• 评估性的——目的是了解某件事运转得有多好，或者它是否像预期一样运转。

• 说明性的——当你感兴趣的现象需要被“拆解”时，当问题的不同部分之间的联系需要被澄清时，个案研究提供了一条说明的路径。

• 探索性的——所知甚少，主要目的是确定问题或议题的“轮廓”。

这些问题或议题关乎你研究的分析框架是如何形成的。

7.7 延伸阅读

Becker，H. S. (1996) “The epistemology of qualitative research”, in R. Jessor，A. Colby and R. Schweder (eds)，*Essays on Ethnography and Human Development*. Chicago：University of Chicago Press，pp. 53–71.

本质上，这是一个关于我们所谓的“经验”的有趣讨论。它淡化了定性与定量之间的区别，使不同类型的研究在经验主义中找到共同的原因。换句话说，从（我们自己的）经验和分析中发现的结果，与一些非常重要的权威告诉我们的有所不同。

133 Booth，W. C.，Colomb，G. C. and Williams，J. M. (2003) *The Craft of Research* (2nd edn). Chicago：University of Chicago Press.

布斯和他的同事们提供了我所见过的最好的概述之一，这就是为什么审视你的目标很重要。第 14 章特别有助于为你的工作建立理论基础。该书将研究视为一个整体的、综合的过程。尽管它是综合的，但它并不是“偶然发生”的。你必须考虑你的目的，以前做过什么研究，以及你对这个拟议研究领域的贡献。尽管他们并没有特别关注个案研究，但他们所采取的研究立场与个案研究非常相关，正如个案研究所重视的那样，他们强调了整个研究工作的完整性。不过，你必须努力让读者真切感受到完整性，而这正是这本书能帮助你做到的。

第 8 章

你的研究方法：理论检验或理论构建；解释或说明

在第 7 章中，你已经查看了你的研究目的，现在你可以思考如何进行你的研究了（见图 8－1）。根据你的分析框架或研究目的，你是尝试从头开始建立自己的一套想法（构建理论），还是检验你在其他地方遇到的想法（检验理论）？

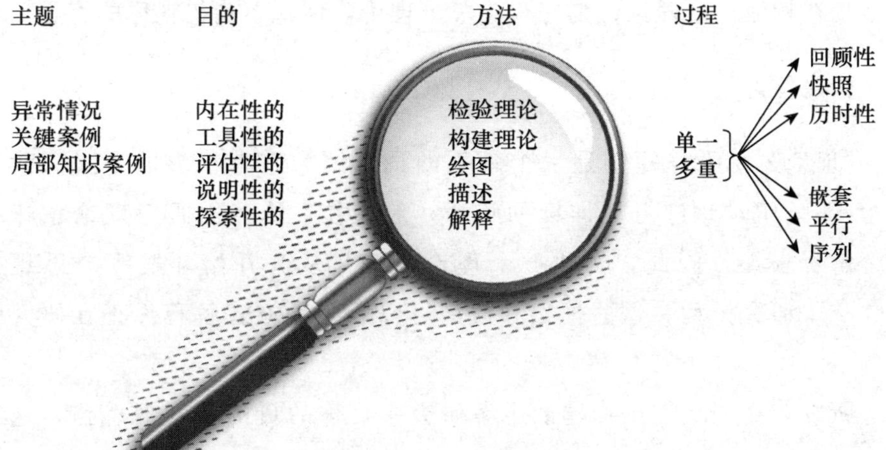

图 8－1　查看你的研究方法

135 在第 7 章关于疯牛病的个案研究中，你会同时兼顾二者吗？你在个案研究中使用的方法是为了说明一些东西（也许是一个出于某种目的需要你更详细地解释的过程）吗？你会寻求去揭示并解释你所聚焦领域内发生的事情吗？

8.1 理论检验或理论构建

让我们从个案研究开始，其目标是构建或检验一个理论。将二者放在一起进行对比也许会让人感到困惑，因为它们更多地被视为各种调查连续统的对立两端。在连续统的一端，你试图从数据中建立模型——你脑海里对数据呈现的模型保持开放，就像你转动万花筒时所看到的一样。在连续统的另一端，模型像一个模板一样已经存在了，你给自己设定的任务就是看看这些模板或这些理论是否事实上对你收集的数据提供了令人满意的解释。不过你要记住，所有的研究——无论是个案研究还是其他研究——都是从灵感或直觉开始的，而正是这些灵感或直觉引导着你的研究之旅。无论你是在构建一个理论还是在检验一个理论，你都不能忽视你的直觉。

构建理论

“理论”在研究领域是一个棘手的词，因为它有很多的含义。我将在第 11 章中对此进行更详细的解释，但现在，让我们假定理论意味着一个解释模型。因此，构建一个理论几乎是从头开始开发一个思想框架、一个研究模型，这些框架和模型可以以某种方式解释你正在研究的主题。

所以，在一个理论构建的个案研究中，你的目的是发展思路，这与你在探索性个案研究中所做的工作一样，但过程要更为深入。理论构建不仅仅是探索。你建立了一个思想框架，它与预先提出的关于什么是重要的概念没有明显的联系。这样说也许太过分了，因为它不可能与业已存在的想法没有联系。我的意思是，你不必拘泥于已有的想法，可以没有预设。虽然你原有的想法会一直存在——毕竟你不能从脑海中抹去它们——但你不能把它们当作潜在的答案。你应该根据你的数据提出新的解释。

假定你是一名司法心理学的学生，对全球恐怖主义影响人们日常生活方式很感兴趣。恐怖主义是否影响了人们的日常生活方式？对恐怖主义的恐惧会改变人们的行为方式吗？恐怖主义对人们的生活构成了冲击，政府和其他机构在应对全球恐怖主义方面所做的改变是什么？这些都是你的研究的出发点，你可能会发起一项个案研究，来构建一种可以从某种程度上解释人们的行为的理论。 136

我们假定你已经开始了你的调查，访问了一些即将进入伦敦地铁站，比如牛津广场站的人。大多数人对你说全球恐怖主义对他们没有任何影响，但在你访问的人中，你会遇到一些人说他们会怀疑一个身背大帆布背包的年轻人，并试图和他进入不同的列车厢。

以上就是你理论构建个案研究的基础。考虑到我们关注的是构建而不是检验一个理论，重点将是你伴随研究进程而产生的想法，而不是检验预先设定的假设。当你的注意力可能集中在你的受访者关于安全感、种族、宗教、青年的看法和它们相互联系的结构上时（既然你必须有一个研究起点），你就不会预先构想出每一项的重要性以及它们是因何被提出来的，或者任何相互联系的内在本质。你的目标是伴随研究进程建立起这些。

你最初的访问会带给你一些提示。有了这些提示，你需要决定此次个案研究的重点，它将是：

- 车站。
- 车站内的一群人。
- 对恐怖事件表达出恐惧的某个人。

无论你选择哪一个，你的焦点都必须放在令人感兴趣的地方。正如维维奥卡（Wieviorka，1992：160）的评论：“一个案例，只有当观察者能够把它引用到自己的分析范畴中时才有意义。”它不能被简单地凭空想象出来。你不能简单地想：“我就要在这个地铁站做一项个案研究。”你并没有特别的理由去选择那个车站。如果你选择聚焦于某一特定的车站，那么一定要有充分的理由。因此，对于个案研究，有两个问题需要注意：

- 为什么要在担心恐怖主义的背景下，对一个车站进行个案研究呢？
- 为什么要对这个特定的车站进行个案研究呢？

137 我所说的车站的“特定”性是什么意思呢？如果你从事任何其他类型的研究，那么你或许也会选择这个车站，因为它在某种程度上就是车站的典型。你会在这个车站选择参与者，是因为它在某种程度上代表了伦敦市中部的车站。要不然，你也可以选择一个类似车站的样本或者有代表性的对比车站。但个案研究并非如此。你选择这个车站，通过个案研究旨在观察在担心潜在恐怖主义袭击背景下的车站环境。所以你要观察一系列的情况。你会看到站台上的人数以及他们是如何进进出出的。你会看到人们互相推搡以及站在一起的距离。你会注意到车顶的高度，听到车辆进出站时所发出的噪声。巨幅广告是让人感到不舒服，还是让人感到更放松？

所以，选择一个车站作为你的个案研究的重点，你必须有这样做的理由，而不仅仅是因为它是你研究的一个方便地点。随意地选择一个车站来采访人们是没有意义的，因为你可以在其他的地点更轻松地采访到他们。为什么这会成为一个好的个案研究呢？

这就引发了一个关于理论构建的问题，因为在这里你应该从头开始。从某种意义上说，构建理论希望能够清除你的预期和先入为主的想法。这是可能的吗？正如我已经提到的，也许不能，但这是你构建一个理论的前提。

那么，你如何着手研究呢？答案是，在一开始就你选择焦点的重要性，即关于“车站”及其“特定”性做一个宽泛的假设，然后按照我一直提到的通常步骤，就你研究的焦点从不同的角度收集有关情境的信息。这些信息可能包括噪声的源头、人流的密度、人流的移动和休息之处、隐蔽入口的存在、垃圾箱的存在等等。然后，你可以找到探索这些问题的方法，并让你发现的信息出来“说话”。你不要指望你所开展的理论构建会证实这些因素的意义——相反，你要探索它们的重要性。

因此，我们的理论构建个案研究可以被称为“车站：一个惧怕全球恐怖主义的地方”。车站便会立即被视为你调查的核心。你在第一个词中清楚地表明，你感兴趣的焦点是车站。正是这一点既为你对恐怖主义的调查提供了核心，也为人们为什么感到恐惧提供了要点。车站有什么特征加剧了（或者减少了）人们的恐惧心理吗？你的研究方法需要实现为这个基本问题寻求一个答案的目的，然后你的理论会围绕你收集的数据并作为调查的结果而逐渐生成。

我喜欢围绕富有成效的想法思考理论的成长，使它变得越来越厚实，同时那些远离起点似乎去不了任何地方的想法会逐渐萎缩。因此，你可能会从一个类似于图 8-2 的故事板开始，故事板映射出你构建对于对车站的恐惧的解释的基本思路。

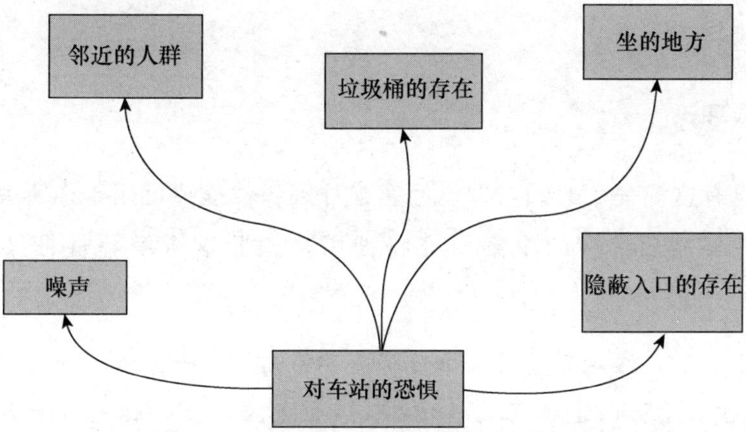

图 8-2　你的理论构建的第一个故事板

当你收集了你的数据——完成了采访、拍摄了照片、录制了视频、采集了录音等等——你会发现围绕某些主题的证据似乎变得越来越“厚”，所以你可以重新绘制你的故事板，显示出正在开发的主题，即理论构建，如图 8-3 所示。在这个重新绘制的故事板中，你可以看到解释与理论是围绕着出现在车站内的乘客而非车站内的物理结构（比如垃圾桶和座位）而建立的。 138

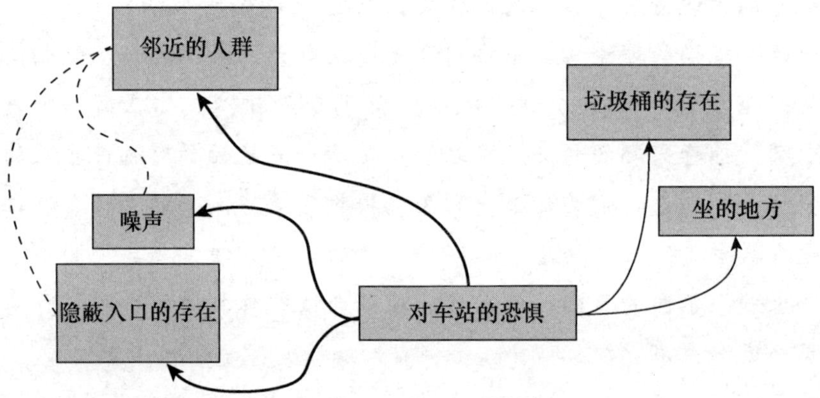

图 8-3 你重新绘制的故事板有一个“理论”的开端

所以，在重新绘制的故事板中，我移动了一些文本框，使重要特征间的联系更加紧密，并用了更粗的线条加以表示。此外，方框之间也增加了新的连接。

139 **检验理论**

这里有这样一个假设，即已经有某种解释性框架可用于你所关注的现象或情况。然后，你的个案研究将被用来检验这个解释性框架或这一“理论”。

想象一下，你是英国国民医疗服务部的高级护士。作为一名“临床专家”，你擅长于临床管理领域，所以让我们想象一下，你的专长是感染控制。在你的医院，耐甲氧西林金黄色葡萄球菌（MRSA）——也被称为“超级细菌”——的感染率特别高。你想知道为什么会发生这种情况。

目前已有大量现存的“理论”可以解释为什么 MRSA 感染率在特定的地方更高。例如，众所周知，在那些照料更加脆弱的病人并且承担了更多的侵入性专科护理的医院里，MRSA 的感染率较高，而在产科和儿科病房的感染率则更低。人们也知道，医护人员的洗手频率与 MRSA 感染率呈负相关——也就是说，洗手越勤，感染率越低。此外，统计数据还会受到从一家医院转到另一家医院的患者数量的影响。

所有这些已知的知识和理论，为建立你所在医院出现“超级细菌”的高感染率的理论构想提供了一个坚实的背景。事实上，所有这些背景资料对于从事个案研究以及你自己新理论的构建是必不可少的，强调这一点至关重要。你有着在一定背景下设置研究并查找知悉这种特定情况下的所有知识的任务，你正在进行个案研究的事实并没有让你免除这一任务。

在进行个案研究时，你的第一个切入点将是这个预先存在的理论。你的医院是否属于这些类别之一（例如，照料像老年人这样的更加脆弱的病人）？如果不是，那么你可以接着假设，有一些其他的特点导致你目前面对的高感染率，正是这些特点可能构成你的理论检验个案研究的基础。

因此，你所检验的理论将基于现有的知识和你自己对情况的了解。正如我在本节开始时所指出的，所有的研究都是从直觉开始的，而你自己的直觉将建立在你作为医护人员的一些重要的观察基础上。假设你听到过诸如这样的评论：

- “每个人都知道它的存在，而且每个人都意识到了‘超级细菌’是无法被消灭的。”
- “政客、公众和媒体都是无知的——我们知道这种细菌是无法被消灭的。”
- “这个问题可不仅仅是勤洗手这么简单。” 140
- “这是一个借口，一个障眼法，因为医疗卫生服务花在改善设备、改善消毒方面的钱太少了。他们试图指责一线服务供应商缺乏消毒设备和消毒捷径。”

让我们假设你有在几家医院工作的经验，除了这些评论之外，你通过非正式的观察发现，在这个问题上，人们似乎不太关心洗手的问题。你可能会觉得，卫生方面存在着一种自满的文化，这种文化在整个系统大行其道——从清洁工和病房护理员一直到医院的高级管理人员。

你的“理论”的核心是，将你所在医院与其他地方及其卫生文化相比较，但除了你的经历之外，你没有什么可以作为这种比较的基础。为了从经验上检验这一比较，你必须访问其他医院以收集数据，将这些数据与你所在医院的数据进行比较。显然，这不是个案研究的本质。通过执行个案研究，你希望达到的目的就是详细地审视这一情况，并在深入的内部考察基础上得出结论。

在调查的一开始，你可能会想看看构成这种文化情况的特征都有哪些，特别是关于卫生的自满文化。

你要问的第一个问题关于所谓的自满和抵制文化。你的注意力将集中在更广泛的文化——高度可见和高度可听的文化——范围内这一文化的存在，即政治家、卫生服务管理者、媒体和公众对一流卫生重要性的关注度。没有人会声称自己不知道除了医疗条件外，还需要关注更好的卫生习惯——一直以来，人们都清楚地意识到，需要消灭医院里的“超级细菌”。

围绕知识与行动之间的不匹配，可以构建什么样的叙事呢？换句话说，在一个对这种“超级细菌”的危险有着丰富知识的环境中，可能存在一种自满文化，我们能从这个事实中推断出什么呢？它告诉我们什么？

当然，有人说在医院的社会环境中还发生了一些其他的事情，这些事情颠覆了缺乏卫生的危险方面的信息。因为没有人能声称这方面的信息不重要，所以，如果这方面的信息被破坏了，那么会发生什么呢？

你的理论——你想要验证的理论——是“破坏性因素”，涉及对管理层和新举措的不满。在这种情形下，怨恨表现在对创新的对立态度上。这个故事板可能如图 8－4 所示。

为了对这个个案研究中的理论进行检验，你已经根据文献和你自己的知识，以及结合自己的分析，做出了许多假设。在这里，你可以继续在许多不同的情境下检验这个理论，如图 8－4 所示，通过与员工讨论，观察人们的行为，听他们的对话，听取他们在委员会、工作组和其他会议上清晰表达出的官方和非官方的信息。

换句话说，你正在检验的理论已经浮现出来了，已经“变厚”了。你从一开始就有的想法，伴随你对这个问题的深入研究，已经得到了强化。

141

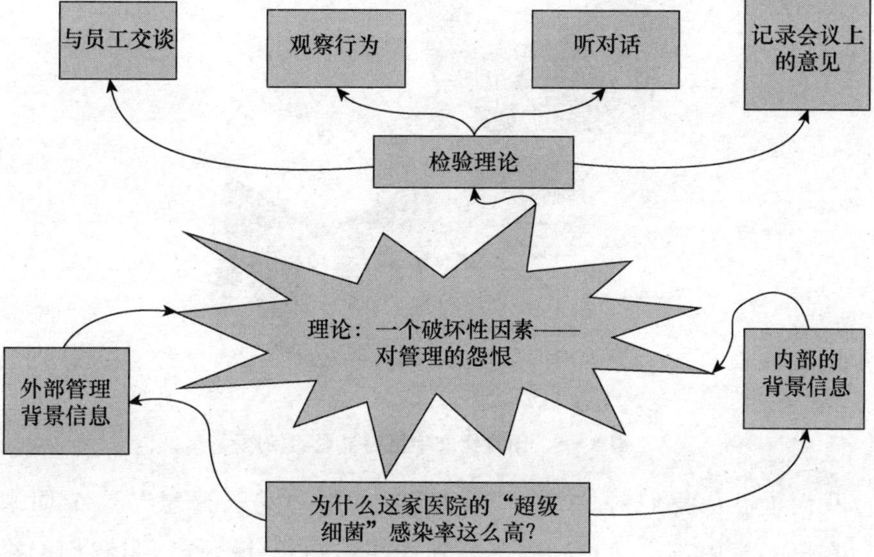

图 8-4　检验理论

8.2 绘图以说明和示例

一些个案研究的首要目的是说明一个现象。就像书中的插图能使文字变得栩栩如生一样，一个说明性的个案研究能使读者对主题的理解更真实。主题会变得更加生动。

很明显，这比简单地画一幅画要复杂得多，但是用绘图来比喻很好，因为图片能更直观地展示出两个事物之间的主要差异，这就使得理解变得更容易。我认为，这一点在图 8-5 的猫和狗的图片中得到了很好的体现。通过图片，你可以很容易辨认出猫和狗，但你很难指出为什么狗是“狗”而猫是“猫”。

是因为狗会伸出舌头吗？可是，我的猫阿奇有时也会伸出舌头。这虽然让它看起来很傻，但并不会让它看起来像条狗。为什么这只猫看起来像猫？是因为尖耳朵吗？这是不可能的——因为许多狗有尖耳朵。

142

图 8－5　图片比文字更容易说明问题

我们早已从我们对这个世界的经验（用“实践智慧”这个词来概括，在第 4 章中曾出现过）中了解到这些动物长什么样。当我们的视线中出现狗的图片上所有的弯弯曲曲的线条时，我们大脑中的某种模型就会告诉我们“这是一条狗”；而当我们的视神经传递出猫的曲线时，我们就会说“这是一只猫”。事实如此，难以解释。我最近了解到，最好的人工智能程序在分析这种区别时仍然非常不可靠，但我们的大脑可以做到这一点。

我们的大脑中有一种令人惊奇的图像制作设备，它可以让我们用我们现有的感知来描绘一幅新的画面——就像这里的猫和狗。它不仅仅适用于分辨猫和狗。它在我们的感觉器官中无处不在，就像图片、文字和隐喻——关于猫和狗、组织、民主之类的观念——在我们的日常感觉器官中无处不在一样。一项个案研究通过展示这些“图片”，可以实现一种连接。它使读者能够分享经验，并根据他们自己的模型——他们自己的知识和经验的宝库——来理解所提供的新形象。

不过，这不仅是提供图画的问题，还必须伴随有相应的分析。伟大的社会学家欧文·戈夫曼（1956）在他的《日常生活中的自我呈现》一书中，把一个又一个关于分析人们在日常生活中的行为方式的例子加以展开。他从这些例子中注意到，人们的行为举止就像他们在舞台上表演一样，试图通过他们的外在行为传达某种意义。

> 个案研究不是对真实经验的替代，而是结合了经验的成分。它举例说明并提供了隐喻，通过隐喻，让研究者能够“陷入”一个问题，思考这个问题，并与故事中的人物建立联系。它使读者或探究者能够分享经验，并利用他们自己的知识储备和经验来理解。

戈夫曼描述了一个在街上行走的人，被一块松动的路边石头绊倒了。于是我们脑海中有了这样的画面，这个画面不仅涉及那个人，也涉及我们自己。戈夫曼观察到，那个被绊倒的男子总会转过身去看那块冒犯了他的石头。戈夫曼说，他这样做不是出于对人被绊倒这种现象的浓厚兴趣，而是为了向其他旁观者传达某种意义。他转过身去看有其含义。

那个人转过身去看，对任何一个可能看到他被绊倒并嘲笑他的旁观者 143
说：“我不是那种经常被绊倒的傻瓜。我也不是喝醉了。路上存在什么样的极其隐蔽的危险因素会让我跌倒呢?”他的转身和看都有其重要性和意义。通过展示这幅图画，戈夫曼为我们分享了他的图画和分析。

在他的书中，戈夫曼提供了一系列带有注解的图画——每一幅都是独一无二的——超越了单纯的图画。戈夫曼研究这些图画并问自己图画都在说什么。精心挑选的图画带来的自我反省和自我质疑的态度是特别有用的。弗林夫伯格（2006：223）就正在发生的事情提供了一个很好的描述：

> 学习过程中的最高层次，即精湛的技艺和真正的专业知识，只有作为相关技能的实践者的个人通过自己的经验才能达到。因此，除了运用案例教学法和体验式教学法外，教师在专业课程中为学生所能做的最好的事情就是帮助他们获得真正的实践经验；例如，通过实习课安排、暑期工作等等。

重要的是，弗林夫伯格将探究及其说明性能力与实践性学习联系起来。个案研究并不是真实经验的一种替代品，而是包含了真实经验的成分。个案研究举例说明并提供隐喻，通过隐喻，学习者得以“深入”问题、思考问题，并与故事中的人物产生共鸣。个案研究使读者或调查者分享经验，利用他们自己的知识储备和经验来理解案例的结构和轮廓。个案研究提供了桑内特提倡的“展示而不要告诉”中的所有益处（我在第 9 章将进一步讨论桑内特的观点）。

我可以举一个例子。我针对刚刚获得执业资格的牙医做过一些研究，他们被要求在实习的第一年进行个案研究。第一年内，这些牙医会受到聘用他们的资深执业牙医及他们工作的地理区域内的大学牙科学院的密切监督。作为研究生专业发展的一部分，他们每周要上一天的大学课程，并在自己的牙科实习中受到导师（执业牙医之一）的监督，如果有必要，那么实习导师也可以求助于大学导师。

因此，新获得执业资格的牙医必须进行一系列的进一步培训和指导实习。研究生的每一项工作都必须证明，重要的活动已经被涵盖，并展示专业发展将如何持续下去，以便有关实习牙医能够证明，他们能够跟得上职业生涯步伐。个案研究必须说明这一专业发展的某个方面。

144 个案研究是一种调查的形式，特别适合牙医职业生涯这个阶段的需要。他们都在大学的本科学习阶段打下了重要的基础，并在这些基础工作中展示了他们的能力。当他们开始对真实的人开展真正的工作时，他们的需求变得更加个性化，每个人都需要一个更加个性化的研究生工作计划。

因此，一个出发点是，在当年的年轻牙医群体中，每一项个案研究都可能与下一项不同：每项个案研究的工作都有不同的特点。这项研究可以采取多种形式中的一种——使用特定的设备、在实习接待员的岗位上工作一周、在实习中使用 X 光设备、一个特定患者的经历等等。唯一的附带条件是，个案研究应该以某种方式例证和展示研究生实习年课程中所发生的学习。很明显，不是所有的事情都能被涵盖，因此我们明确地指出，个案研究应该关注和说明研究生工作涵盖的 5 个主要领域中的 2 个领域，如业务技能、临床技能、患者心理和感染控制。

纳威是新获得牙医执业资格的群体中的一员。他和他的实习导师决定，根据他的情况，个案研究将集中在一个新患者接受治疗后的经历上。个案研究的目的是集中于专业实习的两个方面，正如课程期望所概述的那样。这两个方面是业务技能和患者心理。

纳威首先必须确保他对患者汉娜（化名）的个案研究是合乎伦理的，在汉娜知情同意的情况下使用与她的个案相关的信息。他计划在个案研究中展示已经获得的知识并说明如何将这些知识应用于汉娜身上。为了最大限度地从中获益（并获得最高分），纳威将尝试找出案例的问题方面，以便举例说明问题是如何被克服的，或指出哪里存在一个系统性的问题——也就是说，在实习中已经建立了一个与系统有关的问题。

纳威最初是通过寻找他能够获得汉娜经历的方式开始的。对他来说，预约记录、信件和电子邮件以及他自己作为新牙医的记录都是可以使用的。他计划用两组访谈来补充这些记录——一组采访汉娜本人，另一组采访他的导师杰恩，后者碰巧是实习的资深合伙人。作为与患者沟通的重要组成部分，纳威还计划查看业务传单和其他宣传信息，以及这些信息如何与电话和电子邮件中的信息相吻合（或不吻合）。有了所有这些，纳威希望利用汉娜的经历，并围绕这些信息而"深挖"（没有双关的含义）下去。有了这些信息，他不仅能够阐明自己与实习的联系以及对实习的理解，而且，如果可能的话，可以为实习工作和自己的工作提供改进的路径。

纳威决定从绘制一个故事板开始，如图 8－6 所示。在故事板的左侧，纳威准备描述业务计划模块的一些要点，右侧是一些与患者心理有关的特点。 145

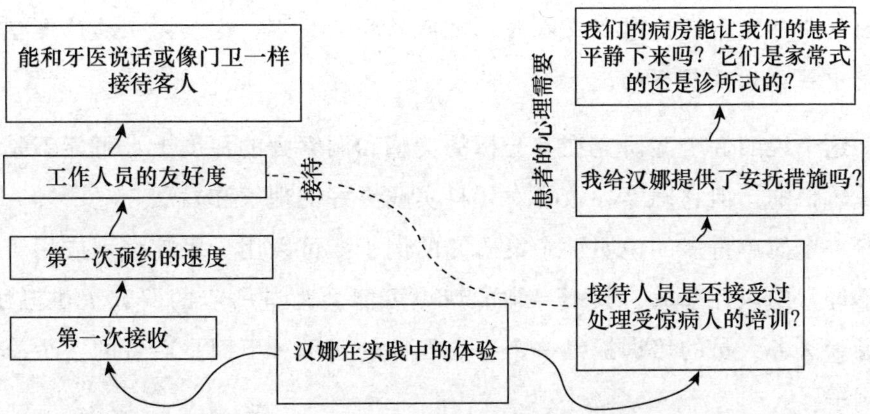

图 8－6　纳威说明性个案研究的故事板

考虑到自己是新人，汉娜也没有任何经验，纳威觉得看看医院“前台”的习惯，以及“前台”接收新患者和发现患者需求的方法是合适的。大部分的问题都可以通过结构化的访谈来解决。更丰富的信息——例如，员工的行为举止和他们的帮助意愿——可以在非结构化访谈中加以收集。

图的右侧是与患者心理有关的问题，以及自己实习中是否充分处理了这些问题。无论是在一进门就发生的人与人之间的接触中，还是在该地点的一般环境中，对患者是否提供了必要的帮助和支持。周围是否有鲜花？有没有安抚患者情绪的图片（而不是海报上的白齿、暴露的神经和牙齿美白的广告）？有没有关于不按时复诊的可怕后果的醒目告示？背景音是莫扎特令人平静的音乐，还是门后钻孔机发出的蚊子般的哀鸣？等等。

对于图 8－6 的两侧来说，个案研究是一种理想的调查形式，因为如果进行得当，那么这一形式将提供从其他类型的调查中无法获得的数据类型。它提供了：

• 一种有效的方法，可以满足纳威所从事的专业发展活动的需要。

• 一个丰富而有价值的信息来源，深度讲述患者在实践中的体验，提供时间上的连续性（它是如何随时间推移而变化的），并在研究中现象的不同侧面之间建立起联系（注意图 8－6 中的虚线）。

146 • 一个容易理解的反馈渠道，这样人们能够利用信息来改进服务——个案研究以“人的尺度”为基础，对于那些与人共事的人来说，他们可以接触到各种复杂的情感以及人与人之间的相互关系，这些是从其他类型的研究中往往无法获得的。

这个说明性个案研究在其分析的美感和洞察力的深度上，可能不是戈夫曼风格的，但它确实导致了对牙科实践更好的理解和发展。

一个简单得多的说明性个案研究的例子，可以用于医疗培训或用于报告不寻常的医疗事故。其不寻常的特点可能会为进一步的研究提供激励，或者为医务人员的培训提供一个有启发性的实例。下面是后者的一个简短的例子。

史密斯夫人是一位 58 岁的妇女，她摔了一跤，摔坏了髋关节。她被送进了医院并接受了常规治疗，也就是一项安装动力髋螺钉的手术。从本质上说，这是一个长长的已经弯曲的金属螺钉，螺钉的顶部可以拧到臀部的顶端（球部分），而螺钉的另一端则用三到五个螺丝拧到股骨（长腿骨）的顶部。这样，动力髋螺钉就可以将髋关节骨折的骨头固定在一起。因为它被设计成“可挤压的”（专业术语），所以当患者站立（在手术后几乎立即被鼓励）挤压骨折处时，动力髋螺钉可以承受其身体重量，同时能够固定整个装置的位置。挤压有助于愈合，动力髋螺钉已经被证明是修复髋骨骨折或股骨顶部骨折的非常有效的方法。

虽然手术安装这一装置在大多数情况下是非常有效的，但有时它并不是最好的治疗方法，包括当髋关节在股骨颈以外的高处断裂的时候。史密斯夫人就属于这种骨折情况，但她仍然使用了动力髋螺钉。在这种情况下，骨折发生在髋关节“球窝”的“球”下面，即“球”与股骨的主体部分分离，导致“球”的血液供应被阻断，降低了愈合的可能性。

不幸的是，史密斯夫人的血液供应确实被阻断了。10 个月后，她向医生报告说她的髋关节疼痛。所发生的情况是髋关节的头部因缺血（或“无血管”，医生喜欢这样称呼它）而凹陷，螺钉的末端已经推挤了“球”，破坏了骨盆的内部——凹部，这部分被称为髋臼，正是“球”适合于其中的部分。正因为如此，史密斯夫人承受了巨大的痛苦，不得不进行另一项手术来解决最初决定安装动力髋螺钉所带来的问题。

这涉及一种叫作半髋关节置换术的手术，在这一手术中，只有关节的 147
“球”部分被更换，而非更换关节窝（在全髋关节置换术中，关节窝也会被更换）。

这个案例的结论可以在网址 www.gla.ac.uk/t4/～fbls/files/fab/tutorial/clinical/orcs2.html 中查找到，但关键点如下：

这个案例说明了为什么半髋关节置换术（股骨头置换术）是目前推荐的治疗 III 型头端下骨折（股骨颈骨折）的治疗方法。在这项个案研究中，在初次尝试不成功的固定后，患者最终需要进行半髋关节置换术，这是她的第二次手术。事后看来，半髋关节置换术会带来更有利的结果。

这项个案研究说明了为什么在对应该采取的补救措施的性质做出判断

时，有必要考虑到骨折的位置。如果你认可，那么这就是分析的框架或对象。它展示了什么会出错，为什么会出错，以及对从业者所具有的指导意义，从而将一系列理论问题带入生活。

在医学上，说明性个案研究也可以用来揭示一组新的或人们不熟悉的问题、一种新的综合征，或一种有前途但还有待于在更多人身上试验其有效性的新技术。对于任何形式的探究，它也可以被添加到一个更大的研究中，以举例说明一个主题或举例说明分析的一个方面。

个案研究也常被用于法律的教学或说明。和在医学中一样，法律教学中的个案研究也往往是说明性的。浏览美国法律案件的一个好网站是“斯坦福大学法学院个案研究收藏”（网址为：https://www.law.stanford.edu/organizations/programs-and-centers/environmental-and-natural-resources-law-policy-program-enrlp/case-studies）。

泰晤士河谷能源署提供了另一个很好的说明性个案研究网站（网址为：www.tvenergy.org/case-studies.htm）。在那里，你会发现 24 个可再生能源项目的汇总。通过各种各样的个案研究，它展示了如何找到不同的解决方案，以应对为家庭、社区和工业厂房提供可持续能源的挑战。

8.3 解释性探究方法

当个案研究被写进学术文献中时，通常讨论的是一个解释性个案研究。如果你喜欢，那么这是一个从事个案研究的“经典”方法。这并不是要否认我迄今为止所讨论的其他方法的重要性和意义，但个案研究的目的和解释性探究的风格非常吻合。出于这个原因，我将更详细地介绍这一方法。

148 解释性探究是一种采用特定的方法来回答问题的探究形式——这种方法假定对主体的环境进行深入理解和潜心钻研。你可能会明白为什么我会说个案研究和解释性探究是天然的伙伴，因为二者都需要丰富的、深入的理解。我应该更进一步：它们不仅是天然的伙伴，而且是明显的婚姻伴侣。它们是为彼此而生的，就像爱情或者婚姻一样——它们像马和马车一样在一起。二者都需要深刻理解社会情境的多方面性质，所以它们彼此相辅相成，似乎天生一对。

这种方法通常被称为民族志，因此使用这种方法的个案研究可以被称为民族志研究。"民族志"这个词来源于希腊语"ethnos"，意思是"民间"或"种族"，所以"民族志"的字面意思是"民族研究"。作为人类学的一个分支，它从 20 世纪早期开始在社会研究领域中被使用。

在民族志学者出现之前，人类学家把人当作研究对象来完成他们的工作，就像生物学家研究昆虫一样冷静。新的民族志方法取代了人类学的这种工作方式，旨在通过民族志学者的实地调查而非所谓的客观研究，来抓住理解人们生活的核心。有趣的是，与个案研究相关的是，民族志和人类学的目标都是达到拉丁短语"casus anima"所概括的含义，大致可翻译为"案例的灵魂"或"事件的核心"；它们都旨在了解人或人群的行动及行动背后的原因。

因此，民族志学者的目标在于通过成为这些文化的成员而进入他们正在研究的文化的中心。他们实际上是和人生活在一起，并试图从内部理解他们的文化。就好像早期人类学家拿卡尺和直尺来测量他们所观察的人一样，民族志学者认为，研究他人的最好工具是作为人类同胞的他们自己。

因此，民族志学者——比如布罗尼斯拉夫·马林诺夫斯基（Bronisaw Malinowski），1914 年与西太平洋特罗布里恩群岛上的居民生活在一起——建议，作为一名社会科学家，你应该成为一名参与者，尽可能地参与到你所研究的文化之中，而不是试图远离你的研究对象。作为参与观察者，要试着把他们理解为像你一样的人。忘记任何假装客观的行为；同时不要否认你也是人，不要假装自己能客观地看待事物。民族志学者认为，客观看待事物是永远不可能的。试图客观看待事物不仅不可能，同时还会丢掉你作为生活在人群中的一名探究者的现成优势。这种优势就是你和你自己，在从事我在这里谈论的个案研究时，这必须成为你的口号和信念。

149 民族志学者在20世纪二三十年代影响了一批社会科学家（反过来又受其影响）。他们表示，我们无法直接感知社会科学家感兴趣的世界，如同化学家感知化学世界一样。我们不能这样感知生活世界，是因为它是由我们每个人以不同的方式加以构建的。它不仅仅是简单的“客观存在”；它对于我们每个人来说，意义都是不同的。因此，不能用自然科学家（如物理学家和化学家）讨论变量与量化的方法来进行充分的研究，我们需要一种完全不同的思维方式和一套程序来探究它。这种思维方式被称为解释主义。

这种社会研究的方法就像野火一样蔓延开来，并在20世纪中叶生产了大量引人入胜的、调查深入的民族志研究，比如威廉·富特·怀特（William Foote Whyte）撰写的著作《街角社会》(1955/1993)。在三年多的时间里，怀特居住在主要由意大利移民居住的波士顿贫民窟。他和这些人生活在一起，并记录了年轻人是如何成为“街角男孩”或“大学男孩”的。看看怀特是如何对此进行理论反思的很有趣，因为可以说，这种解释性个案研究本质上是关于构建一个理论的。通过解读人们的言语和行为，民族志学者利用活生生的原始数据来构建理论。

在收集数据时，这些数据没有“理论指导”：它是粗糙和天然的，没有一定的轮廓或形式。解释者需要做的是从中建立一个理论和构建一个对象。怀特（1985：21）在他自己对这一过程的反思中对这一理论构建或“理论化”过程十分谨慎。他这样说：“个人可以发展什么样的理论，或者个人对现有的理论体系能做出什么贡献？我已发现自己专注于个人、团体和组织的具体行为。”

当谈到“具体行为”时，怀特将这一点与理论区分开来，因为理论似乎抽离于现实世界。他继续澄清说，他旨在寻求一个“概念框架，这一框架将加强我在广泛的社会情境中理解与解释行为和组织的能力”。

> 解释性研究者假定社会世界是不可分割的。它是复杂的，我们应当完整地研究它。在这个意义上，解释性研究很容易与个案研究结合起来，而个案研究也将整体作为优先事项加以考虑。

重要的是，当你思考作为解释性探究的一部分而发展的理论时，要记住“框架”这个概念。这个“理论”是服务于你的研究目的的。你构建的东西不是一个不可动摇的、不可改变的东西，会被永远嵌入（供奉在）社会科学探究的准则中。相反，社会学家皮埃尔·布迪厄称之为“思维工具”（见 Wacquant，1989，转引自 Jenkins，1992：67）。正如他所说的那样：

> 毫无疑问，我的著作中有一种理论，或者更准确地说，有一套通 150
> 过理论而产生的看得见的“思维工具”，但这套思维工具并不是这样构建的……这套思维工具是一种为了经验工作并通过经验工作而成形的临时构建。

因此，我们所寻找的理论更多地是一个临时的“概念框架”或“思维工具”，而不是为了自己的目的而存在的抽象本身。理论不应该是一个智力障碍，对所有人构成知识壁垒。相反，它应该可以帮助你思考并理解手头上的主题。理论可以被提出来并加以检验，然后究竟是被抛弃还是得以保留，取决于理论是否有用。

但重要的是要记住，一些社会科学家，在过去糟糕的日子里，总是希望发展出所谓的“宏大理论”。用电影《银河系漫游指南》里的话来说，它们是关于“生命、宇宙和一切”的理论。现在人们普遍认为，这种理论是无法企及的，试图建立这种理论也是没有意义的。事实上，考虑到所建立的宏大理论常常是非常有误导性的，因此建立它的尝试可能对社会科学造成了很大的危害。

我可以举一个解释性个案研究的例子，这个例子是我作为我女儿所在中学的家长董事时从事的一项工作：

> 因为我是（事实上也的确是）一名董事，所以我能够成为我女儿所在中学的参与者，不觉得有必要尝试从外部拉开距离进行观察。我是董事，能感受到董事的感受，能看到董事所能看到的，能听到董事所能听到的。
>
> 我在日记中记录了我对这个过程的反思，并坚持了几个月的时间。虽然我也进行了观察和采访，但这本日记是我收集数据的主要工具。下面是

我日记的一部分，日记给了我一种我正在做出反思的感受，我在随后的“理论化”中运用了该日记。

> 主席催促我们讨论会议纪要的问题——应该如何撰写会议纪要，以及应该如何将会议纪要提交给全体董事会议。我认为，之所以提出这样的问题，是因为沃尔特（Walter，另一位董事）在每次全体董事会议上都坚持要把他的会议记录完整地宣读一遍，并对诸如男厕所门上的门楣需要更换之类的事情进行冗长的修饰。令人奇怪的是，在他提出的荒谬琐事之中，似乎从来没有出现任何幽默感。对于需要更快地通过小组委员会的报告这一问题，主席提出了一个解决办法。他建议，会议纪要中需要报告的项目要么有一颗星要么有两颗星，而星级关系到是需要在全体董事会议上进行充分讨论，还是简单地报告一下即可。
>
> 151 沃尔特似乎完全误解了，一直在努力寻找一星和两星事项的例子，把它们煞有介事地传递给大家，就好像他刚刚发现了生命的意义一样。当他这样做的时候，主席一脸茫然地看着他，显然不知道该如何做出回应：是直接告诉他闭嘴，还是让他继续下去直到他停下来。主席选择了后者，我们都不得不听沃尔特喋喋不休地讲了更多的一星和二星事项的例子。沃尔特大约每五秒蹦出一个词，他显然认为他说话越慢，就越有吸引力。在这种会议（或大多数会议）中，为无聊、无关紧要、乏味或愚蠢的人主持会议显然是个问题。麻烦的是，我们都是这么好的人，我们不想冒犯别人的感情——尤其是当我们充分意识到，在这种情形下（也就是作为董事），我们都是出于自愿以及内心的善良而工作的。你既不想让他人泄气，也不想否认或贬低他们贡献的质量或价值。然而，当一个机构承担准管理角色时，这又是一个双重的问题，需要对事情发生的机制稍加规范。如果行为规范不存在（或者存在得很糟糕），那么这个机制可能完全是混乱的。

如何将上述例子转化为解释和理论呢？换句话说，如何建立一个分析框架？重要的是要注意，我在日记中不仅仅记录了“这件事发生了……然后那件事发生了……然后这件事发生了……”。相反，我记录的是我对手头这一问题的思考，带有批判性的评论。正如伟大的人类学家克利福德·格尔茨（Clifford Geertz，1975：9）所言，在制作这些记录的时候，我并不单单是一个"密码员"。

虽然你也许无法从日记本身中欣赏到这一点，但我尝试通过这个个案研究观察董事们扮演当时已经赋予他们的角色的能力，这一角色几乎像管理监督员一样发挥作用——夹杂着一片"人民之声"。在这篇特殊的日记中，我谈到了学校董事们扮演这个角色的能力。这一记录涉及的关键思路是无法胜任这一角色的业余性，这也许可以在日记的下一节选中清晰地看到：

> 房屋小组委员会的报告是另一件事。报告由沃尔特首先发言，他说他的发言将会非常简短——很明显，他打算这样做，并且一开始讲得相当快（对他来说）。但这只持续了大约15秒，最终他又恢复到了原来的状态，慢条斯理、拖长腔调、过于大声地说话——他显然认为作为公众人物应该这样说话，就好像他在向议会发言一样。这是典型的"公民凯恩综合征"[①]。有一些关于允许社区免费使用大厅和健身房成本的讨论，而沃尔特给出了一些数字，打算向我们展示这花费了多少钱。另一名董事对这些数字提出了质疑，称沃尔特完全算错了。这名董事说得很对——计算应基于全年而非社区有限的使用时间内的取暖和照明费用。这使沃尔特陷入了一阵胡扯当中，像往常一样，他没有做出任何决定。
>
> 我们需要关注的不仅仅是这些善意的业余爱好者的浅尝辄止，及 152
> 其做出的不明智的决定。我们也不仅仅去关注一个社区成员的随机集合。人们出于各种各样的原因而加入管理机构——有时是因为他们想要改善事情，因为他们自己的孩子就在这所学校里，除此之外，毫无疑问还有其他更好的理由，但有时是因为他们傲慢自大，想要介入公共生活，而他们最终的确进入了管理机构。正是这些人对决策造成了伤害。

① 《公民凯恩》是由奥森·威尔斯（Orson Welles）于1940年拍摄的一部传记体影片。该片以一位报业大亨孤独地在豪宅中死去为序幕，围绕他临死前说出的"玫瑰花蕾"一词，讲述了他一生不平凡的经历。——译者注

对于我正在构建的结构，有一些明显的线索。一开始，我用“善意的业余爱好者”这个词，这不是我的观点的隐秘的或变相的表达。它几乎不需要解释。然而，对于董事们所在企业的性质，还有一些更有趣的评论。

首先，我对沃尔特所使用的语言和表达方式做了评论——这是一个天真的业余爱好者在扮演专业人士的角色。其次，他在计算取暖和照明成本时犯了错误。这个错误是严重的，不仅因为它可能对政策造成后果（不包括社区使用学校设施），还因为它对学校高级管理人员的工作产生了影响。

我对日记评论的后续思考——我的“理论化”——是有关治理的政策，由于不信任专业人士，造成了“双重打击”。它不仅让专业人士失去了应有的角色，而且浪费了专业人士的时间，因为他们不得不介入并收拾像沃尔特这样的业余爱好者制造出来的混乱。

因此，围绕信任、专业精神和审核文化的更强有力的叙述可以由此得出。它甚至可以与理查德·桑内特（Richard Sennett，2009）在他的《匠人》一书中提出的想法相联系。他认为，现代生活中的许多缺乏目的性的失范，很大程度上是由于商人和专业人士的技艺被摒弃——无论是建筑师、教师、X射线技师还是动物管理员的技艺。桑内特认为，当今的许多工艺是枯燥乏味且平淡无奇的，这不仅仅是机器和电脑介入的结果，更重要的是，这些工序让我们的工艺失去了关怀、技能、自豪感以及献身精神。

利用这一见解，我可以——为了理论化我的论点——“侧步”并看看究竟是什么削弱和贬低了教师的技能，消除了他们的专业判断力以及他们对自己做出正确决定的信任。在这项个案研究中，我可以试着说明，在政府层面做出的简单决策是如何从基层、员工室和管理机构中进行过滤和体现的。于是，一名政客形成了对头脑糊涂的、前卫的自由派教师们的天真感觉，这种感觉从内阁办公室传播到公务员会议上，再转变为地方当局实施的规定，最后体现在一个治理机构的会议上。在最后这一层级，一个骄傲自大且不合格的治理者举止幼稚，危及社区的参与，而且浪费了专业人士的时间。

在这种情况下，个案研究要么是构建一个理论，要么是检验一个理论，这取决于一开始时我是如何构建它的，但重要的一点是，在这一节中，我们使用的是解释。最初萌芽的想法可能关于政策决定，以及它们从想法（政治家或任何一个人的想法）到行动的历程。你收集有关这段历程的数据，并对沿途发生的事情做出解释。 153

8.4 实验性探究方法

当人们谈论个案研究时，实验研究可能是他们最不可能想到的。我们假定一项个案研究是关于奇异性和深度的研究，而实验是关于实验组和对照组的大量数据的。然而，这种假设虽然在一定程度上是正确的，但在讨论实验的时候却只有一部分是正确的。

当然，实验是一种特殊的研究设计，在高度控制的条件下测试想法，但在日常语言中，"实验"的含义要宽泛得多。它只是意味着尝试一些东西，所以"一个实验"可能只是一种小小的尝试。所以，如果我有一天试着把牛奶倒进我的茶里，而不是热水里，然后看看牛奶与茶混合起来的味道是否更好，那么我可能会说，"我要做一个小实验"。（我确实尝试过，但它并没有味道更好。）

在解决个案研究的某些问题时，我们可以将实验的系统性移植到我们对个案研究的期望中。然而，这需要一种特殊的实验。在进入或许可以用于个案研究的那种实验之前，让我多说一些实验的细节以及我们如何思考实验。

在自然科学（例如化学和物理）中，实验意味着比当地方言更为精确的东西。实验意味着在受控条件下测试一个构想，来证实或证伪一个想法、一个猜想、一个假设。1676 年，罗伯特·胡克（Robert Hooke）有一个关于弹簧弹性的构想，他在受控制的条件下，系统地测试了这个想法，用重量来拉伸弹簧，并记录下结果。他从他的实验中得出了所谓的

“胡克定律”，即弹簧的延伸距离与它所受的拉力成正比。

154 通常，在社会科学中所做的实验与胡克在自然科学中所做的实验截然不同。一般而言，社会科学家通过实验试图确定某件事是否会导致其他事情发生。X会导致Y吗？例如，引入一门新的科学课程会增进学生对科学的理解吗？在社会科学中，要想发现任何有效性，也许唯一的方法就是做一个实验。

这必须用特殊的程序来完成，并且对社会世界有一种特殊的思维方式，这与上一节中所描述的那种解释性研究所采用的方式有很大的不同。这种思维方式就是我们可以将这个世界看成由一组变量（也就是变化的事物）——比如年龄、性别、零用钱数量、收入、信用记录、教育背景等等构成。

这或许看起来不太有争议，因为我们都熟悉社会科学的方法，我们都习惯了这些关于变量的假设。我们意识到它们可能是相互关联的。我们知道，变量之间往往会共变，例如，收入与教育背景有关，而教育背景与受教育程度有关。

然而，对于某些社会科学研究而言，仅仅确认和观察变量不同于事实上以自然科学家那样的方式系统地操作这些变量。最根本的问题是，社会世界充满了正如19世纪心理学家威廉·詹姆斯（William James，1890/1981）所说的“盛开的嗡嗡混乱”，有时候不可能知道相关的变量是什么。

想象一下你正在观察一个满是孩子、教师和助教的教室。如果你想在受控（也就是说，控制重要的变量）条件下观察教室，那么你需要注意哪些相关变量？如果由我来尝试，那么我可以想到几百个潜在的相关变量：孩子年龄的差异、墙壁的颜色、光线的方向、房间里的暖气、是否有某个淘气男孩存在、老师的饥饿度（取决于那天早上她是否吃了早餐）、孩子们正在做的事情、助教的教育背景等等。

155 我们可以潜在地改变这些事物，并且在一个理想的世界里，控制这里的一切。但问题是，我们不是生活在一个理想的世界里，我们不能控制所有的人（甚至他们中的大多数），我们甚至不知道我们应该控制哪些变量。当然，我们可以猜测，但我们错误的可能性很大。还有一个问题，正如心理学家雅各布·库宁（Jacob Kounit，1970）所指出的那样，教室就像一个生态系统：在没有意外后果出现的前提下，你不能改变其中任何一个方面。所以，如果你想把那个淘气的男孩赶出教室——我们称他为凯尔——那么你可能会发现班上有其他孩子会接替凯尔的角色。在社会情境下“玩”变量有点像挤压气球——把这个地方按下去，别的地方会鼓起来。

因此，当我们讨论对教室的变量进行操控的时候，我们需要一个初步的、谨慎的提醒，而实验需要这样的操作。它假设所有的变量都可以被操控，当我们操控这些变量时，我们可以看看这种操控是如何对其他变量产生影响的。

在最简单的形式中，一项实验试图从在某个情境中可能发挥作用的无数变量中分离出两个变量，其中一个是你假定可能会带来变化的变量（自变量，比如科学课程），另一个是你假定可能会因此而改变的变量（因变量，比如我们所使用的例子中的“对科学的理解程度”）。除此之外，你在这个非常简单的基本假设的基础上建立了各种各样的实验设计，但是我们不准备在这里考察它们，因为在一项个案研究中发现一些这样的设计，即使不是不可能的，也是极不寻常的。

那么，在个案研究中可以做什么样的实验呢？个案研究必须符合个案研究的基本思想，即研究一件事。有趣的是，擅长数字的研究专家们有一种特殊的方式来表达“一件事”，即“$n=1$”。当我在文本中加入一个等号的时候，我已经感觉到肾上腺素开始流入我的一些读者的血管中。我知道你可能会对自己说：“我以为通过做一项个案研究，我可以避开方程式和统计数据。”

> 虽然个案研究通常与实验工作不相关，但你可以选择将某种实验作为你的研究的一部分。如果是这样的话，那么你可能会选择一种设计，使你能够使用这个主题作为自己的“控制变量”——一种“$n=1$”的设计。

你不该这么想。你选择的方法应该是你的研究问题的“仆人”，如果你的研究问题需要一个使用数字和简单统计数据的调查，那么你就应该使用它们。人们对统计的恐惧常常是毫无根据的，而个案研究所需要的统计数据其实很简单。对此，我在《如何做你的研究项目》（Thomas，2013）一书中做了简要介绍。

在社会科学情境中，除了实验组的一个变量被操控外，经典实验通常的形式（见表 8-1）包括两个或两个以上被以完全相同的方式对待的组。所以，我们的程序是给实验组增加额外的对照组，对照组和实验组尽可能相似。实验组有的，对照组同样也有。这样，除了在实验组我们故意改变的那一个变量外，我们可以消除组间变化的其他来源。由于实验处理，在操控完成后存在于两组之间的任何差异都被认为是存在的。

156 **表 8-1** **经典实验设计**

	前测	实验刺激	后测
实验组	前测 1	施加实验刺激	后测 1
对照组（控制组）	前测 2	不施加实验刺激	后测 2

然而，还有另一种形式的实验，尤其适合个案研究，因为在这种形式下，你可以通过实验观察在一种情况下发生的变化，比如教室里的成员。这种形式被称为重复测量设计。

然而，在经典的实验形式中，你将实验组与对照组进行比较，而在重复测量（或交叉）设计中，你不需要使用对照组。相反，控制来自组本身，“变化”是由其中的一个变量的差异所引起的。我不准备在这里讨论这一实验设计的技术细节，因为对如何使用重复测量设计的解释可能相当复杂，你可以在其他地方找到更多的细节（例如参见 Field，2013）。在这里，我只关注这一实验设计程序如何以及为什么适用于一项个案研究。你会注意到我说的是“控制来自组本身”，所以我们又回到了一件事上。因此，个案研究的主要限制条件得到了满足。

让我举一项个案研究如何可能包含一个这种小实验的例子（大致基于 Cremin et al.，2005）。

艾丽莎的教室里有一些额外的成年人，包括助教、家长和志愿者，艾丽莎对他们的工作方式很感兴趣，因为在她看来，有些事情不对劲。成年人之间没有有效地互相合作，有时还互相妨碍，当然更谈不上有效沟通。

她的第一个任务是设置一个问题，并绘制一个故事板，这个故事板可以勾勒出一些可以解决的问题的线索（见图 8-7）。

157

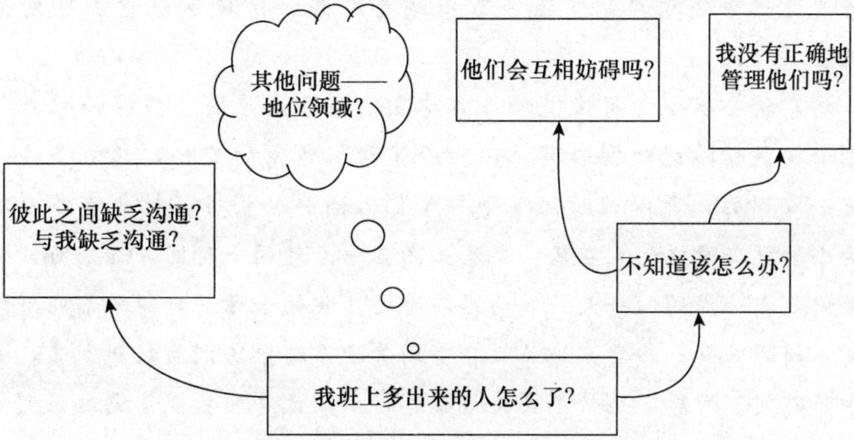

图 8-7　故事板引入 $n=1$ 的实验

艾丽莎有一位固定的助教和两位每天早上都来的家长志愿者。因为对这类帮助的管理和组织不是她教师培训课程的一部分，所以艾丽莎已经阅读了相关文献，发现有很多方法可以用来考虑如何有效利用这种额外的帮助。一种方法被称为“房间管理”（Cremin et al.，2005），涉及给每个成年人一组非常具体的任务（比如主要帮助个人或群体），这些任务构成了一个指定的角色。角色可以在会话之间进行转换，但最重要的是每个人都知道自己应该扮演什么样的角色。

艾丽莎认为这种组织方式有一定的前景，希望能给她班上的其他成年人的工作提供一些架构。她不是简单地尝试并根据一种直觉的方式来判断新的组织体系是否有效，而是做了一个小实验。这就涉及重复测量设计，即同一组（艾丽莎的班级）要接受两种情境或条件下的分别测试——前后唯一的变化就是班级组织系统的变化。在第一种情境中或条件下，艾丽莎和其他成年人像往常一样工作；在第二种情境中或条件下，唯一的变化是他们将使用组织的房间管理系统。

为了评估这一变化带来的影响，艾丽莎决定测量孩子们的任务参与——换句话说，看看他们是否做了他们应该做的事情，所以某些行为比如坐和写会被视为“分内行为”，而其他行为比如在课堂上四处走动会被视为“分外行为”。通过编制一份“分内行为”和“分外行为”的清单，并对这些行为进行系统观察，艾丽莎可以测量在两种情境下课堂上所发生的情况。

该实验要求组织将情境的许多特点纳入考虑范围。艾丽莎首先必须计划好两种情境的观察时间。因为除了组织体系的变化，其他条件必须是完全相同的，所以她必须确保孩子们做同样的任务，她的班级在观察的两个阶段有同样的人在场。观察必须在一天的同一时间，如果可能，那么最好是在一周的同一天，因为这些也是变化的来源，时间的不同可能会引发不同的效果。然后，她必须在房间管理系统中培训助教和家长，并安排会议时间。随后，她必须安排好观察，以测试房间管理系统对因变量的影响——对孩子的参与或“分内行为”的影响。她决定组织这一活动，要求另一位定期协助课堂的家长进行视频录像，然后通过视频检查清单，依次查看每个孩子一段时间内的视频，以确定每一个孩子“分内任务”的完成程度。

158 每个孩子的总参与（或“总分内任务”）将被分成两种情况。使用一些简单的统计数据，艾丽莎能够表明两种情境之间的差异具有统计学意义。简单地“目测”一下图表中的排行榜就会发现很多有趣的事情。因为艾丽莎把孩子们在第一种情境中的参与程度从最低排到最高，所以她可以看到那些处于最底端的孩子——也就是说，那些最难以参与的孩子——在引入房间管理系统后如何受到了影响。图表清楚地表明，对于大多数孩子来说，在引入房间管理系统后，他们的参与程度得到了显著改善。

在我看来，这样一种实验方法对于完整的个案研究是不够的。在一个完整的个案研究中，我们的目标是获得前面提到的“可理解的多面体”——从上到下、从各个侧面打量同一事物。尽管迄今为止，我所使用的大多数例子确实以某种形式采用了这样一种多方面考察的观点。但考虑到实验方法本身寻求列举有限的变量并对变量进行控制，因此实验方法算不上用“可理解的多面体”的方法打量事物。然而，将实验方法添加到其他的信息来源中，这样的个案研究可能会为多面体增加一个非常宝贵的维度。

8.5 本章小结

对于个案研究，除了你的主题和分析框架之外，你需要决定在收集和分析数据时采取什么样的方法。你所采取的方法将由你在一开始就阐述的想法的坚定程度决定。

• 一方面，如果你从一个坚定的想法或一组前提开始，那么你可以说是在检验一个理论。

• 另一方面，当你沉浸于正在研究的情境时，如果你更喜欢看到什么样的想法出现，那么你可以说是在构建一个理论。

• 或者，你可能只是想说明某事。

除了这些广泛的个案研究方法之外，你还可以通过选择和混合来创造你想要的方法。所以，你可以选择：

• 作为参与观察者的一种解释性方法。 159

• 对于你研究的某些方面，采取一种更为正式的实验方法。

• 你也许决定两者兼顾。

记住，个案研究就像一个包装，在包装里面，研究的风格由你的问题和你的目的决定。

8.6 延伸阅读

Eisenhardt，K. and Graebner，K. M. （2007） “Theory building from cases：opportunities and challenges”，*Academy of Management Journal*，50（1）：25－32.

该文是从管理科学角度撰写的，对理论以及个案研究对理论贡献的阐释非常传统却非常扎实，解释也很清楚。

Field，A.（2013）*Discovering Statistics Using SPSS*（4th edn）. London：Sage.

这确实可以从统计学的角度解决研究问题，并且，如果你将实验作为你个案研究的一部分，那么它将是无价的——尤其是因为它是经由被应用于社会科学的最主要的软件 SPSS 来呈现的。如果你正在做我在这一章中所提议的那种研究，那么请特别注意非参数检验，比如 Mann-Whitney 检验和 the Wilcoxon rank-sum 检验。

Geertz，C.（1975）*The Interpretation of Cultures*. London：Hutchinson.

阅读此书以讨论“深度描述”（另见本书第 11 章）。此外，你还可以试着在谷歌上搜索《深层游戏：关于巴厘岛斗鸡的记述》，作为格尔茨实际上从事人类学和深度描述的例子。

Goffman，E.（1956）*The Presentation of Self in Everyday Life*. Edinburgh：University of Edinburgh.

从书名中得到的线索是：它是关于我们在日常生活中如何表现自己的。我们像演员一样，在不同的舞台上扮演一系列角色。即便你不进行个案研究，这本书也值得一读。

Hoyle，R. H.（1999）*Statistical Strategies for Small Sample Research*. Thousand Oaks，CA：Sage.

此书本身不涉及个案研究，而属于相关书籍。

Malinowski，B.（1922）*Argonauts of the Western Pacific*. London：Routledge & Kegan Paul.

Malinowski，B.（1982）"The diary of an anthropologist"，in R. G. Burgess（ed.），*Field Research*：*A Sourcebook and Field Manual*. London：George Allen & Unwin.

1915—1918 年间，马林诺夫斯基研究了西太平洋特罗布里恩群岛上的居民。他在把人理解为人类同胞而不仅仅是作为研究对象方面开辟了新的天地，并在这方面帮助建立了民族志传统。他是一名参与观察者，记录了他的观察结果，他的分析开创了解释性研究方法的先河。

Spradley，J. P.（1980）*Participant Observation*. New York：Holt. 160

这是这一流派的大师对民族志过程完美的、系统的阐释。

Thomas，G.（2007）*Education and Theory*：*Strangers in Paradigms*. Maidenhead：Open University Press.

在这里，我对理论的意义以及它能为研究人员提供的东西进行了详细的阐述（可能太多）。

Whyte，W. F.（1985）*Learning from the Field*：*A Guide from Experience*. Beverly Hills，CA：Sage.

这本书几乎涵盖了解释性研究者所希望知道的一切。

161

第9章

你的研究过程:个案研究的形式、风格和方式

你将如何构建你的个案研究?我在这里要讨论的是你从事个案研究的风格和方式——你是在对一个人还是对几个人进行个案研究?如果是后者,那么对他们的研究是一次性完成的还是依次进行的?你是否将单一个案的嵌套要素剥离出来进行专门检视?你是回顾过去发生过的事件,还是随着时间的推移逐步收集数据(或者两者兼有)?我们将在本章聚焦于个案研究这方面的具体细节,如图9-1所示。

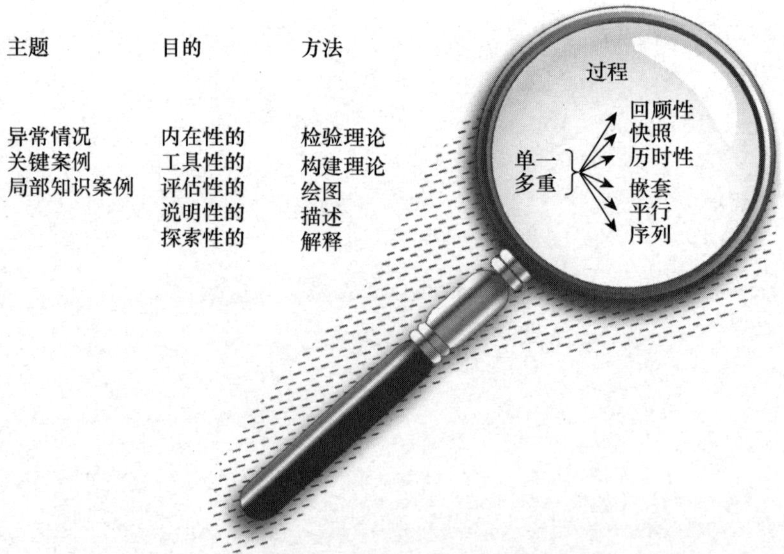

图9-1 部分设计路线的过程

9.1 单一个案 162

单一个案可以说是个案研究的经典形式。当人们思考个案研究时，他们想到的是一个个体——比如医生的一个病人、学校的一个学生，或者是一个经典的法律案例。对单一个案进行研究，旨在了解其结构轮廓、特征，重点在于采取我所描述过的方法之一了解正在发生的事情。

当选择单一个案进行研究时，焦点要放在使人感兴趣的那些特征上。让我们设想一个例子：

让我们假设你是一名政治学专业的学生，正在攻读安全研究硕士学位。你被教过的课程之一是有关恐怖主义的——你对此很感兴趣——你希望通过持续关注恐怖主义来完成你的论文。

你通过阅读和思考恐怖主义尝试构建你的观点，你了解到几乎所有的恐怖主义都与大小不一、形式各异、组织良好的组织有关，每一个组织都会以激发特定群体中相当一部分比例成员的忠诚感，并使其对一些事情保持愤愤不平之感为己任。这些组织之所以能成功地实施恐怖主义行动，是因为逃避了当局的侦查。你决定把这作为你探究的重点角度——你用来推动和拓展问题的杠杆——你的研究问题围绕它而展开。

就像图 9-2 展示的那样，你勾画你的故事板，表达你的基本问题："恐怖分子如何逃脱侦查?"在这幅图中，你草拟出一些后续采取进一步行动的想法。

所以，你的研究问题只有一个，但有很多向你敞开的路线可供选择，这些路线将提供最有启发性的途径来解决你的研究问题。例如，你可以首先尝试以某种方式对恐怖活动进行分类，看看它们是否有共同的特点。然后，运用公共领域的信息，你可以挑选其中几个组织，集中注意力寻找它 163
们逃避安全检查的线索。虽然不太可能获得大量的数据来进行启发性的分析，但这种尝试是有益的。的确，在躲避当局检查的问题上，发掘出各种

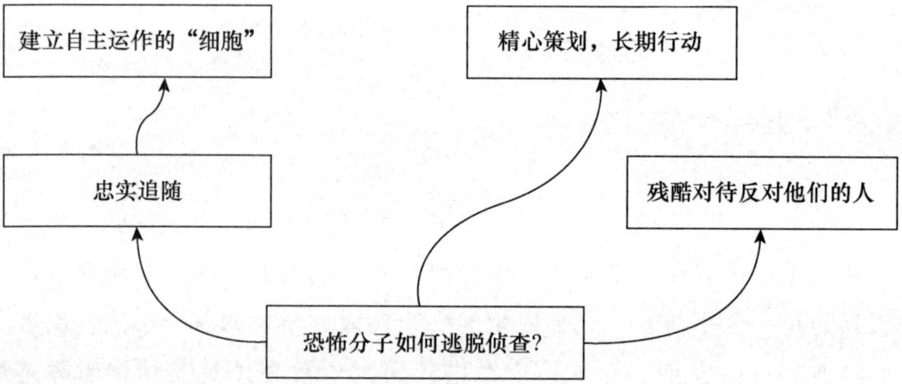

图 9-2　恐怖主义故事板

丰富的材料，并将这些材料编织在一起，可能会更有帮助。这也就是个案研究。

一旦你得出这个结论，你就进入了解释在你现有知识和你勾勒问题的境况下，个案研究为什么很有用的阶段。你的期望是，对一个特定恐怖事件的个案研究相比于其他方法，可以提供对此问题的更多洞察。通过让你深度聚焦，个案研究意味着你可以描画推理线路，检验可能起作用的各种因果关系。

你决心聚焦于这样一次恐怖事件，事件可以提供参与其中的人的大量细节。能够获得参与其中的人的背景资料数据是这里的非常关键的问题。遇到恐怖分子选择攻击，你会怎么观察他躲避当局监视的手段呢？记住，个案研究是因为个体记述或叙事的丰富性才被挑选出来的方法，你可以选择关注一个特定恐怖组织的某个恐怖分子。当然，你也可以关注所有的恐怖分子，把恐怖袭击本身当作“案例”，但这必然会减少每个恐怖分子的历史和境况的丰富性。通过对单一个体的深度记述，你可以考察大量细节：你可以查看他的童年、他所受的教育、他的成年早期以及他的朋友——他是个不合群的人还是拥有很多朋友？你可以考察极端宗教派别乃至与“基地”组织有关的人群对他产生吸引力的原因。

最初的调查可能会告诉你很多情况。例如，调查可能指向他成长于一个富裕家庭的童年生活以及在一所英国私立学校接受教育的成长经历，在那里，因为与自己国家的文化不同，他产生了强烈的差异感与疏离感。这也许会给你提供一个线索，即为什么他仇恨当局和西方文化，以及为什么他愿意从事恐怖主义活动。更重要的是，为尽可能逃避当局抓捕，调查可能指向恐怖分子熟悉孤独、偏爱“保持低调”，通过保持静默来避免引起他人注意。有一系列的策略可以用于应对这种生活方式——不要因调皮而被人注意到，或者说不冒尖、不出风头，总是与大家和谐相处。在校园生活中，这些策略很容易实现。你可以指明，这些策略有多么容易地被运用到成人世界的生活中。

接下来，就是身份认同的问题——归属的需要。由于从小就感觉自己是局外人，这一需要尤其会被放大——他想要感受一下被政治科学家罗伯特·帕特南（Robert Putnam）称作“社会资本”的东西。他想要成为某个俱乐部——不是像桥牌俱乐部或网球俱乐部那样的字面意义上的俱乐部，而是因共同目标和归属感而汇集在一起的一群人——的一分子。由于从东道主的文化中没有得到这种归属感——事实上，他只感到了疏离感——因此他很容易受提供这一身份归属感的各种途径的影响。

在构建这样一个有趣的构想时，时刻记住把研究问题放在脑海中，因 164
为注意力很容易分散，误入与你的研究问题不相干的歧途。在这儿，你的问题是逃脱侦查。你如何运用你的构想帮助你回答这个问题呢？好的，对于成为某一俱乐部一分子的归属感的需要，可能会导致一个人加入纽带联系特别紧密的组织——具有强烈身份认同感的组织。回到罗伯特·帕特南的理论框架，组织成员会使用帕特南称之为“连接性”和“黏合性”的差异活动来强化身份认同。连接性活动是一种更具包容性的社交活动，具有外向性。相比之下，借助黏合性活动，组织成员力图通过排斥外人来强化组织的团结，让组织变得具有排他性而不是包容性。这种组织会寻找各种使自己遁形的方法，不去吸引他人的注意力，避开局外人或可疑的新来者。这种组织会发展出一些秘密的仪式。

这里，运用帕特南对“连接性”和“黏合性”的区分作为理论“工具”（我在第11章中会对此进行描述），我们已经可以看到一个潜在的有趣的人格案例的发展史。我们仿佛可以看到一个在人群中感到孤独的男孩，而这种感受在他进入一个更广阔的世界后被加剧。我们开始看到一种解释，也就是这个男孩和一群“志趣相投”的年轻人如何建立起一个紧密团结、具有高度“黏合性”的组织，这一组织学会了避免被注意，尤其是避免被当局注意。他们大概被认为是在一切所到之处都保持低调的人，在可能遇到当局人物时几乎下意识地不引人注目。

这种类型的人可以被视为“背景幕布”，这为他们的日常行为提供了框架。通过作为一名研究者参与到这样一个项目中，你可以试图弄清初期恐怖分子为逃脱侦查都做了些什么（受你所处位置的局限——你可能仅仅是一名学生调查者，你可能几乎没有能力去查明恐怖分子详细的个人信息）。他们知道使用加密信息吗？他们采取伪装吗？他们使用假名吗？所有这些都将是恐怖分子更加刻意地采取隐蔽策略的证据。

这项研究的结论可能表明这些策略是如何失败的。或许这个组织已经被安全部门渗透了？这些安全部门能否弄清恐怖组织的惯用伎俩及群体心理，找出其心理特征与行为模式，并秘密潜入恐怖组织？

从始至终，你作为一名研究者首先和最重要的是聚焦于参与其中的个体，建立一个叙事。因为这是一项个案研究，所以叙事结构非常重要——换句话说，故事是用来塑造参与其中的人物的形象的。同时要记住的是，在个案研究中，个体将构成把所有元素捆绑在一起的核心，你的故事将围绕这一个体进行编织。

165 ## 9.2 个案研究的时间维度

著名历史学家 R. G. 科林伍德（1946/1994：72）指出了时间和过去事件的意义，他说：“真理……是时间的女儿，最好的知识是最成熟和最丰富的经验的果实。”时间在大多数个案研究中占有重要位置。你回忆一种现象、一个情境或一个事件，或者你研究正在发生的一种现象、一个情境或一个事件，二者都涉及时间因素。我将本章中的个案研究分为回顾性个案研究、快照个案研究和历时性个案研究，以说明不同类型的个案研究处理和使用时间的方式。我又进一步将多重个案研究分成平行个案研究和序列个案研究。

回顾性个案研究

回顾性个案研究是其中最简单的一种，涉及收集与过去的现象、情境或事件有关的数据。因为它发生在过去，所以你会查看文件和档案记录，如登记册、报纸、日记、日志和照片等等。你也许可以采访那些经历过或参加过活动的人。

到目前为止，我在这本书的几个例子中，使用过回顾性个案研究——参见柏林墙案例和恐怖分子案例——所以在此我不再举其他例子。不过，需要记住，在一项个案研究中，有几种处理时间问题的方法：你不必局限于做一个简单的回顾。在开始设计过程之前，请考虑我在本章中概述的其他框架。

快照个案研究

在这里，案例被观测一段时间，可能是一个月、一周、一天甚至短到一个小时。这就是时间框架——研究着手的边界。记住，个案研究是有边界的研究，而边界由一些东西——可能是某个机构，也可能是所讨论的那个人的生活——加以规定，但在这里，快照个案研究是由一段时间来定义的。

如果是这样，那么时间在某种程度上应该是很重要的。如果使用快照个案研究，那你就不需要得到持续不断的所有数据来源所提供的背景信息，这些信息是你能够加以混合和匹配的。如果你愿意，你的关注点可以是“一生中的一天”，技巧在于能够将数据引入那个狭窄的框架。

就像其他形式的个案研究一样，快照个案研究是说明性的、示范性的和分析性的，但是这里的分析是通过时间并列的事件来实现的——时间并列（换句话说，事件发生在相邻的时间）将帮助你和读者了解事件之间的关联性。

通过对一天的叙述，无论它是像一段连续的视频还是更像一本断断续 166
续的剪贴簿，你都在为读者提供你对情境的分析。研究对象从这种分析中产生。就像沃顿（Walton，1992）所言，“案例总是被理论包裹着”。换句话说，所呈现的景象是一幅包含各种色彩的三维立体图画——轮廓线条和色彩由你的“理论”立场提供，所有这些东西使你区别于他人，反过来也构成了你的分析内容。个案研究人员是提供理论包装的核心人物，针对一个紧凑的时间框架内以格式塔的形式呈现的图片进行的快照个案研究尤其如此。

在实践中这意味着什么呢？我已经提到过，你的焦点就像“一生中的一天”，想一想这一类型中最著名的例子是很有用的——亚历山大·索尔仁尼琴（Aleksandr Solzhenitsyn，1963/2000）所著的《伊凡·杰尼索维奇的一天》一书。尽管这是一部文学著作而非研究报告，但此书基于作者本人的经历，既阐明了作者的主题，又启发了读者。除了文学上的价值以外，这是值得读者了解的经历，因为该书描绘了作者对在苏联劳改营的经历——一段因他对约瑟夫·斯大林（Joseph Stalin）的贬损而被迫遭受的经历——的反思。

与其他所有个案研究的形式一样，快照个案研究也应该有一个目的。个案研究不能仅仅是说明性的。如果我要提供像“加里·托马斯的一天”一样的快照个案研究，那会是令人遗憾的，因为其远不及伊凡·杰尼索维奇的一天那样具有启发性。就某案例进行写作一定得有理由，因为索尔仁尼琴在苏联劳改营的经历是一个直接而显而易见的兴趣来源，但我日常生活中的经历却并非如此。索尔仁尼琴的经历可以告诉我们一系列的事情。我们可以了解严寒引起的绝望以及对人类造成的影响，了解关于斯大林的话语许可的本质、同志之间友情的性质和目的。然后，我们可以把所有这些都置于众所周知的斯大林时期的苏联以及随后发生的一切的背景之中。讲述一天的故事，不仅可以服务于让故事变得更有趣、更真实、更引人入胜的叙事目的，而且时间框架能将叙事的片段连接起来。通过描述严寒及其对守卫（以及囚犯）的影响，索尔仁尼琴将守卫人性化，有助于我们了解他们对囚犯的反应——既同情又不友善。下面我们摘录这本书开始的一段话（Solzhenitsyn，1963/2000：7）：

> 像往常一样，铁锤在悬挂在职工宿舍附近的一段铁轨上敲起了起床号。断断续续的声音勉强穿过窗户——窗格上的霜有两指厚，并且差不多一开始就结束了。外面很冷，劳改营的守卫不愿意一直在外面敲打起床号。

劳改营的守卫变得人性化——他被严寒搞得很沮丧，我们同情他。不 167
仅如此，通过同情他，我们更好地理解了他所采取的其他行动。时间线，不论是一周、一天还是一个小时，都能集中观察者的注意力，并鼓励他们就叙事部分之间的相互连接进行分析。这有助于理解故事中元素结合的方式。它帮助我们理解那一天的构造，犯人们如何避免或获得守卫的注意力，守卫如何利用手中可交易的优待权，以及守卫的优待权如何转化为货币。我们在严酷和无处不在的寒冷以及囚犯们一门心思追逐温暖和生存的背景下了解到这一点。

正如我前面提到过的，加里·托马斯一生中的一天不会像伊凡·杰尼索维奇的一天那样引人入胜。作为一个主题，伊凡·杰尼索维奇的一天具有我们刚才谈到的所有优势。最终，小说有助于改变世界。我和其他 600 万人被收音机闹钟唤醒了，约翰·汉弗莱斯（John Humphrys）主持的《今日》节目比不过劳改营守卫的起床号。然而，如果能找到一个角度的话，那么我的一天或任何人的一天也可能会很有趣。这里两个可能的角度，可以成为我的研究目的。

- 我是一所大学的资深员工，在初级员工们的需要和愿望与大学管理的方向之间寻找妥协的方式。因此，我可以把重点放在突出紧张和困境的工作日事件上，以及这些事件如何体现了业绩创造和审核文化的影响，还有这对在传统职业工作环境下信任的侵蚀意味着什么。精心地选择我的一天，这一天的事件可以例证和解释上述任何一个或者全部问题。

- 作为一名 20 多岁女孩的家长，我可以选择一天来观察一个年轻人“离开家”所引起的焦虑和生活变化。这一定是一个特别的日子，就像是毕业典礼或是搬进第一套公寓的日子一样。白天的某些时刻会激发遐想、反思、悲伤、希望、被拒绝的感觉（真实的或不真实的）或喜悦，这些都可以作为不断变化的生活情境及其影响的分析背景。

正如我提到的伊凡·杰尼索维奇的一天，这不仅仅是一项记录。我不能简单地说“这个发生了，然后发生了这个，然后发生了那个”。那样只不过是一本日记，而不是一个有趣的个案研究。运用快照个案研究的关键在于发现贯穿一天、一周或其他时间的关联。

168 正是这些关联的发现构成了分析框架。这个与那个之间是如何关联的？我对它们各自的思考是什么？这就构成了分析的材料。

下面是快照个案研究的其他案例，持续的时间在三天以上：

卡特里娜在读教育心理学的研究生课程，她必须进行一项反思性研究，并为此撰写一份2万字的论文。卡特里娜在一家精神病医院工作并为年轻人提供服务，她决定根据这一经历来写作论文。在该医院的患者中，有一个名叫布里奥尼的16岁年轻姑娘因神经性厌食而入院。这种情况很难让人理解，专家们对治疗患有此症的年轻人感到很沮丧。这是一种自残的形式，背后似乎有它自己的力量来源。困难的是理解这种力量来源究竟是什么。

卡特里娜希望做一个快照个案研究，汇集这个年轻姑娘生活中相互联系的一些元素——食物消费本身、其前因（也就是之前发生过什么）、其直接后果，以及所有这些与布里奥尼的家人、朋友、病友和医院工作人员的社会关系的联系，卡特里娜希望这些有助于她了解布里奥尼的情况。

在取得布里奥尼及其家人明确的知情同意后，卡特里娜决定与布里奥尼住在医院附近的一家招待所，用三整天时间陪伴布里奥尼。在这三天里，卡特里娜与她聊天，观察她做什么以及她和谁说话，记录她的饮食习惯、背景、前因和后果。

作为调查研究的一部分，卡特里娜决定对布里奥尼进行两次长时间的采访，她想问问这个聪明可爱的年轻姑娘对自己情况的看法是什么（见图9-3）。她将着重于厌食症文献中经常出现的一个主题，即在危险地限制食物摄入量的情况下，患有这种疾病的人以迄今为止被认为不可能的方式控制着他们的生活。

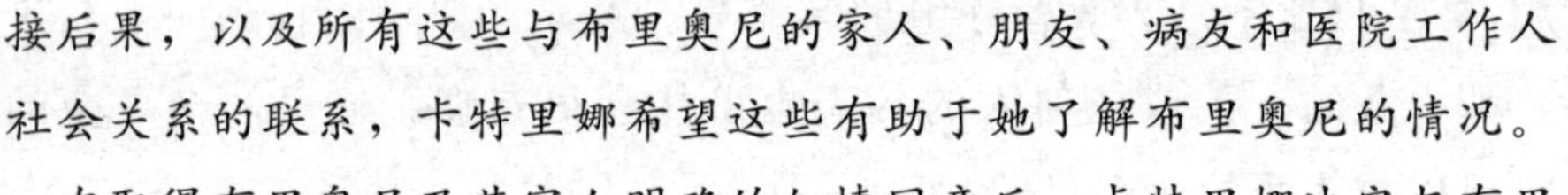

图9-3 行为的ABC，随时间推移的链接事件

169 依据布里奥尼的回答，卡特里娜留心将上述理论定位与这个姑娘在病房的实际行为联系起来。随着白天的到来和进餐时间的临近，是否有证据表明布里奥尼遭遇或通过了什么隐性的或显性的控制？这种控制是如何形成的？是她的身体环境还是她周围的人（能够感知到），抑或是她自己的瞬间存在？所有这些该如何理解？

历时性个案研究

历时性个案研究展示随时间推移而发生的变化。历时性个案研究不同于快照个案研究，后者是对此地和此刻的即时研究；历时性个案研究也不同于序列个案研究，后者指的是两个或多个研究依次进行。历时性个案研究揭示随时间推移而发生的差异。这里有个例子：

你大概听说过霍桑效应——组织心理学中一个众所周知的术语。它指的是员工表现出兴趣时生产率得以提高的现象（见图 9-4）。兴趣是什么不重要——大多数时间都存在这种效应。

这个效应以霍桑工厂的名字命名，这家工厂靠近芝加哥，为电话和收音机生产电子配件。1924 年，美国国家研究委员会派遣了两名工程师到这家工厂做实验，他们想了解如何通过改善车间照明影响工人们的生产率。

简而言之，他们确实发现改变照明可以提高生产率。不仅如此，随后的分析表明，任何改变——维护整洁的工作站、移动周边的长椅、清理地板，甚至降低照明亮度——都有同样的效果。类似这种改变导致的后果被称为“霍桑效应”，有时也被称作“实验者效应”，并被写进罗斯利斯伯格和迪克森（Roethlisberger and Dickson，1939）的著作中。

图 9-4　每个人都是快乐的吗？霍桑效应

霍桑效应为什么会发生？

贝芙在一家汽车零件制造工厂工作，并且她正业余攻读人力资源管理硕士学位，她决定研究这一现象，并将其作为她两万字论文的主题。她决定利用自己的工作场所对这个问题进行深入研究。

170 经过她老板的批准，贝芙对流水线上的三名工人的例行工作程序做出一系列变动，变动期间，贝芙将对他们的生产率进行评估。显然，这需要获得同事的信任、员工工会的批准和大学的道德许可，但考虑到工厂良好的劳资关系，上述这些都不难解决。

贝芙的出发点是霍桑效应是确实存在的现象，尽管有一些依据（Levitt and List，2009）表明，它也许是这些数据多年前在芝加哥被收集的方式的结果。然而，贝芙在和导师对此进行讨论后，重复进行了这项实验。实验的效果如此之好，以至于贝芙认为值得进一步研究。

贝芙感兴趣的是为什么和怎么样——当工作条件发生变化时，生产率为什么会提高和怎么样提高？为什么随时间推移而没有维持原状？贝芙认为，个案研究可能有助于理解这个效应是如何起作用的。它或许能为其作用机理提供线索。时间因素无疑是这项研究的核心：观察随时间的推移而发生的变化，并把时间作为例行研究程序的一部分。换句话说，时间提供了分析框架的基础。

贝芙打算引入的变化包括将这三名工人的座椅的高度提高 2 厘米——虽然不是很多，但足以产生明显的变化。

现在，记住个案研究针对的是有边界的案例，贝芙希望在以下边界内研究：

- 物理环境——工作台、座椅、沿着装配线向下移动的发动机部件。
- 社会环境——其他工作人员和组织的主管。
- 时间——关键因素之一，随着时间的推移变化发生。

贝芙在做这项个案研究时必须记住，它不受实验原则的支配（除非她故意把实验作为个案研究的一部分，但她不打算那么做）。所以，贝芙不是为了评估改变带来的效应而去保持其他变量不变，仅仅改变座椅高度这一变量的值的。贝芙也不准备正式将这一组工人与另一组没有提高座椅高度的工人进行对比。相反，她打算将案例作为一个整体从多个方向进行考察，并阐释她的发现。在分析她的发现时，她必须牢记她做这项研究的目的，也就是理解在她的特殊情境中霍桑效应是怎样实现的。她的理解源自她在文献回顾期间所发现的有关霍桑效应的所有著作。基于后者以及她本人的思考，贝芙勾勒出了如图 9－5 所示的关于霍桑效应潜在解释的故事板。

171

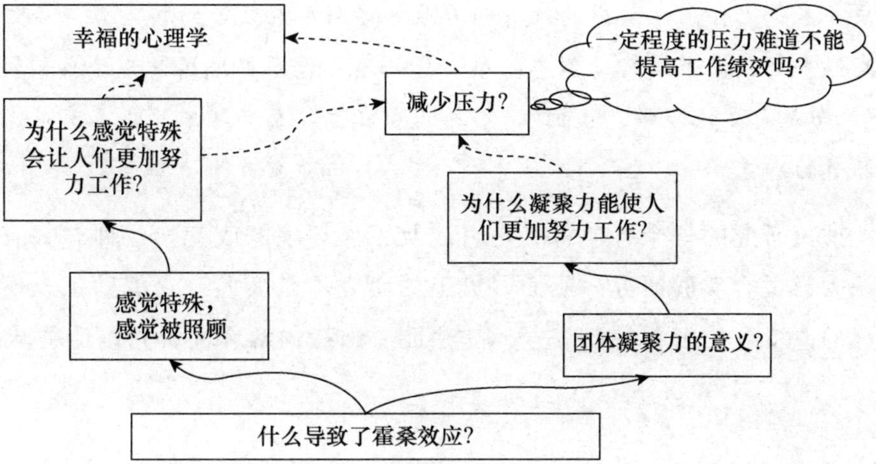

图 9－5　关于霍桑效应成因的故事板

所以，贝芙开始了研究并提高了三名工人的座椅高度。她评估他们的产量，发现三名工人的产量都有所提高。[假如产量没有提高，是否意味着调查就结束了呢？不，贝芙可能会继续研究，或是照这种方式引入其他一个或几个变量直到发现另一个效应，或是将之作为一个异常案例继续这项研究，给出三名工人没有发生霍桑效应的解释。比如，她也可以高度重视莱维特和利斯特（Levitt and List，2009）的研究发现，他们曾指出霍桑效应并不真实，这为贝芙指出了调查可能采取的新方向。]

当发现霍桑效应，也就是三名工人的产量增加后，贝芙可以继续此项研究的关键，即对可能有助于改善绩效的社会和心理过程进行评估。

为引导其数据收集和随后的评估，贝芙使用了自己绘制的故事板（图 9－5）。她对每一名工人分别进行了半结构化访谈，并与他们进行了一次焦点小组讨论。在访谈中，她使用焦点材料——照片和剪辑的视频——来询问他们的安全感、"职位"、压力和幸福感，这激发了他们对安全、自信和幸福的讨论。她问他们与其他参与或没有参与研究的人相处得好还是糟糕。她利用丰田汽车公司的"5 个为什么"技术（参见 Ohno，2006），尝试找出"根本原因"。她也观察装配线上出现的情况，比如：是否发生了嘲笑、忽略甚至欺凌现象？

贝芙特别关注她在故事板中提出的想法，并从她的研究中发现，这种
172 效应并不是因任何幸福感的改善而产生的结果。相反，访谈、焦点小组和观察似乎都指向了工厂工作中的参与感。不是被严格地区分为"我们和他们"，而是更多地强调"我们"，沟通正在发生，参与其中的工人有其意见被倾听的感觉。

贝芙研究的一个有趣特点是它涉及工人环境的改变，这种方式有时被认为只适合实验研究。然而，贝芙的研究不是实验。它借助工人所处环境的改变，为解释性研究——一项性质独特的解释性研究提供基础。

9.3 多重、集合或比较案例（或跨案例分析）

> 当对某一特定案例缺乏更多兴趣时，可同时联合研究多个案例以调查现象、人口或一般情况。我把这个叫作多重或集合个案研究。
>
> ——斯泰克（2005：445）

在多重个案研究中，因为有几个主题，所以每一个单独主题的重要性不及主题之间相比较的重要性。例如，研究两所学校对一项巡回教育支持服务的反应，以揭示这两所学校特征上的差异。重点不在于关注一所学校本身的状态，而在于关注两所学校之间性质的差异。研究者有一些关于这两所学校差异程度的先验知识，选择在此基础上做出，解释也在此基础上进行。这项研究的关键在于深入钻研，通过探寻获得更多的数据，并对两种环境下的文化采取更多的搜索分析。这种个案研究把重

点放在比较上，这种比较元素是施万特（2001）将这种个案研究称为“跨案例分析”的原因。

> 因为强调案例之间的比较，所以多重个案研究的另一种叫法是“跨案例分析”。

虽然你正在运用多个案例并在案例之间进行比较，但这并不意味着你在某种程度上重新唤起了对每一现象的代表性样本的需要。正如任何其他个案研究那样，跨案例分析的“内脏”在于它的整体性。这是一个平台，正是在这个平台上，一系列的整体性得以比较。请（再一次）记住，个案研究永远不能形成一个你可以概括的样本。用研究方法自命不凡的语言来说，你选择考察的案例将会是一个非概率样本。（正如我之前提到过的，有充分的理由说你的案例根本就不是一个“样本”。）所以，如果你在比较案例，那么你是在比较案例所呈现出的东西。 173

有趣的是，有史以来第一项系统进行的个案研究正是一项比较个案研究。这项研究是由 19 世纪法国一位叫作弗雷德里克・勒普莱的采矿工程师完成的。作为工程师工作的一部分，勒普莱去过很多地方，但让他的雇主懊恼的是，相比于他所参观的矿井，他更感兴趣的是他所遇见的人。在外出参观中，他会和某个家庭待在一起，陪在他们身边足够长的时间，以便了解他们生活方式的全貌（Mogey，1955）。经由这种对个体家庭的密切观察，勒普莱能够系统地比较德国农村矿工家庭和法国城市工人家庭生活上的差异。部分由于第一手鲜活的描述性资料，勒普莱的比较研究获得了文学上的相当成就，赢得了公众的交口称赞，并直接导致了由雇主发起的法国城市工人待遇方面的重大变革。

回到 21 世纪，在其迷人的著作《匠人》中，理查德・桑内特（2009：182-193）在几个点上都做了案例比较或曰跨案例分析，从而引发了读者的分析思考。在这里，我从中提取一条：

《匠人》是一部关于工艺知识的可读性很强的学术著作——工艺如何获得以及工艺如何传递给他人。桑内特合理地使用了一连串不同的资源——历史记录、个案研究、对话、回忆录、个人经历、科学文献等等来编辑他的文章。

桑内特运用对比使说明更清楚。他的要点是“展示而非解释”。也就是说，为了与他人——不管是木工、厨师或其他什么——分享工艺，良师或是手艺人应该给出例子而非试图去解释。例子奇怪与否无关紧要，它们都胜过基于任务分析的说明。思维不会像电脑那样有缜密的“做这个、不做那个、现在做这个”的顺序。我们需要生活中的真实案例，就像一双我们可以穿得进去的舒适鞋子——我们需要实践中的形象比喻。

174 我们在导师的指导下，通过移情、想象、行动和摸索加以学习。导师是有血有肉的人还是一本书（像桑内特关于食谱的例子）是无关紧要的。你需要的是一种分担任务、理解它的隐匿之处、被指导而非被告知的感觉。对那些熟悉、学习心理学的人来说，这和维果斯基（Vygotsky）的想法一致是显而易见的。

也许我应该重新表述我刚才关于通过移情和行动加以学习的评论。它应该被表述为：“我们从移情和行动中学到最好的东西。”当然，我们从一套操作指南中也可以学到不多不少的知识，但我们的学习没有深度，没有感觉。学习工艺和技法，带着享受和关怀制作一个木箱——不仅仅是一个木箱，而是具有灵魂的木箱——需要从手艺人身上学到的技能或终生才能磨炼出的技能。

不管怎样，这是桑内特试图通过对四个厨师的比较以及介绍他们如何烹调各种鸡肉来进行说明的本质。桑内特的个案研究是：

- 局部的，因为案例之一源自他的亲身经历，关键在于这些案例都是范例。
- 工具性的，因为它服务于某一个目标。
- 说明性的，因为它展示了某些东西。
- 多重的或比较性的，因为信息的核心来自案例间的比较。

所以，回想一下我们曾经对目的、方法、过程的分类，桑内特采用的路径如图 9－6 所示。

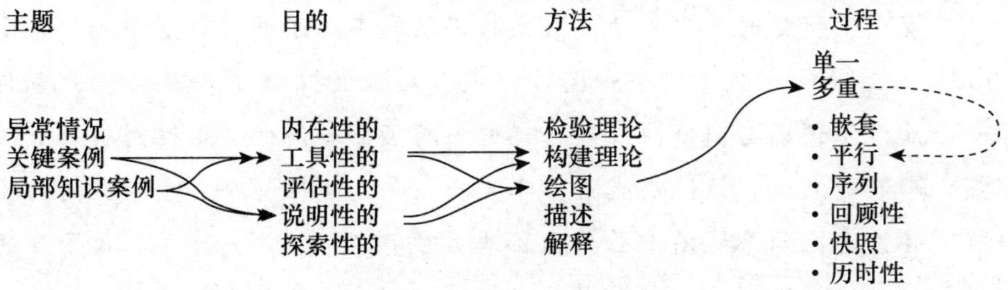

图 9-6　桑内特的个案研究

桑内特描述的第一个厨师名叫理查德·奥尔尼（Richard Olney）。桑内特选择对怎样给鸡剔除骨头进行了描述（见图 9-7）。正像桑内特所说的，奥尔尼提供的说明是告知而非展示："如果读者知道怎样剔除鸡骨头，那么这个描述可能是一个有用的回顾；而对于新手来说，却没有指导意义。如果新手执意遵循它，那么那些鸡会不幸被剁成碎片。"这里有一份 175
桑内特讨论过的指南（说明）的例子："切断每个肩胛骨在翼关节处的连接，并将其紧紧地固定在左手的拇指和食指之间，用另一只手将其从肉中拉出。"他把这种写作比作工程："工程师作家们忽略了'每个人都知道'的'蠢事'——他们不去使用明喻、暗喻以及丰富多彩的副词。实际上，揭开埋藏在知识宝库中的东西，可以利用这些富有想象力的工具。"

图 9-7　四个厨师准备一只鸡：一项比较个案研究

多重个案研究的第二部分是桑内特描绘的名叫茱莉亚·查尔德（Julia Child）的厨师，案例由文字和图片组成。桑内特介绍了儿童食谱是如何像一个表达了预感与同情的故事一样进入厨师的脑海的。她运用类比，关注烹调而非那只鸡。她提供线索而非直接指导，就像一个引导学徒的行家一样引导读者，预见到困难并提出解决办法："有那么一会儿，孩子会想象自己笨拙地握住刀子，大提琴大师会拉错调子。这种手忙脚乱是指导者给予同情的标志。"（Sennett，2009：186）

第三部分是著名的伊丽莎白·大卫（Elizabeth David）的一幅钢笔肖像，她通过提供食物的文化背景来与读者分享她的技巧。她谈到法国当地的厨师怎么对付这只鸡。她讲述了什么时候、怎样以及与谁一起吃东西的故事，并且给出了一些逸闻趣事，比如波尔多厨师可能会用上龙蒿叶，而在佩皮尼昂[1]的厨师们会用鼠尾草做同样的菜肴。所以，作为一名读者，你思考你正在烹饪的食物，被鼓励把这个过程看作创造性的、多样性的和直观性的，而非一套严格的程序。

桑内特提供的第四个个案研究大概是最有趣的。它是关于本肖（Benshaw）夫人和白鸡肉的食谱的。本肖夫人跟其他人不一样，她并不出名——她来自桑内特的个人经历——并且因为她几乎全部用谜语的形式来说话，所以她没有正式意义上的食谱说明。桑内特是她在夜校的学生。他说，因为本肖夫人的英语不好，所以她几乎全靠举例教学，"她微微一笑，眉头紧锁"。在桑内特的帮助下，本肖夫人写下了食谱：

176 你死去的孩子。为他准备新生。用泥土充满他。小心！他不应该暴饮暴食。穿上他的金黄的外套。你为他洗浴。温暖他，但要小心！孩子会死于过多的日晒。戴上他的宝石。这就是我的菜谱。（pp. 190−191）

"死去的孩子"指代鸡，"为他准备新生"意味着剔骨头，"用泥土充满他"指的是装填材料，"不应该暴饮暴食"是指不要填充太多材料，"金黄的外套"是指烘烤之前涂成褐色，"洗浴"指的是配置水煮酒，"宝石"指的是浇上酒水和热油。

① 佩皮尼昂，法国南部一城市，邻近西班牙和地中海。——译者注

这个食谱完全通过隐喻来讲述，这让“菜鸟”厨师能够充分感受和理解。把这只鸡叫作“孩子”会立刻唤起亲密感、保护感和温柔感。所以，我们知道我们应该把它放进一个还凉着的烤箱里。正如桑内特所说，隐喻是“向前滚动和侧向移动”，这样能让我们收集到不同的含义。

这一比较个案研究恰好阐明了桑内特想要解释的观点，那就是学习一门手艺不是简单地照着说明书操作，而是包含着人的个性的过程。桑内特建立了这样一个理论：在做这件事的过程中，我们很好地跟着自己的直觉走，你如果愿意，就利用我们的“直觉本能”来学习。这是通过模仿和复制进入他人的大脑来完成的事情。为了构建理论，桑内特提出了关键点并加以综合，如表 9－1 所示。

表 9－1　　烹饪鸡肉的厨师——桑内特的多重个案研究

厨师	厨师风格（用于比较）	分析
理查德·奥尔尼	直接说明，几乎像临床指导一样告诉你该怎么做	总的来说，就是从想象和实践中加以学习，通过已掌握的知识来帮助你学习新东西。学习不是通过正式的指导来实现的
茱莉亚·查尔德	使用类比，关注厨师而非鸡，利用初学者的弱点	
伊丽莎白·大卫	谈论文化，带领读者踏上一段旅程，讨论多样性——使得烹饪不那么死板和固定化	
本肖夫人	完全用隐喻的方式说话，让读者“深入”厨师的内心，理解厨师在说什么	

这就是许多学生研究人员在做此类个案研究时出错的地方：描述得太多了——只是描述而已。这些研究很少去考察案例间的差异。事实上，案例之间的差异比案例陈述本身更重要。尽管本肖夫人的案例很吸引人，但与其他案例相比，它本身就没有那么有趣了。正是比较提供了分析的框架。

从希门尼斯和格斯滕（Jiménez and Gersten，1999）的著作中可以找 177
到一个有趣的比较案例。他们比较了两位拉美裔教师的教学风格和他们不同的识字教学方式。

9.4 嵌套个案研究

尹（2009）在多重个案研究与他所称的“嵌入式”（embedded）个案研究之间做出了有用的区分。我更愿意叫后者为“嵌套”（nested）个案研究，部分原因是“嵌套”比“嵌入”少一个音节，但主要原因是“嵌套”给人一种与更大单元相适应的子单元的感觉，而不是被植入那里。这就是我们感兴趣的地方——子单元是如何与其他子单元以及整体相连接的？

在多重个案研究中，重点是比较明显不同的案例，发现两个案例或多个案例之间的区别，然后聚焦在一个重要的理论特征上。相比之下，嵌套个案研究的分解是在主要的分析单元内部进行的，比如学校（更大单元）的教室（子单元）。图 9－8 对此进行了总结：

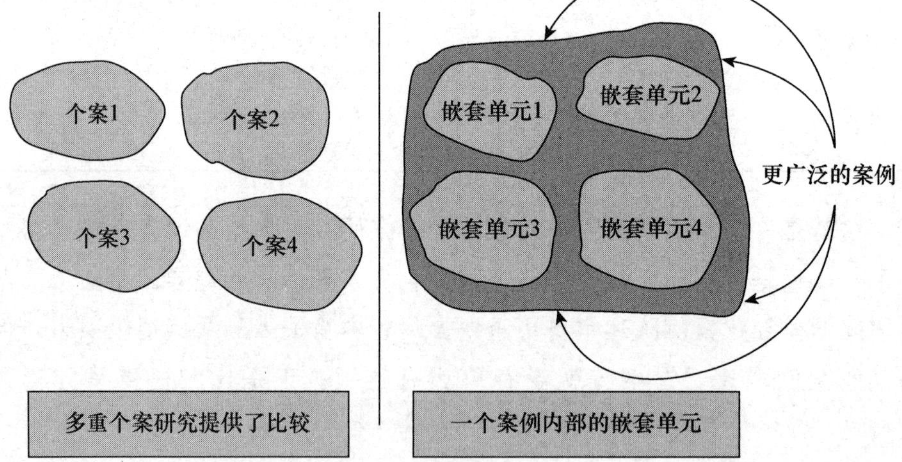

图 9－8　多重个案研究与嵌套个案研究

嵌套个案研究不同于多重个案研究，因为它能从更广泛的案例中获得完整性和整体性。

就像所有关于个案研究的决定一样，必须有一个以特定方式进行研究的理由，而对于嵌套个案研究，这个理由来自将单元作为更广泛案例的一部分来进行对比。

如果你在一所学校里观察三间教室，发现这三间教室除了在物理上被安置了之外没有任何意义，那么这些案例（教室）就不应该被视为嵌套的。它们构成了更广阔图景的一个组成部分——与学校内部可能发生的事情连为一体，只有在这个意义上，它们才是嵌套的。让我们稍微充实一下这个例子。 178

富兰克林小学刚刚决定实行一项包容性社会政策。正在攻读教育硕士学位的副校长劳拉决定研究该政策在全校中能被理解和实施的方式。这项分析将为她必须完成的学位论文做准备，但她希望这也能同时成为学校日后发展工作的基础。

劳拉的出发点是，这种类型的包容性社会政策可能带来的各种改变，在实践层面上难以实现，因为它们依赖于个体间的合作，但众所周知，不同的人的行为方式不同。

劳拉的导师为她推荐了一篇经典论文——由乔治亚兹和菲利莫尔（Georgiades and Phillimore，1975）撰写的《英雄创新者的神话》。乔治亚兹和菲利莫尔提出的观点是，在一个组织中实施改革比乍看上去要难得多。正因为此，组织的风景中布满了尝试改变事物却失败了的勇士的尸体。几乎像在组织内工作的人一样，不管他们是谁——教师、医生、消防员、动物园管理员——他们都在共谋抵制变革。与此相关，劳拉清楚，在实施包容性社会政策方面，创新的成功秘诀寥寥无几。如果尝试引进这一类事物，那么你必须做出调整和修改，以适应不同地方的组织状况。

这就是劳拉研究的出发点——也就是说，她的小学的六个年级都是非常不同的，因为这所学校里所有的教师都有自己的风格，实施这项新的包容性社会政策必须适应这些风格。

她选择了三位教师及其班级进行学校内的嵌套个案研究。鉴于在富兰克林小学工作的教师们的风格不同，劳拉研究的核心将集中于学校所拥护的包容性原则，以及实施包容性社会政策的这些方面的可能方式。包容性社会政策的原则包括：

- 招生政策和程序。
- 学校分配资源的方式。
- 评估程序。
- 职工发展。
- 具体的包容性策略。
- 课程。
- 家长参与。

179 前面四点是整个学校的事务，不会因教师的个人风格而受影响。劳拉关心的是最后三点，即具体的包容性策略、课程和家长参与。她知道她所关注的三个班级的教学风格有天壤之别，教师对家长参与的态度也各不相同。这些教师是：

- 乔恩，一位合格的新教师，喜欢读书，乐于与家长们沟通，但也稍稍畏惧家长。
- 梅丽尔，明年退休，是一位正式教师，坚决拒绝家长和志愿者们的帮助。
- 简，处于职业生涯中期的教师，天然地对政府指令不屑一顾，深受家长欢迎，并与家长们一起轻松工作。

劳拉决定聚焦于研究这三位教师基于不同的风格而执行学校新政策的方式。她考虑与乔恩、梅丽尔和简组成一个焦点小组，她在小组中陈述新政策，并就其实施的看法进行讨论。然而，经过再三考虑，她放弃了这个想法，明白这样也许会加剧教师之间风格上的任何差异，让梅丽尔设防并与其他人疏远。她需要做的是研究作为政策实施环境的每间教室，以及以自己的风格进行工作的每一位教师。从这个意义上说，这项研究将有助于改变实践，这不仅是一项个案研究，同时也是一项行动研究。

劳拉最终决定对每一位教师进行半结构式访谈，其中她将询问具体的包容性策略、课程和家长参与。在课堂上实施的独特和共享的想法将被使用持续比较法（见第 11 章）加以分析。她将建立的分析框架用作教师总结式全体讨论会的基础，在讨论中，他们的观点将被分享。

正如劳拉所预期的那样，访谈显示出教师们对课程、学习和社区以及教育在其中的地位的不同态度。她使用构造地图（Thomas，2013：237-239）来图解他们在思维上的差异，并试图画出他们身上的共性。然而，她在最后一个目标上失败了，乔恩和简在思维上表现出一些共同点，但是他们与梅丽尔毫无共同点。

劳拉的结论是，学校这一单元在更大的结构里像十分离散的元素在运行。在这里，她用布朗芬布伦纳的系统理论（见第 3 章）来建构她的分析。她在写作中谈到了学校内部教师角色的封闭性以及这种封闭性中的弹性。事实上，回到她关于风格的起点——这些风格是建立在态度、信仰、个性、习惯和性格之上的——她也在质疑，尝试打破这种状态是否是一件好事。劳拉认为，教师个人风格的这些方面很难被打破，并且在任何情况下都不应该被打破。

劳拉的结论还包括对政策作用的反思，以及对实施政策可能会在多 180
大程度上损害教师个性和效率的反思。她认为，后者是围绕每一位教师的特点和他所在班级的情况而设计的，试图改变这一点可能会事与愿违。

我希望你能看到嵌套个案研究如何不同于简单的多重个案研究，特别是比较一下关于厨师的多重个案研究和关于三位教师的研究。虽然比较都是这两种研究的核心，但在嵌套个案研究中，这些发生在更广泛的、关联紧密的背景下。

9.5 平行个案研究和序列个案研究

平行个案研究与序列个案研究是多重个案研究的两种形式。在平行个案研究中，案例往往同时发生并同时被拿来研究，正如前文劳拉的案例。而在序列个案研究中，案例一个接一个发生，并且存在这样一种假设，前一时期发生的案例将会在一定程度上影响后一时期发生的案例。

考虑到劳拉的研究足以作为平行个案研究的一个范例，请允许我再举一个简短的序列个案研究的例子，构成本章完整的篇幅：

莎拉正研究残疾人士对于公共空间，尤其是公共建筑、公路和公园的可利用性。她为一家大型慈善机构工作，该机构与当地政府达成一项协议，同意共同承担一个小型城市公园的重新规划和景观美化所需的资金。这个项目将作为先行试点，并在试点发现的基础上作为其他项目行动与设计的示范，这家慈善机构将会致力于与其他地方的政府合作，在别处做出一些改变。

在莎拉的指导下，这个公园由一个包含景观设计师、残障人士和当地政府规划师的小组重新规划。他们与当地大学的计算机设计专家一起工作，制造出虚拟现实环境和计算机可视化，帮助残障人士就可能的变化提供他们的建议。其结果是，他们计划改变道路、标牌、建筑物入口和用于各种活动的空间。

作为更大的调查研究的一部分，莎拉的计划是设计两项个案研究，一项在改变之前，一项在改变之后。这个更大的调查研究涉及监控各种人群对公园的使用情况。因此，这涉及前后之间的对比，其基本原理直接来自评估性研究。那里的考虑同样适用于这里。一项直截了当的对比研究——两个时间段即改变之前和改变之后残障人士对公园的使用——将成为一项个案研究，但只是在有限的意义上。

181 一项个案研究需要牵涉一些深入考察的元素，包括捕捉翔实的变化细节，以不同的角度查看少数几个人的经历。如果调查显示伴随改变，残障人士对公园的使用增加（或减少），那么后续的个案研究将旨在揭示这种增加或减少发生的原因。

考虑到这一主题，莎拉对参与者的选择显然是重要的。选择不同类型的残障人士会是必要的。所以，她选择在改变之前和改变之后分别与四个人进行深入交谈，并保持两次交谈的人不同——但两次都包括两个轮椅使用者、两个阿斯伯格综合征患者。

研究的第一部分（见图 9-9 中 A1 和 A2）的确显示出改变实施后公园使用的增加，当然这可能是由新奇或期望效应——人们对正在发生的事情激动不已并期望事情变得更好——导致的。

研究的第二部分（见图 9-9 中 B1 和 B2）是深入分析，每次四个人。莎拉决定让她的研究参与者参加无结构式访谈并“漫步”公园，而非指导性地邀请参与者提供关于公园设计中发生的任何事情的想法和评论。

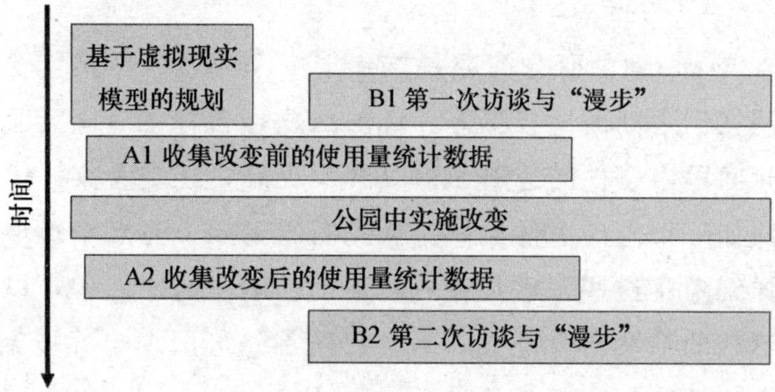

图 9-9　莎拉的调查，遮蔽了序列个案研究的元素

如前所述，研究的第一部分（A1 和 A2）证实了公园使用的增加以及对公园使用改进方面的认可。个案研究元素（B1 和 B2）提供了关于改进性质的混合信息，在轮椅使用者和阿斯伯格综合征患者的访谈和“漫 182
步”中，二者的反应存在差异。使用轮椅的人的确对以公园使用为基础的变化感到满意。然而，那些阿斯伯格综合征患者却对将他们评定为残障人士感到不满，这就提出了莎拉和慈善机构不得不面对的伦理问题。在项目的实质性主题——公园设计——上，这些参与者对安全感、可预测性的需求、噪声的减少，以及建筑物和标牌使用的规模进行了评论。

继续以这种方式进行个案研究，莎拉可以提供有价值的信息，以帮助该项目向其他公园推广。例如，她已能够理解，借助计算机可视化制作的设计为何没有实现公众全部的期待。进而，她会就未来项目提供一些建议。此外，尽管这项个案研究没有使用残障人士的典型样本，但它使人们能够更深入地了解这些使用者的需求，并引入了从一维聚焦研究中没办法获得的一些想法。

9.6 本章小结

问问你自己，你的研究问题是聚焦于一个人或一个情境更好，还是聚焦于不同案例之间的比较更好。你的问题是否存在时间元素，是通过观察这一时间段内事件的进展而得以解决更好，还是考察一个严格定义的时间段比如一天内的事件更好。从我们的主要关注点中提取一些嵌套元素，并详细考察这些元素是否更有帮助。思考这些问题，以及我们如何将不同形式的个案研究进行归类。我们首先可以说个案研究的主题可能是：

- 单一的。
- 多重的。

此外，时间元素可以被认为是构建个案研究的一个重要组成部分。我们已经考虑过：

- 回顾性个案研究。
- 快照个案研究。
- 历时性（或纵向）个案研究。

183 以上每一个都以不同的方式使用时间。如果研究是多重的，那么研究主题也可能是多样的：

- 更大整体中的嵌套单元。
- 被分别研究的平行单元。
- 序列元素。

如同所有关于设计的问题，仔细思考你需要的东西，你将在你的研究发现和分析中得到回报。

不断自我追问："我寻求的是什么分析？我想深入了解什么？"然后，围绕这些问题构建个案研究——对主题和对象都要加以考虑。

9.7 延伸阅读

Sennett，R. (2009) *The Craftsman*. London：Penguin.

我提供《匠人》这本书作为这一章的延伸阅读部分，部分因为我已经借鉴了桑内特的例子，但最主要的是因为他的书作为个案研究的例子再合适不过了。这是一本关于当我们熟练掌握一门手艺时，我们如何变得有意义的书，这对个案研究者和金匠（桑内特书中的一个例子）、木匠或厨师而言同样重要。

Yin，R. K. (2009) *Case Study Research*：*Design and Methods* (4th edn). Thousand Oaks，CA：Sage.

尹对不同类型的个案研究做了一些有趣的区分。

第三篇
收集证据、分析和写作

在本书的第三部分，我将考察：

- 为个案研究收集数据的方法。
- 分析数据的方法。
- 个案研究写作。

第10章

田野之外：收集数据和证据的一些方法

“在现场”是研究人员用来指称实际收集数据过程的术语，区别于比方说文献回顾。所以，当你“在现场”时，你就是在从事田野调查工作。实地调查是研究项目的重要组成部分。当你做实地调查时，你就是在收集数据和证据。

记住区分数据和证据很重要。数据是“信息”——任何类型的信息，不管它们是观察记录、数字（如测试成绩），还是采访记录、照片或文件——的代名词。然而，证据是支持某一命题的数据。你在调查中提出的命题将伴随调查的进展而不断发展。正如我希望在第2章中所明确的那样，你在引言部分中提出的初始问题是你对主题初步思考的表达，这些问题将伴随研究工作的开展而不断得到提炼——文献回顾得越多，你的想法就会越清晰。

> 数据是信息的一部分。证据来自支持或反对某一命题的数据。

当你经历这个过程的时候，命题会变得越来越清晰，反过来，你也会更加关注支持或反对这些命题所需要的证据。如果我们以霍斯托斯林肯科学学院的个案研究为例，拉格·奥玛尔的初始问题相当不明确，但是在对相关研究和文献进行深入梳理后，他就其问题创建了一系列观点、命题和理论。他最终进行的个案研究旨在收集支持或反对他提出的命题的数据。

188 所以，你可能正在单纯地收集数据，也可能正在寻找支持或反对某个命题的证据。你究竟在收集数据还是证据取决于你所从事的研究。如果你没有一个构建严密的理论或一系列命题来指导你的研究，那么你寻求的是数据，这些数据会聚集在随着研究进展而出现的想法中。然而，如果你从一开始就有一个明确的假设或一个定义明确的理论，那么你收集的数据将支持（或不支持）你业已提出的命题——此时你正在寻求的则是证据。

有了这两个概念存在区别的意识，你如何去收集能帮助你进行个案研究的信息呢？我已经提到过很多方法，在第6～9章我所举出的案例中，我运用过这些方法。然而，现在让我们更系统地来浏览一些常用的收集证据的方法，将这些方法作为你认真做研究时的向导。这只是一个指南和备忘录，不过，我在《如何做你的研究项目》（Thomas，2013）一书中对收集数据的方法提供了更多的细节。我在表10-1中总结了常用的收集证据的方法。让我们更仔细地来看看它们。

表10-1　收集证据的常用方法

• 访谈 —结构式访问 —无结构式访问 —半结构式访问 • 描述 • 日志 • 小组访谈 • 焦点小组 • 数据挖掘	主要使用文字
• 问卷 • 观察	使用文字、图片和/或数字

—结构式观察	
—无结构式观察	
—参与观察	
• 基于图像的方法	
• 测量和测试	主要使用数字
• 官方统计数据	
• 其他数据资料	

10.1 访谈 189

结构式访问

在结构式访问中，你就一系列事先准备好的问题询问受访者。结构式访问有一些优点：

- 可以相当容易、相对快速地对结构式访问进行管理。
- 对受访者的回答可以很容易地进行编码。

但除此之外，它别无所长。因为在面对面的方式中，结构式访问没有太大的优势，所以当然可以以书面形式进行结构式访问——也就是说，以问卷的形式出现。

无结构式访问

无结构式访问就像一次面对面的对话，通常被用于解释性个案研究中（见第 9 章）。展开这样一次访谈并没有固定的方式。你不会向受访者展示一系列的问题。事实上，这种访谈让受访者设定议程。受访者应该成为访谈方向和访谈主题的决定者。作为研究者，你应该以开放的心态进行访谈，努力倾听并提供帮助。这当然是解释性研究所需要的：在这种类型的研究中，你希望你的受访者设定情境，并告诉你问题所在。

除了希望受访者带路以外，无结构式访问的主题应有千变万化之处。

如果你的受访者完全偏离主题，那么你会希望以某种方式将他们拉回主题。然而，这需要慎重地进行，因为这也许是受访者讲话的方式——离题一会儿然后又回到主题。或者是他们喜欢在谈话中讲故事，而无结构式访问给了他们这么做的机会。如果在某种情境的访问中，受访者披露了一些微妙或敏感的事情，那么你应该在访问结束后弄清楚，受访者乐意你以什么样的形式使用访问中披露的具体信息。或许你可以把它作为一个一般性的评论加以披露，也可以以受访者能接受、你也能同意的匿名方式加以引用（见第5章关于研究伦理和保密的讨论）。

无结构式访问比正式访问更像一次对话。不过有时候你可能希望将对话转到一个特定的方向并对受访者进行提醒。你应该如何在没有设置议程的情况下提醒受访者呢？存在不同力度的提醒方式：比如你可以简单地说
190 “你能告诉我更多一些吗”，或者提出强度更大的问题，比如“那给你的感觉怎么样”，又或者提出“接下来发生了什么”。然而，如果你确实对受访者所说的内容感兴趣，你就要避免问出类似“那会让你生气吗”之类的问题。让受访者说出自己想说的话。

半结构式访问

在半结构式访问中，你提供一个需要涉及的议题清单（而不是具体问题）进行访问，并且如有必要，你有追踪提问这些议题的空间。因为有了这些优势，半结构式访问是小规模社会研究中最常用的一种访问安排。

然而，对于个案研究，实际上最常使用的并不意味着必然就是最好的。假如你确实对受访者评论的解释感兴趣，并且假如你是自己所研究的情境的参与观察者，半结构式访问可能是一个更好的选择。我提出这一点是因为在我看来，有太多的学生直截了当、理所当然地选择半结构式访问，而事实上他们正在做的研究完全可以使用其他的访谈方式。你如果确实打算做一项人类学、解释性的个案研究，那么就作为一名参与观察者进入你的研究环境，尝试理解那个环境中的“玩家”是如何扮演他们的角色的——取决于角色扮演者所建构的意义。如果情况如此且这就是你想要做

的，那么半结构式访问可能过于死板。

如果你在慎重思考后确定你需要半结构式访问，那么你就要从访问计划表开始，那是你打算访问的问题清单。你没有必要按照计划表上的题目的顺序一一进行提问——或者保持以正式访问的方式进行。相反，半结构式访问会提醒你要做些什么。它不仅提醒你访问的议题，还包括潜在的问题、可能的后续问题以及“需要深入探究”的问题，这也许会鼓舞受访者就这些追踪性的问题多说几句。“深入探究”可能是用口头语言加以表示的（比如“继续……”），也可能是以非口头形式加以暗示的（比如点头、微笑或歪着头）。

10.2　描述

受访者的描述是允许自由交流其经历和感受的结果。描述就像无结构式访问的产物，但它并没有被归到访谈的类别中。描述可以是书面的像散文一样的长篇大论，也可以是后期被转录的以音频形式存在的记录。通过描述和无结构式访问获得的资料的处理方式相同。

10.3　日志 191

日志也许涉及你或你个案研究中的参与者，是对主意、反思、思考、情感、行动、反应、对话等等的记录。或者，它可能涉及对活动的结构化记录。日志可以分为以下三种：

- 依间隔而定的日志，参与者定期报告他们的经历。这是最常见的一种日志研究。
- 依信号而定的日志，比如用电话或短信等信号设备提示参与者以特定的（固定的或随机的）时间间隔提供日志报告。

• 依事件而定的日志，参与者提供每次事件发生时的日志记录。固定的或随机的时间间隔不一定能够记录到罕见的事件，依事件而定的日志使得这一类型的记录成为可能。

如果由你亲自完成日志的话，那么你最好在现场调研之后立刻着手对观点、看法、解释、记得的对话等等进行分类。它既可以是书面的文字，也可以是音频或视频记录。

在描述方面，有些人在日志中的私人披露会比在面对面的采访中透露的内容更为丰富。这通常发生在儿童和年轻人身上，只要他们有书写能力。如果他们没有这种能力，那么你可以考虑使用音频日志。你甚至可能希望使用视频日志，视频日志可以记录表情、手势、叹息、鬼脸、皱眉甚至是眼泪——在书面或音频日志中，这些场景特征可能会被遗漏。

10.4 小组访谈和焦点小组

小组访谈

在你开始小组访谈前，你需要给出进行小组访谈而非个人访谈的理由。如果你要访谈一个小组，那么应该是因为团体心理本身对你感兴趣的情境有一定的影响。例如，你可能想弄清这个群体（作为一个组织）是如何行动的，它是如何对一个想象的事件做出反应的，或者将群体的态度与该群体内的个人态度进行比较，或许可以判断可能根本不代表普遍性观点的一两个群体成员的权力。

192 人们在群体中的行为各异：特定的个体可能更健谈或更沉默寡言；有些人是领头的，而有些人则是跟班；有些人倾向于“刁蛮”，有些人则乐于助人。一个群体会以不同于个体的特定方式展开行动。例如，一个群体会展现出社会心理学广为接受的被称为“风险偏移现象”的倾向。这种倾向是指群体会比个体做出更加危险的决定的可能性。如果你向群体内的成员询问诸如“你会允许有犯罪前科的人待在你家里吗”这样的问题，然后你以同样的问题询问同样数量的作为个体出现的人，你可能会发现群体中的成员会做出更加危险的决定（也就是说，回答“是的”的可能性大得多）。群体成员的数量为其成员提供了安全感，这一准则同样适用于对完全凭想象的事件做出的决定。

所以，除了可能节约你的时间以外，运用小组访谈有一些好的、合理的理由。

焦点小组

虽然“焦点小组”这一术语有时可以与“小组访谈”互换使用，但二者在一些重要的方面有所不同。小组访谈更加强调研究者扮演主导角色，提问并控制讨论——不同于结构式访问或半结构式访问中采访者引导讨论的方式。所以，在小组访谈中，调查者问问题，受访者回答问题。但在焦点小组中，调查者扮演着促进者或主持人的角色。如果你运转一个焦点小组，那么你的目标是促进或主持参与者之间而非你与参与者之间的讨论。也就是说，在焦点小组中，你扮演的是一个边缘性的而非关键性的角色。

在焦点小组中，参与者为 8 个人左右，他们有着相近的或相同的生活特征，会被安排在一个非正式的情境中一起讨论要讨论的主题。在与个体的无结构式访问中，研究者想要了解参与者的理解、信念和价值观，目标是让参与者在设定讨论方向方面起主导作用。如同无结构式访问一样，焦点小组的目标是让群体起主导作用。作为促进者，你的角色的目标是激发讨论，你可以通过你的评论实现这个目标，也可以准备一些焦点材料帮助小组讨论。这些材料包括物品、人工制品、照片、图画、剪报、短片、音频等等，可以帮助小组聚焦于感兴趣的主题。

考虑到在这样的小组中有效地促进焦点小组工作需要你的智慧，在专业研究中使用观察者来记录有关情境、环境和参与者行为的信息是常见的做法。由于在小规模的研究中通常不可能以这种方式获得帮助，因此制作音频或视频记录可能大有裨益。

193 ## 10.5 数据挖掘

个案研究可以采取许多不同的形式，而回顾性个案研究可能完全依赖于书面的证据。也许会出现事件没有了幸存者，或者没有人能够提供他们的想法等情况。即便有潜在的可以为研究提供资料的知情者，这些人也不可能或不愿意接受采访。

从文档中收集资料与从活生生的人当中收集资料是完全不同的任务。本质上，秘诀是发现正确的文档，阅读并思考它们。

虽然用你的文字处理程序来检查文档有很多方法，比如，文档的可读性或者文档中特定类型文字的使用频率，但这些无法替代你自己仔细阅读文档的含义和内容。幸运的是，阅读文档已经变得更加容易，因为今天大多数文档可以使用文字处理程序处理，一些文档以 PDF 格式出现，另一些文档可以在线搜索到并可以剪切或粘贴。

考虑到现在下载文档（尤其是政府文件和其他政策文件）的便利性，一个重要的捷径在于运用电脑软件对文档进行一些基本的数据挖掘。如果文件是 Word 格式的，数据挖掘就很容易；如果是 PDF 格式的，就稍微有些麻烦。如果是后者，那么你可以在检查版本后，复制整篇文档，然后把它粘贴到 Word 文件上。（提示：按住 Ctrl＋A 选定全部 PDF 文件，然后按住 Ctrl＋C，复制它，再切换到空白文档，按住 Ctrl＋V 进行粘贴。）如果你不能以 Word 或 PDF 格式下载相关文档，那么现在被广泛使用的一个诀窍是通过电子扫描技术达到目的。当下，大多数扫描仪配备有光学字符识别软件，可以为你“读取”（但遗憾的是，不是思考或理解）。当你扫描文档时，你的软件应该给你一个选项，即允许文档以文本的形式加以“阅读”（与简单地给文档拍照相区别）。扫描后，文档会被保存为文字处理文件，一旦完成这一步，你的电脑就会有许多方式帮助你分析文本。这些分析方式将在第 11 章中涉及。

10.6 问卷

问卷是一种书面形式的提问，问题可能是封闭式的（“你认为父母亲被允许打孩子吗？是/不是”），也可能是开放式的（“你如何评价父母亲打孩子？”）。你也许在收集事实，或者——像这里一样——评估人们对某一话题的态度。

调查问卷一般是高度结构化的，但如果需要的话，也允许设计开放式回答的问题。它可以由调查者宣读（无论是面对面还是通过电话）或发送给受访者让他们自己填写。它还可以通过邮寄、电子邮件发送或在线呈现。

对于在线问卷调查，你可以获得各种各样基于网络的服务（比如 Sur- 194
veyMonkey，登录 www. surveymonkey. com 网站可获得，这一网站允许你自己设计问卷并免费对 100 名受访者进行调查）。

提问方式

你要首先考虑的是使用封闭式还是开放式问题。开放式问题允许受访者自由回答，稍后我将在本节末尾讨论这个问题。封闭式问题限制受访者回答，可以多种方式加以组织。

1\. 二分式问题

“二分”意味着“双向的”，“二分”通常体现为“是”或“否”。例如：

你申请过这家公司的管理职位吗？是□
否□

这些问题通常可以被用来筛选。换句话说，你可以使用这类问题将受访者分成不同组，然后分别对他们进行提问。本例中，如果他们没有申请过管理职位，那么为什么没有？接下来的问题要围绕这个展开。如果他们申请过，那么又发生过什么？对这组可以使用另外的提问路线。

2. 多选问题

这类问题包含两个或多个答案，受访者被告知既可以单选也可以多选。

3. 排序问题

这里，受访者必须根据某些标准对列表上的内容进行排序——例如，从最好到最差、从最有可能到最不可能，或者对困难的程度进行排序。对于这类排序，你既可以要求有限数量的选择（比如，第一顺序、第二顺序、第三顺序），也可以要求受访者对整个内容进行排序。

4. 量表问题

这些问题要求受访者根据连续性评估一些经历、属性或态度等等。比如，你可能想去问一问成年人在学校时的评估和测试的经历：

195 回忆你在学校的时候，你会说你的正式评估和测试的经历是：

非常积极的 □

积极的 □

中立的 □

消极的 □

非常消极的 □

只能在方框中勾选一个。

5. 矩阵或网格问题

矩阵（网格）提供了一系列问题，这些问题都具有相同的回答尺度。比如，你对怎样才是一名好护士这个问题感兴趣，并因此去调查病人，你也许会要求他们就每一项标准的重要性进行从1到5的打分：

重要性	1	2	3	4	5
照料	□	□	□	□	□
效率	□	□	□	□	□
可依赖的	□	□	□	□	□
善良的	□	□	□	□	□
知识渊博的	□	□	□	□	□
善解人意的	□	□	□	□	□
乐于助人的	□	□	□	□	□

6. 量表

量表也就是将一系列项目和回答呈现在上述问题格式中。其中，李克特量表作为一种易于使用的测量态度的工具值得一提：研究人员提出与态度、信念或特征有关的陈述句，受访者表明他们同意的程度。受访者针对量表上的每个问题做出反应，每个问题都设定有 5 个或 7 个层级，比如同意程度可以分为强烈同意、同意、不同意也不反对、反对、强烈反对 5 个层级。为了避免受访者过多选择中间选项的趋势，中间选项有时会被去掉，变成 4 个层级的量表。后者在罗森伯格自尊量表中有过运用，表 10－2 展示了该量表的前三个项目。

表 10－2　　罗森伯格自尊量表（部分） 196

	强烈同意	同意	不同意也不反对	反对	强烈反对
1. 总的来说，我对自己很满意					
2. 我有时认为自己一点也不好					
3. 我认为自己有很多好品质					

7. 开放式问题

你可以用思考无结构式访问、日志和描述的方式来思考问卷中的开放式问题。它们有着相同的考虑，因为你的目标是，在你的回答者看到问题的时候可以关注问题的中心方面。然而在书面问卷中，像访谈过程中那样的鼓励方式几乎没有，此时如果你想使用开放式问题，那么你得进行更多的刺激来唤醒回答者的思维。

开放式问题也许只是一个简单的问题，比如“你怎样用两三句话描述你的经理的管理风格”。你也可以用其他的语言来提出问题，比如：

如果我必须用一个词或一个短语来概括我所在工作场所的文化，那就是……

我喜欢/不喜欢我的工作，因为……

10.7 观察

观察是收集数据的一个重要方式，并且观察本身又有很多不同的类型。包括：

- 你系统寻找一些特定行为的观察。
- 你非正式地（但是有条不紊地）观察，记录正在发生的事件的重要方面。

197 在第一种类型的观察中，你观察到特定的行为，它被称为结构式观察。在第二种类型的观察中，你身临其境，参与、记录并从内部进行观察，它叫作无结构式观察。

如果你从事一个结构式观察，那么你假定社会世界通过棱镜是可视的，这个棱镜可以将社会活动分解成可量化的元素——你可以计算的信息单元。你作为观察者，需要定义这些信息单元是什么。它们或许是个体的动作或语言片段，比如一个儿童用身体触碰另一个儿童，或一位老师问出某一特定类型的问题。结构式观察者必须做的下一件事是设计一些计算这些元素的方式。这可以通过多种方式来实现。

结构式观察

1. 时间记录

这里，观察者的方法是记录目标行为（比如“儿童离开座位”）发生的总时间。你将会获得一个总时间，例如，60 分钟内的 27 分钟。

2. 频数记录

观察者记录每段时间内目标行为的发生次数。你将会获得一个总次数，例如，一段时间内有 4 次。（这也叫“事件样本”。）

3. 间隔记录

你将决定：

- 间隔时间（3 秒、10 秒、20 秒或其他间隔时间——取决于你所研究的事物的复杂程度）。
- 目标个体。
- 行为分类（例如在工作状态、不在工作状态）。

最终你会得到可以用多种方式进行加工的数据。处理这一数据的最通常的方式是，对目标个体比方说在兴趣行为种类上的得分进行计数，然后计算出在可能的观测总数中所占的百分比。

无结构式观察

与结构式观察相反，当你沉浸在某一社会情境中时，你通常作为参与者，为了理解正在发生的事情而进行一种无结构式观察。

这更像是个案研究中的情节。因为研究者成为他们正在研究的情 198
境的参与者，所以通常这种观察又叫参与观察。与这种观察通常相关的民族志学者经常讨论社会生活，仿佛社会生活就是一个或一组舞台，在舞台上，我们正扮演着各种角色（参看第 3 章戈夫曼著作中的讨论）。无结构式观察将着眼于理解这些角色是如何在人生舞台上扮演好自己的。

正如伯吉斯（Burgess，1982）指出的那样，“参与观察”这一术语有点令人困惑，因为它包含的远不仅仅是简单的观察。它需要与人交谈、观察、阅读文档、做记录以及任何其他能让你理解情境的东西。

10.8 基于图像的方法

在这里，照片、视频、纪实镜头、涂鸦、图画、卡通等等都可用作数据资源。尤其是现在，数码照片和视频或多或少是免费的或是可自由使用的，基于图像的方法有力地拓展了观察的范围，并为个案研究开辟了一系列的可能性。基于图像的方法不仅可以毫不费力地嵌入解释性个案研究中，而且可以在大大小小的个案研究中成为记录观察、诱导研究参与者做出回答的一种手段。这一方法的优点很多：

• 你可以更加轻松地让研究关注的对象参与到调查中。研究者和研究对象各自的观察总是简单而纯粹的，基于图像的方法提供了二者之间的交互关系——也就是说，研究对象也可以设定自己的议程，这就使得研究更具有包容性。在对一所中学的青少年的调查中，克雷明等人（Cremin et al.，2011）通过给青少年一台摄像机来探究他们的“声音”。

• 相比于记笔记，你可以更快地捕捉到一幅社会场景。你可以及时地将捕捉到的场景在时间上定格，以便你在空闲时进行后续分析。

• 场景被仔细地加以捕捉，几乎不受人为干扰，从而为随后的解释做好准备。比方说，它不仅比访谈更精妙，而且可以打破冷场，帮助谈话进行。就像施瓦兹（Schwartz，1992：1）所指出的那样，相机是“谈话开始的借口，我拍照时间越久，接触的人就越多”。

199 • 你可以将这一方法应用到个案研究的“过程”中，例如，在序列个案研究或历时性个案研究中（见第 9 章），你可能希望拍摄发生在一段时间内或不同日期的同一情境下的照片。

• 这一方法也可以很容易地与其他方法混合使用。普罗瑟和洛士利（Prosser and Loxley，2008）在一项城市中产阶级化的描述研究中，综合运用了 16 年间的照片、民族志田野调查、扎根理论以及详细的田野分析笔记。

• 借助图片可以使用“照片启示法”，即访谈中出示的照片（或其他图像或视频）可以激发受访者的回答。这对青少年尤其有效，你如果只用文字的话，就很难吸引他们参与到研究中。例如，普罗瑟（Prosser，1992）向小学生和工作人员展示了“吸烟者角落”的照片（见图 10－1），作为比较教师和学生优先次序的方式。

图 10－1　照片启示法：吸烟者角落（经好心的琼·普罗瑟授权使用）

• 普罗瑟和洛士利还指出，图像的模棱两可性以及它的不可预测的、几乎依靠偶然的能力，可能激发出受访者出乎意料的反应。普罗瑟（1998）对这种新兴的方法做了出色的概述。

10.9 测量和测试

测试被用来检查某件事的程度，不论是阅读能力还是血压。测试结果一般以数字形式被呈现。测试既可以存在于简单的非正式的测量中——出于特定的或局部的设计目的，也适用于复杂的标准化的测量。一项非正式的测试可以对已学过的东西或业已存在的知识进行检测。比方说，教师也许会设计一个拼写测试，满分为 20 分。同样，在一项评估性的个案研究中，你可以设计出一项测试来对学习程度进行评估。

测试既可以是常模参照测试，也可以是标准参照测试： 200

• 常模参照测试将被测试者与相似的人进行比较。

• 标准参照测试评估某人是否符合某种标准，而不管其他人在这项测试中表现有多好。

能力和成绩测试通常是常模参照测试，因为它们试图告诉测试者，与其他人相比，被测试者的测试结果究竟有多好。驾驶考试通常是一个标准参照测试的例子，因为测试时没有与其他人进行对比。其他人有多少可以或不可以做到三点调头并不重要——如果被测试者能做到，就意味着他合格了。

10.10 官方统计数据和其他数据资料

令人惊讶的是，官方数据资料很少在学生项目中被使用。然而，正如我在本书中使用的几个例子所展示的那样，你可以掌握基本原理，从而使自己能够很容易地使用这些统计数据来进行个案研究。比如，在霍斯托斯林肯科学学院的个案研究中，仅仅通过谷歌搜索该校的招生和毕业的数据，我就发现这所学校是一个“逆潮流”的好例子。

现在有很多网站可以让你下载非常详细而丰富的数据。英国教育部有着非常珍贵的“英国教育和培训统计数据”（你以这个标题进行谷歌搜索就可以获得）文件。另一个优秀的资源——尤其对于那些从事比较研究的人而言——是由经济合作与发展组织收集的各种统计数据（登录 http://stats. oecd. org/source 或 http://ststs. oecd. org/wbos/index. aspx? usercontext=sourceoecd 可获得）。英国国家统计局居住区统计数据也提供了与英国人口和地区相关的大量信息，比如人口普查数据，内容包括住房类型、汽车数量、出生国、与工作地距离等等（登录 http://www. neighbourhood. statistics. gov. uk/dissemination 可获得）。如果你希望把你的数据与一个地区或全国的综合统计数据联系起来，那么这尤其有用。

获得上述各种类型的数据——不管是英国的、美国的还是国际的——通过浏览艾玛・史密斯（Emma Smith）的卓越网站就可以实现（登录 www. secondarydataanalysisi. com 可获得）。例如，从美国的官方网站可获得行政管理记录、档案材料，包括美国联邦统计局舆情研究、人口普查资料、纵向和同期群调查数据。

201 还有其他一些有用的网站。

• http://gapminder.org 是一个提供国家间数据比较的极好的网站。它不仅能够计算国民收入与公民平均预期寿命之间的关系，还能就这一关系进行 150 多年间的动态比较。在之前喀拉拉邦的个案研究中，我使用的就是这个网站。一定要试用一下这个网站。

• www.census.gov/ipc/www/idb/pyramids.html 为你提供了形象的人口金字塔，显示了一个国家中不同年龄人群的分布情况。

• http://ess.nsd.uib.no 提供了"欧洲社会调查"中欧洲不同国家的一般社会数据。

10.11 本章小结

记住本章只是在讨论用工具——收集数据的工具——来帮助你寻找原材料。它们不构成你的个案研究。然而，好的工具能使你事半功倍。因此，尽管它们不能代替你的分析技巧，但它们的确可以帮助你获得正确类型的数据。一定要努力掌握数据采集工具的范围和种类，并尽可能理解它们。在本章中，我们需要回顾以下工具的运用：

• 访谈：

结构式访问。

无结构式访问。

半结构式访问。

• 描述。

• 日志。

• 小组访谈。

• 焦点小组。

• 数据挖掘。

• 问卷。

• 观察：

结构式观察。

无结构式观察。

参与观察。

- 基于图像的方法。
- 测量和测试。
- 官方统计数据。

在使用这些工具和技巧收集一系列数据后，你会希望对之进行分析。为了分析你收集的数据，你需要思考分析技术，这些技术将会在第 11 章中得到介绍。

10.12 延伸阅读

Bryman，A.（2001）*Social Research Methods*. Oxford：Oxford University Press.

这是一本有关研究方法和数据收集技术的优秀汇编。

McCulloch，G.（2004）*Documentary Research in Education，History and the Social Sciences*. Abingdon：Routledge.

该书有助于理解包括档案、记录、报纸等在内的文献的运用。

Prosser，J.（1998）*Image-Based Research*. Abingdon：Routledge.

这是运用基于图像的方法进行研究的理论和实践方面的权威参考书。

Salkind，N. J.（2004）*Statistics for People Who（Think They）Hate Statistics*. London：Sage.

该书提供基础统计学，或部分不那么基础的统计学的相关知识。

Smith，E.（2006）*Using Secondary Data in Educational and Social Research*. Maidenhead：Open University Press.

这是关于二手数据应用的出色讨论。另参见艾玛·史密斯的网站（网址：www. secondarydataanalysis. com），该网站提供了广泛的包括美国、英国和国际数据网站的详细信息。其中，美国的一个网站可以让你查到记录、档案、美国联邦统计局舆情研究、人口普查资料、纵向和同期群调查数据。

Thomas，G.（2013）*How to Do Your Research Project*（2nd edn）London：Sage.

该书第 7 章涵盖了数据收集，比我这里更详细地介绍了访谈、描述、日志、问卷和观察。

203

第 11 章

分析：个案分析与思考的工具箱

我在第 1 章中曾指出，个案研究有两部分：主题和分析框架（或“对象”）。在我已经提及的所有考虑因素的背景下，你会形成开发分析框架的方式，这些考虑因素将要求你长时间思考你希望你的个案研究是什么样的研究。我举过将第二次世界大战作为主题的例子。就第二次世界大战本身而言，它并不是一个案例。只有在“一场正义战争的个案研究”的分析框架下，这个主题才会派生出个案研究的意义。

所以，作为对象的分析框架是必不可少的。虽然分析框架的发展是至关重要的——毕竟它是研究的核心——但实际上，进行分析的方式几乎同样重要。它是关于你如何进行分析的。

你分析数据的方式有很多。由于我们在这里正聚焦于一项个案研究的分析，因此我将介绍一些寻求整体分析的方法，而非那些鼓励对特定部分进行单独分析的方法。我希望你不会觉得这些是强制性的或者是被推荐的。正如我一直煞费苦心地指出的，个案研究并不是通过一种方法甚至是一套方法来定义的——即使这些方法明显强调整体。相反，个案研究是用于一种情况或一系列情况的容器或包装器，它可能包含一系列需要分析的现象。当然，对这些现象的分析可以根据现象的性质采取多种形式，你可以使用统计数据、社会关系图、网络分析（Thomas，2013）或其他什么方式，它们都是可以分析这些不同元素的令人满意的方式。

然而，你会希望在你的研究中循着一条线索，明确地将你的分析置于整体的背景中。毕竟，这是一项个案研究，它是整体的。因此，我在本章 204
中提供的分析方式强调了整体的观点。也许，这是一种不寻常的分类，绝没有详尽地涵盖所有可用的分析方法，但我将它们结合起来，作为观察模式和发展联系的手段。当然，它们不能替代你的想法。相反，事实上它们需要你的思考，它们所做的就是帮助你的思维进步。

11.1 解释性探究：引出主题

你可能会记得，我在第 8 章中提到解释性探究似乎就是为个案研究而提的。这就像爱情和婚姻一样，因为解释性探究者的出发点，就像个案研究人员那样，是研究情境的不可分割性。解释性探究者一开始就认为情境不可以被分解为变量。我们必须研究人们所建构的发现自己身处其中的情境的意义，并从这些意义出发去理解社会世界。

因此，如第 8 章所述，解释性探究者以访谈记录、非正式观察等形式收集数据。棘手的问题是从所有这些定性数据中提取出一些有意义的东西——以一种有助于一个有用分析的方式解释这些定性数据。定性数据的问题在于它看起来没有形状、没有结构。诀窍是找到连贯性和相似点——看似无定形的海量数据的一致性的地方。此时不应只关注重新出现、未经消化的临时引文，分析需要的不仅仅是这些。分类、排序、发现连贯性、简化、综合，这些都是分析的核心，并且有各种方法能帮助你实现良好的分析。

> 解释性探究者认为，你不能把社会世界分解成像地质学者破碎岩石那样的变量。

持续比较法

持续比较法是解释性探究的基本方法，就像咖喱酱是印度烹饪的基本佐料一样。虽然可能有许多花里胡哨的东西被添加到持续比较法中，但无论如何华丽地点缀，持续比较法总是由简单的原则加以定义的：一遍又一遍地重复数据（这是“持续”的含义），同时将每个元素——短语、句子或段落——与所有其他元素进行比较（这是“比较”的含义）。这就是它的全部，尽管它已经被补充了许多不同的所谓“改进”，你可以在有关研究方法的教科书中找到详细信息。但在我看来，你可能会发现其中的一些“改进”很有用，而大多数“改进”只会让事情看起来比实际困难得多。

205 持续比较过程的基本原则是，你有了捕获或总结数据本质的主题。泰勒和波格丹（Taylor and Bogdan，1984：126）总结了这个过程：

> 在持续比较法中，研究人员同时对数据进行编码和分析，以开发概念；通过不断地比较数据中的特定事件，研究人员提炼这些概念，确定它们的属性，探讨它们之间的关系，并将它们整合为一个连贯的解释模型。

一般过程如下：

（1）检查你的所有数据——阅读访谈记录、日志、无结构式观察记录等，观看视频并收听录音。

（2）制作所有原始数据的电子副本，并将其标记为“原始数据”。现在你有两个副本：原始数据（你不想丢失或损坏的数据）和工作数据文件。把它们分开。实际上，万无一失的办法是将原始数据分别拷贝到记忆棒和硬盘中。

（3）现在，重新命名你的工作文件，添加“工作数据”字样。通读它们。当你阅读时，强调或突出那些看起来很重要的部分。这种给出下划线或突出显示有时被称为编码。如果你有转录的音频或视频，那么请查看或收听此内容。更多的东西来自这种背景。随着你的继续，你会对一些重要的想法或反复出现的主题有一个印象。这些可以被称为临时构建。把它们列入一个清单。

(4) 再次读取数据，使用第一次阅读时的临时构建列表进行检查。绘制一个网格，临时构建在左边，右边为验证结构的页面引用。当你这样做时，在网格上做笔记和观察。

(5) 去掉那些在其余数据中似乎没有得到更多支持的临时构建。但是，不要删除实际数据本身——它可能会成为一个正在出现的一般主题的重要反例。在工作数据记录中以不同的颜色突出显示这些反例，并把它们保留在单独的列表中。

(6) 从第二次阅读中，提出看起来与数据非常吻合的二阶构建。这些再次构建应该能很好地总结数据中的重要主题。 206

(7) 再次审视，提炼这些再次构建，作为最终数据组织的标志杆。你一旦对你抓取出的数据本质感到满意，就把它们标记为最终的主题。

(8) 思考主题。它们之间是如何连接在一起的呢？什么主题与什么主题相匹配？有一致同意的领域吗？是否存在矛盾或悖论？

(9) 找出方法以绘制主题图（见下文）。

(10) 从你的作品中选择好的引文或段落来说明主题。

这些主题或类别是你分析的基本组成部分。请记住，使用解释性探究的目的是让参与者（包括你）在情境下正在构建的意义显现出来。

你可以通过多种方式绘制主题图以显示它们之间的相互联系。主题图的绘制通常是学生使用解释性数据的最薄弱环节。虽然主题的识别很重要，但学生们很少会做到这一点，并没有设法解释想法是如何相互关联的。

绘制主题图

虽然持续比较法可以识别个案研究中的主题，但它本身并没有展示这些主题之间的关系。你需要在你的评论和讨论中清楚地说明这些主题是如何相互关联的。绘制主题图通过以图片形式呈现访谈及其主题，使得主题之间的相互关系更加清晰。

与大多数定性分析一样，绘制主题图开始于持续比较法。一旦你建立了主题，你就可以浏览你的工作数据文件，并找出说明这些主题的好引文。然后，按照这些引文在访谈中出现的顺序，你可以将它们放在页面上的方框中（见图 11-1）。该页面现在变成了你的“地图”。你也可以找到其他一些引文，以某种方式补充或与这些引文形成对比。把它们也放在“地图”的方框中。

207 现在，在方框上端标出主题的名称，如果主题之间的想法有关联，那么用虚线将方框连接；如果一个主题似乎可以以某种方式解释或说明另一个主题，那么用带有箭头的实线将方框连接。

我在图 11-1 中给出的例子是一个主题图，我对一些有特殊教育需要的儿童的支持教师进行了访谈，这个主题图是在分析上述访谈的基础上绘制的（Thomas，1992）。这些教师并没有让儿童独自学习，而是改变了儿童的学习方式，让儿童在课堂上和班主任一起工作。我感兴趣的是他们对在课堂上所扮演角色的看法和感受。他们觉得有用吗？是否存在紧张关系？如果存在的话，那么是哪种紧张关系？从我的访谈和我自己的日志中，作为一名支持教师，我发现了一些与这些问题有关的主题。这些主题有：地位和自尊、地盘意识、威胁与猜疑、人际因素、空想-专业、沟通、组织、学校政策以及角色清晰度。在图 11-1 的访谈主题图中，你会看到 9 个主题中的 7 个被标记了。除此以外，主题图还提供了访谈结果的一种微型表现形式，因为例证性的引用是按照它们在访谈中出现的顺序给出的。

NVivo 分析软件

当你正在做这一切时，请记住现在已经是 21 世纪了，有许多软件工具可以帮助你分析以语言形式出现的数据。例如，如果你有大量数据，那么你可能会发现诸如 NVivo 和 ATLAS 这样的软件包可以为你提供帮助。你所在的大学可能有某个机构的授权，可以让你免费使用这些软件包中的一个或两个。

NVivo 使你能够编码数据——文档、PDF 文件、音频、视频——并将这些数据分类到各主题中。检查数据的过程基本上与我上面提到的持续比较法相同。换句话说，你探索数据、提出初步设想、编写有趣的代码、搜索数据的相似性、标记这些相似性、将数据分到各个“节点”下，并最终获得最后的主题。

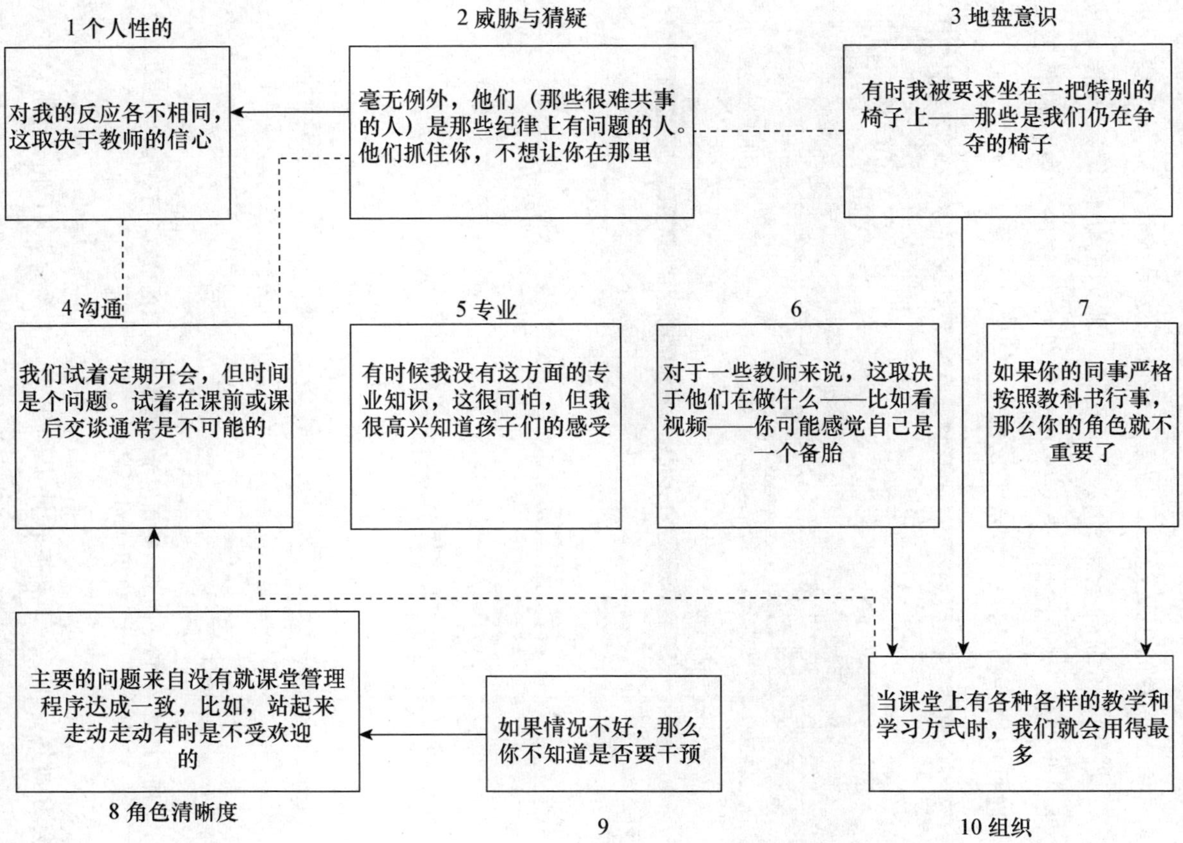
1 个人性的
对我的反应各不相同，这取决于教师的信心
2 威胁与猜疑
毫无例外，他们（那些很难共事的人）是那些纪律上有问题的人。他们抓住你，不想让你在那里
3 地盘意识
有时我被要求坐在一把特别的椅子上——那些是我们仍在争夺的椅子
4 沟通
我们试着定期开会，但时间是个问题。试着在课前或课后交谈通常是不可能的
5 专业
有时候我没有这方面的专业知识，这很可怕，但我很高兴知道孩子们的感受
6
对于一些教师来说，这取决于他们在做什么——比如看视频——你可能感觉自己是一个备胎
7
如果你的同事严格按照教科书行事，那么你的角色就不重要了
主要的问题来自没有就课堂管理程序达成一致，比如，站起来走动走动有时是不受欢迎的
8 角色清晰度
如果情况不好，那么你不知道是否要干预
9
当课堂上有各种各样的教学和学习方式时，我们就会用得最多
10 组织

图 11 - 1　访谈主题图

图 11－2 给出了一个项目中 NVivo 页面的示例，我及我的同事丽兹·埃利斯（Liz Ellis）和丽兹·霍奇（Liz Hodges）一起参与了这个项目（Ellis and Hodges，2014）。这是一个由聋盲人慈善团体资助的项目，探索乌谢尔综合征患者的生活经历。乌谢尔综合征是导致聋盲症最重要的单一原因。42 名乌谢尔综合征患者接受了访谈，他们的访谈记录被转录成 Word 文件。我们将 Word 文件导入 NVivo 软件中，软件对数据进行编码并对节点进行识别。图 11－2 显示了这些节点。

209

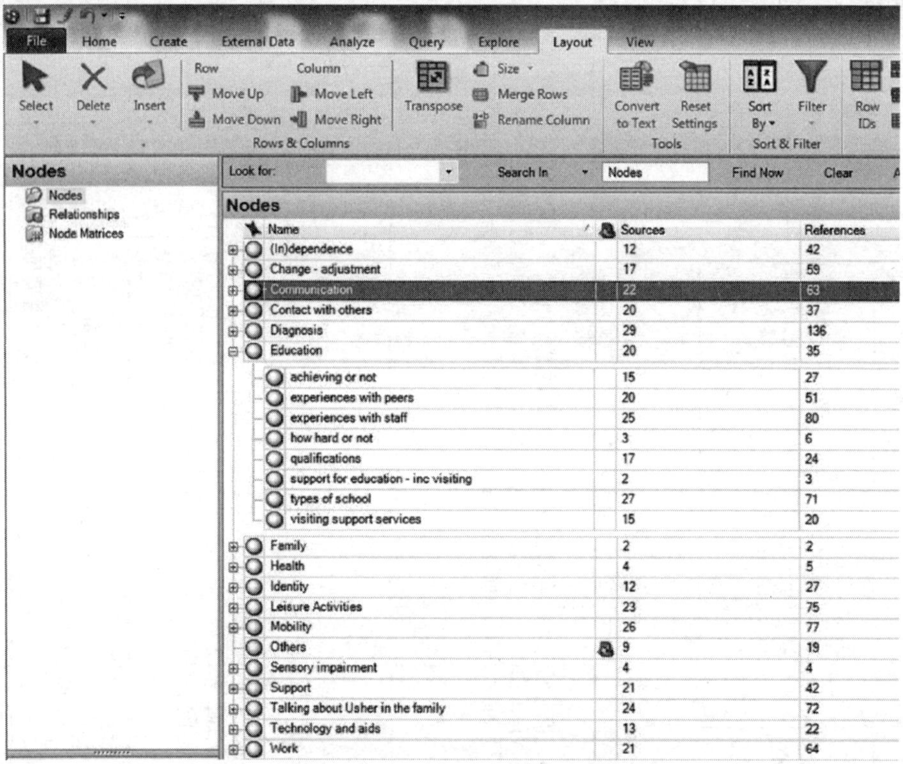

图 11－2　NVivo 的部分页面展示了乌谢尔项目的节点和子节点
（Ellis and Hodges，2014）

你会看到共有 17 个节点被软件识别出来。“教育”（Education）节点已经扩展并显示出 8 个子节点。“来源”（Sources）列显示了有多少位受访者对每个节点进行了引用，而“引用”（References）列显示了主题（即由该节点编码的引用）总共出现了多少次。因此，对于醒目的“交流”

(Communication) 节点，22 位受访者提到了被编入该类别的内容，而在所有的访谈中，总共有 63 位受访者提到了交流。

NVivo 有一些有趣的功能可以添加到分析中。例如，你可以通过创建一个“模型”来显示节点之间的关系，这与绘制主题图的方式非常相似。

有一本 NVivo 软件的入门指南，可以在线找到 PDF 格式的文件。这个文件解释了该程序的更多特性和功能。

扎根理论 210

扎根理论（Glaser and Strauss，1967）是一个常用的术语，用于描述从定性数据中绘制主题的过程——或更广泛地说，描述解释性研究的整个过程。很多人说他们正在使用扎根理论的方法，但事实上他们的意思是，他们使用的是持续比较法。有些人说起扎根理论，就好像它是解释性探究的同义词一样——甚至好像所有的解释性探究都依赖于它。扎根理论不是解释性探究的同义词，解释性探究也不都依赖于它。

也许我有点迂腐，但我发现收集所有解释性的东西并称之为“扎根理论”有点令人恼火。解释性探究好比“冒牌老爸”，扎根理论是一套用于解释性探究的技术。事实上，扎根理论背后的许多假设——例如，扎根理论能够预测——似乎是不适当的，现在已经过时了，我在其他地方探讨过这一点（Thomas and James，2006）。林肯和古巴（Lincoln and Guba，1985：339）提出了与我类似的批评，认为持续比较是扎根理论值得保留的核心。

扎根理论的有益之处在于，它提供了对解释性探究本质的简洁概括，因为它强调了你沉浸于情境并产生思想（“理论”）的方式。当然，这与你用固定的想法（固定的“理论”）对可能发生的事情进行个案研究的打算相反。但是，重要的是要注意，许多评论人士质疑，人们可以在多大程度上理清现有思想和理论，并允许这些思想和理论不受损害地从数据中被提炼出来（再次参见 Thomas and James，2006）。换句话说，人们应该承认已经建立的思想和理论可能对通过个案研究调查所得到的启示、解释和理解有所贡献，这就是在方法论章节中讨论立场如此重要的原因——以便读者能够对这些解释的起源有一些了解。

扎根理论编码

因此，你可以在解释性探究中想出一些不同的词来描述类似的编码过程和主题制作过程。值得一提的是，像斯特劳斯和科尔宾（Strauss and Corbin，1990）这样的扎根理论家在为主题建立而编码的过程中有特殊的术语。他们特别谈到了开放式编码、轴向编码和选择性编码：

- 开放式编码是第一阶段。在这个阶段，对数据进行梳理、检查，在数据之间进行比较并开始对数据进行分类。如果你愿意，那么这是你使用彩色荧光笔标记文本的部分：它是我在讨论持续比较法时提到的“临时构建”的标识。

211 • 轴向编码是第二阶段。在这个阶段，你将开始理解开放式编码。在这个阶段你要问自己诸如“什么和什么有关?”“我们怎么称呼这组评论?”“这些想法与那些想法有何联系?”等等这样的问题。这里，你可以为你的编码想出一些标签——类似于在 NVivo 中使用的“节点”标签，或者我在前面的持续比较法中提到的“二阶构建”。

- 选择性编码是绘制主题的最后部分。正如斯特劳斯和科尔宾所说的那样（1990：116），它是“选择核心类别、系统地将其与其他类别相关联、验证这些关系以及填写需要进一步细化和发展的类别的过程”。在这个阶段，你可能正在绘制我前面讨论过的主题图。

深描

如果你有足够的信心，那么你可能希望放弃持续比较法及其衍生工具所提供的系统化，并依靠“深描”方法。伟大的人类学家克利福德·格尔茨（1975）在解释主义圈子中普及了“深描”一词。它指的是在情境中理解一个行为——例如点头、一个词或一个停顿，并在描述的过程中运用“人类知识”来解释这一行为。

格尔茨（1975：9）认为，在解释意义时，你不能仅仅是一个“密码员”。换句话说，你不能在没有行为发生背景的情况下“轻描淡写”地报告事情。他使用的例子是哲学家吉尔伯特·赖尔（Gilbert Ryle）最初使用的例子（他也从赖尔那里借用了“深描”的想法），即三个男孩都动了眼睛，其中第一个男孩是无意地抽动眼睑，第二个男孩是眨眼示意，第三个男孩是对第二个男孩眨眼示意的恶作剧模仿。是什么使无意地抽动眼睑变成了眨眼示意，又是什么使得眨眼示意变成了恶作剧模仿？正如格尔茨所说的那样，是“行为的一点一滴，文化的一点痕迹，以及一个姿势”。诀窍是，在报告你的观察结果时，要弄清楚在社会情境下发生的究竟是无意地抽动眼睑、眨眼示意还是恶作剧模仿。你怎么知道哪个是哪个？解释研究者必须告诉读者。

你在提供深描的同时，也在提供分析。在情境现场，你可以通过巧妙地反思、想象、设身处地地为他人考虑，并真正地解释别人的所作所为来做到这一点。为了做到这一点，你运用的不仅是关于人的知识，还包括关于人们生活及居住的环境——他们行动的舞台的知识。如果你选择做这种深描，那么它将有助于你了解你所观察到的情境。

这种利用你现成的知识——人类的知识——的好例子可以在伟大的社会学家欧文·戈夫曼（1956）的《日常生活中的自我呈现》一书中找到。在这本著作里，戈夫曼打开了一个存放着人们社会生活中各种行为举止的宝库。人们在社会生活中的行为好像他们在舞台上的表演一样，总是表达着某种意义。戈夫曼在做这件事的时候，运用的正是深描的方法。

词云 212

考虑使用诸如“词云”之类的工具来展示你收集的语言数据。我把本章的前几页粘贴到了一个名为“Wordle”的程序中（程序可在 www.wordle.net 上找到，结果见图 11－3）。我不得不承认，本章中的词语生成了一种相当沉闷的词云，但如果你在一个比较个案研究中将长时间的、非结构化的访谈记录进行对比，那么该程序可能会产生一些非常有趣的比较结果。你可以选择你的词云形状——我相当喜欢用足迹形状来展现词云。

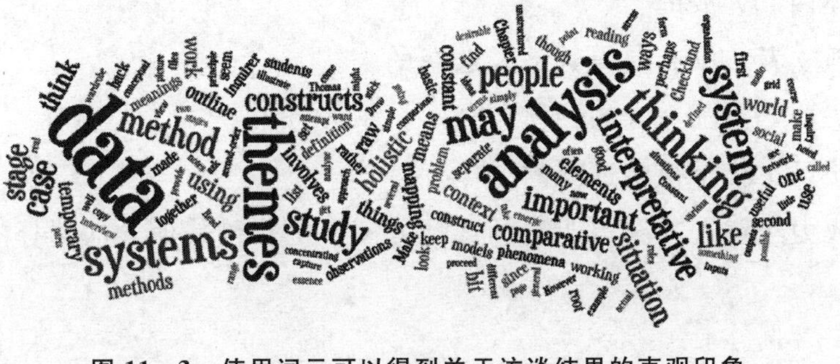

图 11－3　使用词云可以得到关于访谈结果的直观印象

11.2 社会关系图

社会关系图对于映射人与人之间的关系非常有用。因为社会关系图提供了关于群体动态的有趣见解，它们经常被用于个案研究。值得注意的是，保罗·威利斯（Paul Willis）在《学做工》（1981）一书中使用了这些词。威利斯利用各种分析手段解释了他所观察的“汉默镇”学校里的学生是如何对学校产生敌对的情绪的。威利斯发展了“学校反文化”的概念。他把有关反文化理论叙事的发展与个案研究本身的观察和说明结合在一起。作为其中一部分，威利斯使用了社会计量学。

图 11 - 4 给出的社会关系图改编自我对巴纳多儿童慈善机构所做的研究，这家慈善机构旨在将身体有残疾的儿童纳入主流学校。小学一年级的儿童被要求悄悄地说出他们愿意和谁坐在一起或者和谁在一起玩。

社会计量学涉及询问受访者想坐在谁的旁边或想与谁合作，或者相反，他们不想坐在谁的旁边，等等。对于每个人的选择，都会绘制一个箭头来显示选择的方向。如果选择受到了他人的回应，箭头就会变成双向。

214 从社会关系图中，我们可能会发现各种各样的特征：

- 单向选择，有人选择他人，但这一选择没有得到回应。
- 相互选择，个体之间彼此选择。
- 小团体，由三个或三个以上的人组成的紧密的团体，他们的选择都是在团体内部完成的。
- 孤立者，没有获得其他人选择的人。
- 集群，范围更大的团体。
- 明星，获得很多选择的个体。
- 权力经纪人，获得明星的选择但不一定获得其他人的选择的个体。

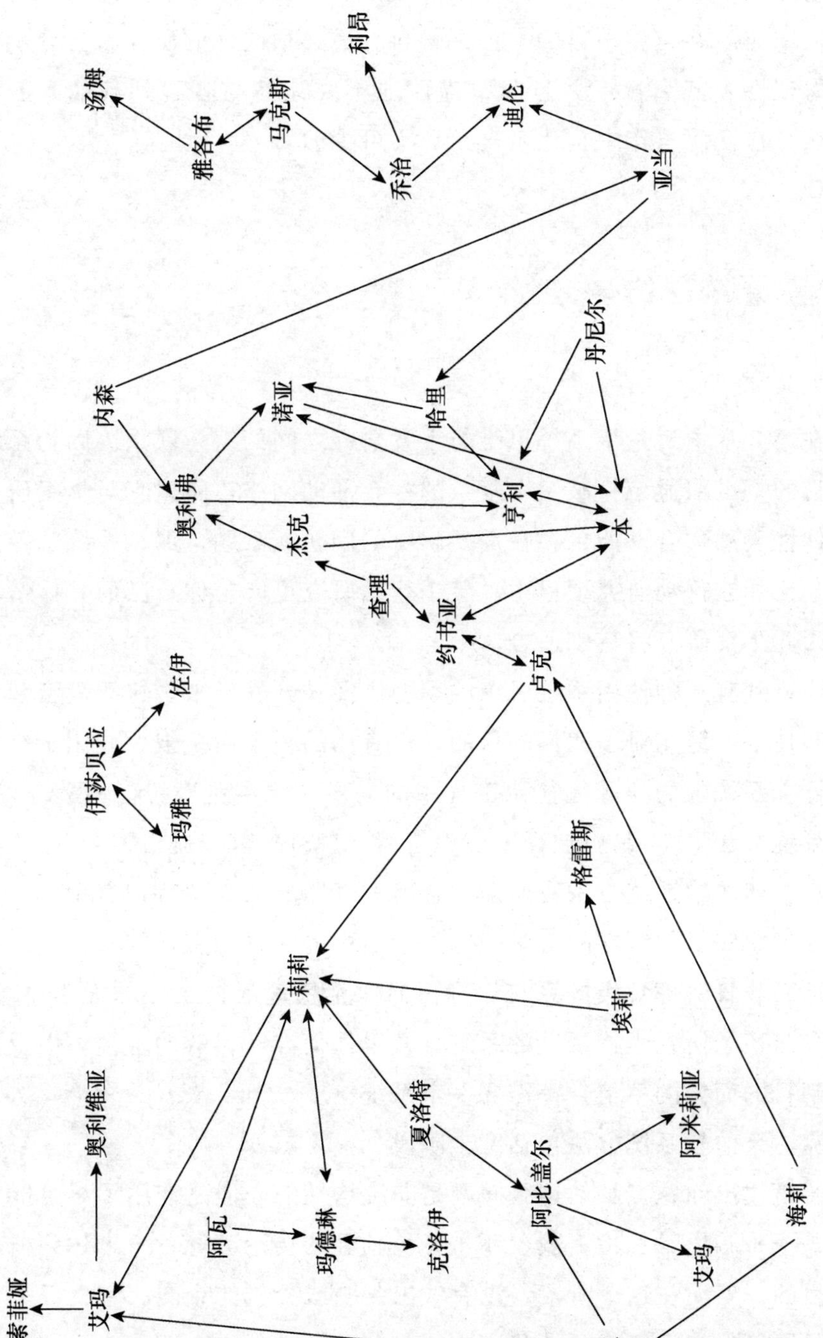

图 11-4　儿童座位选择的社会关系图

社会计量学涉及一些重大的伦理问题。需要认真思考所提出问题的措辞，以及如何向参与你项目的人提供材料。你必须向你的研究参与者承诺绝对的保密性和匿名性，并且非常谨慎地不要让参与者看到其他人的评价。当然，在任何写作中，化名都是必不可少的。

11.3 系统思维

我在第 3 章中讨论了系统思维与个案研究之间的密切联系。因为系统思维的目的是试图避免打破一个复杂的社会活动网络，所以它与个案研究强调整体性天然吻合。如果存在需要解决的问题或难题，那么系统思维尤其有用，比如在行动研究项目中。鉴于行动研究可能与你自己的具体情境有关，因此个案研究将特别适合。

我注意到有几种使用系统思维的模型已经被开发出来。这些模型起源于科学和技术，但相对于我们的目的，最有用的一个模型被设计用于社会系统。社会系统中的问题往往比工程中的问题“更混乱”。这一模型被称为“软系统方法论”，是由彼得·切克兰德（1981）首先提出的。

切克兰德的软系统方法在所谓“合目的性”的系统中特别有用。你可以想象你的家庭、你所在的大学或工作生活中的一系列有目的的系统，比如在垃圾回收日清理垃圾的系统、确保向学生快速反馈工作的大学系统、让父母参与孩子所在学校活动的系统。几乎任何涉及目的的事情，以及人们为达到目的而做的事情，都需要一个系统。

215 切克兰德的软系统方法包括 7 个阶段：

（1）概述出问题。虽然这个问题是非结构性的，但是使用了尽可能多的方法——头脑风暴、检查表、库尔特·勒温的场论等等——来达到概述问题的目的。然而在这个阶段，没有做出判断或分析的企图。它仅仅关注事实，尽可能保持事实的原始状态。

（2）试图将问题组织成其构成要素。绘制出一幅“丰富图”——意思就是一幅图画。丰富图是由各种元素组成的草图，显示了这些元素是如何连接在一起的。绘制出符号图，用思想泡泡来显示他们的恐惧和希望、一致和冲突。

(3) 这也许是最重要的阶段，涉及进入系统思维——有点像穿过衣橱门进入纳尼亚王国[①]。在这里，我们必须写出“根定义”，内容类似于“在 D 的背景下为实现 C 而通过 B 来完成 A 的系统”。根定义涉及系统情况的 6 个特征：

a. 顾客（customers），那些从系统受益的人。

b. 演员（actors），将输入转化为输出的人。

c. 转换（transformation），从这个到那个、从 A 到 B、从输入到输出的转换。

d. 世界观（Weltanschauung），更广泛的背景和世界观。

e. 拥有者（owners），那些“拥有”这个问题并希望问题得到解决的人。

f. 环境（environment），环境设置的约束。

切克兰德给出了一组缩写为“CATWOE”的考虑事项，它由上面列出的 6 个特征的名称的首字母组成。这可能有点令人困惑，因为在一个简单的系统中，同一个人或多个人可以扮演多个角色（例如，演员可以同时是所有者）。根定义（参见上文）使我们能够从系统的角度思考人们所扮演的角色、他们可能持有的价值观和目标、谁掌握权力以及权力在系统中如何运作。

(4) 在这个阶段，你可以考虑事情会如何变化。你开发了切克兰德称之为“概念模型”的东西。当你这样做时，你可以随心所欲地发挥创造力，想象事情会如何发展。你应该考虑什么是系统中的“必备项”，什么只是简单需要的。

(5) 你现在穿过衣橱门回到现实世界。你将来自概念模型中的理想与现实世界进行比较。你要问为什么现实和理想不一样。

---

① 《纳尼亚传奇》是安德鲁·亚当森（Andrew Adamson）执导的动作冒险电影。该片讲述了佩文西家的四个小孩——彼得、苏珊、爱德蒙、露西意外进入一个叫作纳尼亚的魔法王国，并在那里经历了一连串冒险的故事。其中奇特的衣橱正是进入纳尼亚王国的入口。——译者注

216 （6）根据你在第5阶段所做的比较，来看看哪些更改是可取的和可行的。

（7）建议采取行动改善这一问题。

虽然这一切看起来可能有点死板和机械，但我更愿意把它看作一个思考的框架，使用“让我们着眼于系统思考的整体图景”。迪克（Dick，2002）对该方法进行了有用的总结。他说切克兰德方法的核心在于（见图11－5）：

> 现实世界与应然世界模型之间的比较。通过这种比较，我们不仅对世界有了更好的理解（“研究”），也有了一些改进的想法（“行动”）。研究人员从一个现实世界的问题开始。他们研究了包含这个问题的系统。在此之后，他们开发了一些关于这些系统如何更好工作的模型……然后，将“理想”模型与实际情况进行比较。模型与现实之间的差异成为计划更改的基础。

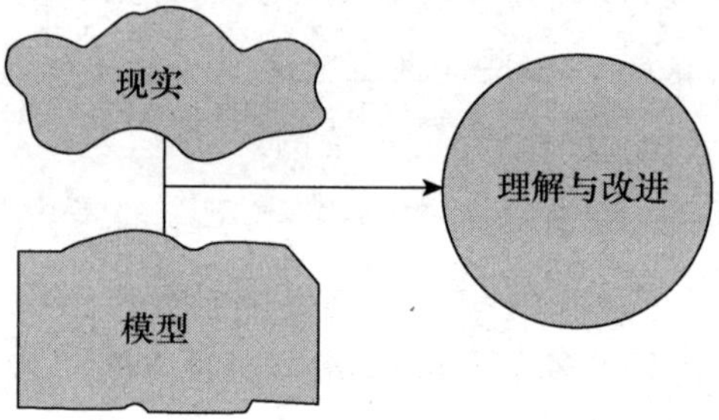

图11－5　切克兰德软系统方法的迪克版（2002）

切克兰德提供了一些示例，如果你希望更详细地了解这个方法，那么查看他的书是很有用的。图11－6给出了该方法的摘要，图11－7给出了一个应用示例。

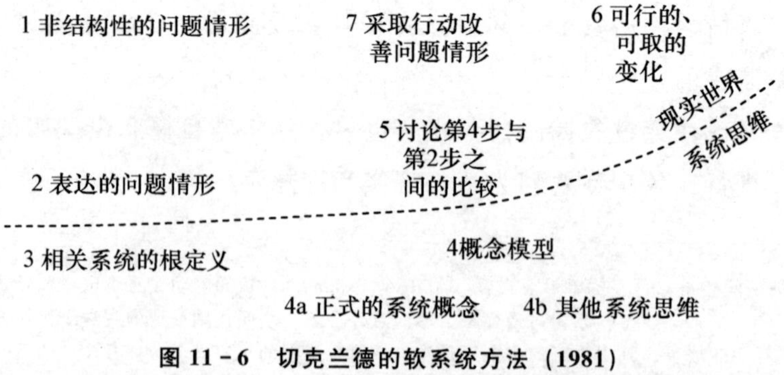

图11－6　切克兰德的软系统方法（1981）

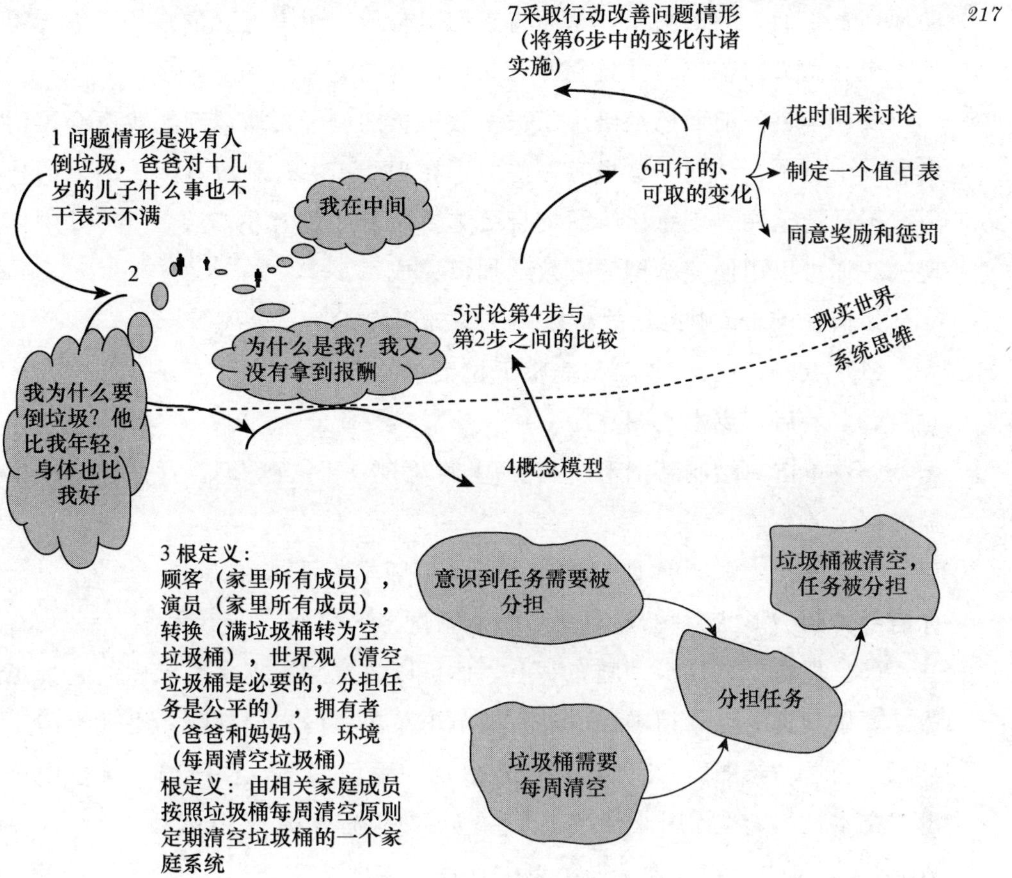

图 11－7　软系统方法的应用示例

11.4　绘制故事板——基本要点

在第 2 章中，我讨论了如何在个案研究的发展中使用故事板，但故事板不仅仅是图片。你还记得电影《终结者》中的那个场景吗？在那个场景中，机器人用所有破碎和熔化的碎片重建了自己。这就是故事板能为你发挥的作用。这有点像一块硅片，上面有关于构建个案研究（而不是机器人）的指令。它使你能够查看个案研究包装中包含的所有不同元素，并帮助你理解它们之间的关系，从而将它们组合成一个有意义的整体。你会得到一个有意义的整体，并且它的意义比部分的意义之和还要多。

218 我在本书的前面已经给出了很多故事板的例子，所以现在我不会再给出另一个例子。然而，这里有一些关于在 Word 中绘制故事板的细节的技巧。不过请记住，创意比绘图本身更重要，有些创意不需要在 Word 中体现——你可以用便笺纸同样有效地加以完成。

如何在 Word 中绘制故事板——基础课程

（1）点击“插入”。等待完整下拉菜单的出现。

（2）然后，点击“图片”。

（3）单击“绘制新图形”，页面上将出现一个“画布”。这是你的故事板的框架。

（4）注意：如果你使用的是 Word 7 版本，那么在点击“插入”后，你需要转到“形状”，然后单击“绘制新图形”。

（5）现在，在这个“画布”上，你可以放置文本框来展示你的基本想法。要做到这一点，请确保通过右键单击菜单栏的空白部分，出现绘图工具栏，勾选“绘图”，绘图工具栏将出现在页面底部。在绘图工具栏中单击“文本框”，然后用小十字标记展开文本框并在框中填写内容。（在 Word 7 版本中，在“插入”菜单中查找文本框。）

（6）要在两个文本框之间绘制曲线，请在绘图工具栏中单击“自选图形”，然后单击“连接符”（在 Word 7 版本中，单击“插入”，选择“形状”，然后选择“线条”）。选择所需“连接符”的种类，然后将连接符的末端“浮动”到你想要连接的文本框上。松开点击，连接符在两个蓝点之间相连接。现在，当你在“画布”上移动文本框时，连接符会与文本框保持一致移动。

（7）随心所欲地移动文本框，改变它们的形状或其他什么。一切由你来掌控。

如果你觉得这样做太费时间了，那么你可以手工绘制或使用便笺纸，但在 Word 上绘制故事板不像听起来那么难。如果你花上几个小时的时间去绘制它，那么你会发现这是很值得的。如果你还想继续，那么下面是高级课程。

如何在 Word 中绘制故事板——高级课程 219

(1) 稍后，你可以通过单击其中一个箭头或线条，然后单击绘图工具栏中的“线型图标”来更改线条的“磅值”，选择你想要的线条磅值。

(2) 你可以更改文本框的形状。点击文本框的外部，使外部出现阴影，并且文本框中没有光标，然后点击“绘图”，等待完整菜单出现，接下来单击“改变自选图形”，将出现一系列选项，你可以选择任何你想要的。

(3) 如要绘制一个疯狂的圆圈，请单击“自选图形”，然后选择下拉菜单中的“线条”并选择“曲线”。练习并使用它。你需要将光标移到接近圆圈的某个位置（显然，圆圈有点粗糙也无关紧要），当你在一个圆圈内移动时，反复点击和松开左键。当你接近终点时，你会发现圆圈的两端会神奇地连接到一起。然后，通过点击角点，你可以放大或缩小这个形状（就像你在绘制完任何形状后可以做的那样）。

(4) 如要在这个疯狂的圆圈中写字，你需要在这个形状上放置一个文本框，然后在文本框中写入文字。如果文字消失或者文字没有显示，那么你需要点击“绘图”，点击“叠放次序”，选择“置于顶层”或“上移一层”。

这就是它的全部内容。在这里，我无法教你所有你需要知道的东西，但是你可以尝试一下，这样做你有越来越多的收获。

11.5 发展你的理论

我的分析和思考的工具箱还涉及发展你的理论，因为我将理论视为一种工具（Thomas，2007）。理论是一种可以用于任何设计框架的工具，不仅仅是对于个案研究，但它对于个案研究尤其重要，因为理论就像胶水一样将整个东西黏合在一起。

220 理论可作为黏合剂吗？理论可作为工具吗？是的，我把两种隐喻混合在一起。我认为理论两者都可，但让我们首先从理论作为黏合剂开始。

理论作为黏合剂

我已经说过，你的个案研究就像一个包含你所有探究细节的包装袋。探究是由一个时刻节点、一个人、一个地点或其他什么来加以定义的，你的工作通常是深入挖掘“如何”和“为什么”。通过这样做，你将会积累一些你需要理解的宝贵数据。要让所有的数据提供有用的意义构建的片段，你需要以某种方式将它们连接起来，这就是理论的用武之地——它将X、Y和Z连接起来，并将它们整合在一起。

理论将各个要素“整合在一起”是很重要的。与其把理论说成是黏合剂，倒不如把它视为你研究的“肌肉”和“肌腱”——把一个部分固定在另一个部分上，同时又能让它们相互表达和交流。

理论作为工具

伟大的社会学家皮埃尔·布迪厄是鼓励我将理论视为工具的人。他在谈到自己的著作时说（Wacquant，1989，转引自 Jenkins，1992：67）：

> 毫无疑问，我的著作中有一种理论，或者更准确地说，有一套通过理论而产生的看得见的“思维工具”，但这套思维工具并不是这样构建的……这套思维工具是一种为了经验工作并通过经验工作而成形的临时构建。

对于布迪厄来说，理论就是为了某个目的而存在的。理论的目的不在于探究，理论本身也不是它的目的，它必须完成一件事，那就是帮助解释你的发现。它随着你的需要来来去去。它可能会像流星一样稍纵即逝，给你一闪而过的灵感。

这种理论转瞬即逝的想法有时与社会科学中所持有的关于理论的观点不一致。有时候，我认为，人们认为理论是探究的终点，但布迪厄建议——在我看来是极好的建议——理论是一次性的。理论本身固然重要，但理论提供的解释更重要。当我用一次性剃须刀刮胡子时，这个过程的重要部分是我光滑的皮肤（我希望如此），而不是剃须刀本身。在沐浴后，我不会带着剃须刀去上班并向我的同事们炫耀，而且当剃须刀变钝时，我会将其处理掉。

另一位社会学家霍华德·贝克尔（1998：3）认为，理论是一种“概 221
括技巧”的集合，这种技巧有助于解释和意义的理解。在个案研究的背景下，这个观点可能有点令人困惑，因为我一直在不遗余力地指出，你不能从个案研究中概括出一般性的结论来。然而，通过添加“技巧”一词，我认为贝克尔的意思与通常意义上的概括截然不同。他所谈论的是我们对我们的发现做出有意义的解释的能力。这些要素是如何整合在一起的？出现了什么见解？展现了什么模式？在这里，概括意味着寻找模式，提炼或发现要素之间的联系。理论就是寻求想法之间的桥梁。

> 发展理论并不仅仅是与马克思或弗洛伊德的理论这样的“大理论”联系起来。发展理论就是建立要素之间的联系，确认问题并对问题提供合理的解释。

你如果没有丰富的经历，就不能为不同观点和想法提供广泛的资源，在理论与数据之间架设桥梁就很难做到。然而，运用我在本书中概述的一些方法——例如故事板、系统思维、持续比较你的数据——你就可以表明你已经仔细权衡了一些想法，批判性地审视了它们，并试图在你正在发展的叙述中形成相互联系；你尝试着开发出主题；总是试图扩展你所做的和你发现的东西的理论化过程。这样，你不仅可以展示你在研究中所发现的内容，而且能展示你的创造性和洞察力。

理论化的过程不仅能使你看到你所收集到的数据之间的联系，而且能把你的阅读以及你对世界的了解融入你的故事。你能利用你自己的经验做些什么（比如去别的国家旅行）？经常试着去发现一件事与另一件事之间的相关性，并收集和整理你的想法、突然迸发的好主意和灵感。

总之，理论涉及：

- 审视想法之间的联系。
- 注意模式存在的地方。
- 从数据中抽象出思想并提供解释。
- 将自己的发现与他人的发现联系起来。
- 有见解和洞察力。
- 批判性地思考自己和他人的想法。

下面举个例子：

222 凯拉正在美国一所大学学习媒体研究课程，并参加了一个交换项目，这个项目允许她在英国学习一年。

在英国过了一段时间之后，凯拉观察到美国和英国的媒体在处理国家日常新闻的方式上有显著的差异。她猜测，在英国似乎有一种反思性的批评，几乎是惯常的贬抑性语气，且总夹杂着一些对立的情绪。

她的初始问题是：英国新闻界与美国新闻界在批评和反对的语气方面有什么不同？其中的原因可能有哪些？对公共话语会产生什么影响？

她从以下方面进行文献回顾：

- 对比大西洋两岸新闻学的思想史，审视在不同的环境下国家规模和政治忠诚产生的影响。
- 考察英国报业巨头如比弗布鲁克和罗瑟米尔对人口密度非常高的英国市场的影响。
- 将英国这种情形与美国历史上较为分散的地方事务状态进行比较。
- 审视大众传播可能带来的变化。
- 注意到该领域领军人物提出的建议——例如哈罗德·埃文斯（2000）等人的忠告，他们告诫人们不要为了试图给故事添油加醋而本能地反对对手。

通过文献回顾和文献思考，在自己的非正式观察的启发和支撑下，凯拉正为她的初始问题带来理论的元素。答案已经开始浮现——这里和那里形成了想法结晶，她随时准备去跟踪和建立。这些都还是有待进一步研究的刚萌芽的理论。

虽然凯拉的初始问题并不需要太多的重新表述，但她还是更精确地修改了它们，以便强调她所感兴趣的方面：

- 在美国和英国，报纸报道一般新闻的方式有什么不同吗？
- 如果有所不同，那么是如何在话语中体现出差异的？
- 话语上的差异是否会更普遍地影响新闻和公共话语的本质？

这三个问题中的第一个不能用个案研究来回答，因为它要求在大西洋两岸的同类报纸中选取具有代表性的报道样本。所以，用正式的话语分析对匹配报纸上的故事进行比较，是凯拉在她的调查的第一部分回答这个问题时所做的。由于这与我们的个案研究主题无关，因此我们不深入研究这一点。

然而，第二个和第三个问题适合运用个案研究进行探索，所以凯拉决 223
定在两个月的时间内对两家报纸——《卫报》和《纽约时报》——进行比较个案研究，特别是对类似或大致相同的新闻的报道方式进行比较。

凯拉对现实满足她的期望的程度感到惊讶。她发现了一个对像天气这样无伤大雅的事情的新闻报道方式不同的例子。第一篇来自 2010 年 2 月 6 日的《纽约时报》，是关于华盛顿特区特别猛烈的暴风雪的报道：

> 随着大雪将华盛顿这个充满纪念碑和购物中心的首都重塑成了一个软冰激凌形状的明信片般的小镇，华盛顿的硬邦邦的边缘变得柔和起来。这些曾经是停在雕像和汽车上的空气动力学意义上的小水滴：一个失落文明的掩埋机器。

与此形成对比的是，英国《卫报》的一篇报道称，就在华盛顿创纪录的大雪前一个月，英国的冬天异乎寻常的寒冷。

> 英国地方政府协会的一位发言人坚称，负责清理多条道路的市政委员会已经做好了准备："据我们所知，全国有足够的盐供应来应对当前的寒流。每个委员会在结冰的路上撒多少盐取决于当地的情况以及他们会遇到多恶劣的天气。"

显然，从对两份报纸报道的简单比较中，我们无法得出一般性的结论。虽然凯拉并不能说这些具有代表性，但是这些报道确实例证了凯拉两个月间在这两家全国性报纸上深入观察的文章中所注意到的总体对比。她注意到，英国的大部分报道带有"防御性的、刻薄的和急躁的"语气，经常寻求分摊责任，即便像这样的自然事件也不例外。这种语气在美国的报道中并没有出现。凯拉的深入分析确定无疑地证实了调查的结果，从而回应了她的第一个问题——两国新闻业的性质存在差异。

在给出这个一般性的发现时，凯拉能够对比上面给出的报道摘录。在这样做的过程中，她能够指出美国报纸上的报道所表现出的喜悦感，并将其与英国报纸中只关注自身的语气进行了比较。她还能够在此期间涉猎其他新闻报道，比如温哥华冬奥会负责人就奥运会的遭遇提出申诉。他的申诉完全集中在英国媒体上。有趣的是，他提到的其中一篇据称尖刻的报道来自英国的《卫报》，《卫报》曾声称本届奥运会有可能被认为是“奥运史
224 上最糟糕的”。《温哥华太阳报》的头条是“指望英国媒体走低调的道路”，其第一句话是：“如果早先冬奥会设有牢骚金牌，那么英国媒体将永远霸占这块奖牌。”

这两份报纸的报道是构成凯拉比较基础的一个很好的主题。运用她的核心个案比较，她因此能够在文献回顾之后反思她早期的理论，接受或抛弃她早期的一些想法。她还可以进一步考虑其中的一些问题，接受在紧绷的英国市场中涌现出来的对抗主义思想。在这一市场中，报业老板可以利用日常新闻来宣传政治意味浓厚的消息。

那么，这就是第二个理论元素，将原先的观点、涌现出的想法与经验发现结合在一起，并提出新的解释思路。这些新思想关注的是两个不同国家环境下话语的对立性质，即使这不是以党派为基础的。凯拉猜测，它影响了各种各样的话语，甚至延伸出一种反智主义[1]，如《纽约时报》报道中的“失落文明的掩埋机器”。她猜测，在英国更加愤世嫉俗的话语环境中，这种情况是不会被容忍的。她的讨论涉及这在多大程度上更普遍地影响了知识氛围（见图 11－8），她试图在进一步阅读的背景下讨论这个问题。

① “反智主义”，又称“反智论”，是与“理智主义”或“理性主义”相对而言的某种思想倾向，主要显示为对人的理性能力、智力活动乃至知识本身及其作为特定载体的知识分子阶层的蔑视、抵制与反叛。一般认为，该概念源自美国历史学家理查德·霍夫斯塔特（Richard Hofstadter）的《美国生活中的反智主义》一书。——译者注

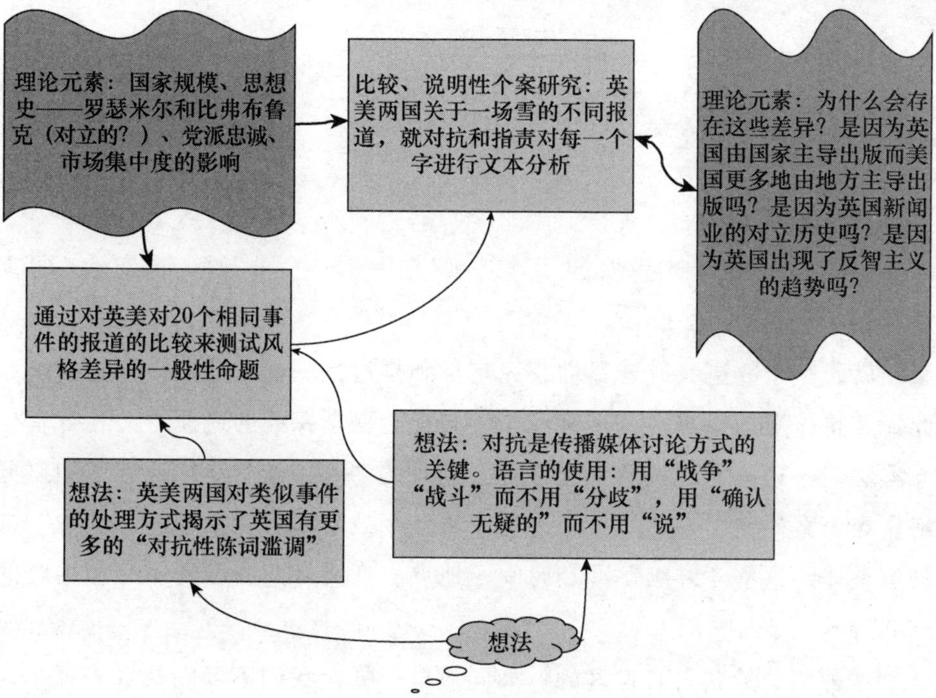

图 11－8　发展和运用理论

随着研究的不断深入，“理论化”和“理论”将呈现出多种形式。有两个阶段： 225

（1）将你的分析置于之前发生过的所有事情，特别是你的文献回顾的背景之下。

（2）将研究发现联系在一起——交织想法、观察模式——然后把所有这些编织在一起形成理论。

在做这一切时，重要的是用你的大脑去尝试理解正在发生的事情——在你前进的过程中理解它。

艾略特·艾斯纳（Elliot Eisner，1991：238）认为，理论化是一种“折中的艺术”，我们把事物放在一起，做出多种解释，搭建桥梁，通过类比进行推理。他呼吁“有说服力的洞察力而非真理”。

11.6 使用叙事

在整本书中，我都强调了个案研究中叙事——故事情节——的重要性。

就像一个故事具有连贯性、完整性和推进性一样，个案研究也必须如此。从整体上加以审视，你避开了许多社会科学探究的还原主义和分解主义方法——这些方法试图将连接社会现象的"连接线"和"纤维"加以分解。在个案研究中，你必须通过保留将整个故事结合在一起的"纤维"来理解整体。这些"纤维"涉及时间、地点、意义、意图以及所有相关联的东西等等。

这种相互关联是有道理的，如同故事一样。我们不可能只看一页小说就理解小说。我们也不能通过提取和分析那些包含角色名字的句子，就找出角色的个性——如果我们一定要这样做的话，我们就可能会形成一张非常扭曲的角色画像。相反，每个角色都只有在整个故事中才能得到理解。个案研究也是如此。

不仅如此，故事本身的结构也起了很大的作用，比如有关动机、意图、嫉妒和善意的假设。这些都是我们从日常经验、对生活的理解中所了解到的东西，我们利用这些经验和这些理解来解构个案研究的叙事。

伟大的教育家、哲学家杰罗姆·布鲁纳（Jerome Bruner，1997：126）甚至认为，叙事是所有意义创造的核心，即便它是科学意义创造：

> 科学制造的过程就是叙事……我们玩弄思想，试图创造反常，试图找到我们可以应用于棘手问题的巧妙的拼图形式，这样它们就可以转化为可解决的问题。

226 在《批判性探讨》杂志上发表的著名文章中，布鲁纳把这称为"现实的叙事结构"（Bruner，1991：1）。在个案研究中使用叙事时，我给出以下一些关键要素。在这样做的过程中，我大量借鉴了布鲁纳“叙事的 10 个特征”（1991：3），去掉了其中的一部分，加上了我自己的一些内容。如果你喜欢的话，那么这是一个故事的剖析。我提出这些想法是为了从你在个案研究中讲述的故事里提取出每一滴可能的汁液。

质疑与惊喜——聪明的观察与意外的发现

当你构建你的叙事时，你会有所“发现”。准备好使用它们——使用惊喜与意外的发现。塞缪尔·约翰逊（Samuel Johnson，1759/1963）（即 18 世纪著名的约翰逊博士）说得很好：“我们最明亮的喜悦之光，通常是由意想不到的火花点燃的。”我们不应该仅仅因为它们超出了某些规定方法的范围就忽略它们。当发明家和创造性思想家让我们深入了解他们的思考方式时，如果这些思考方式很重要，那么显而易见，一般化（概括）相比于隐喻、灵感和想象力是次要的。

斯托尔（Storr，1997：176）给出了许多关于这种直觉的例子，在这种直觉中，一个答案突然出现——他引用了数学家高斯的话，例如：“就像一道突然的闪电，这个谜碰巧就被解决了。我自己也说不出是什么引导线将我以前所知道的东西与使我可能成功的东西连接了起来。”同样的事情也发生在社会调查中，一项个案研究似乎是这种洞察力的理想载体，只要这种洞察力为一种好奇的精神所激发，而不是为无情地寻找共性所扼杀。

启发式和渐进式组块

“启发式”来自希腊语“heuriskein”，意思是“发现”。它和阿基米德的“尤里卡”[①] 一样。当然，阿基米德跳出浴缸，解决了如何辨别国王的新皇冠是纯金的还是掺银的问题。我们现在用启发式这个词来表示一种被认为是目前的情况下最好的解释。启发式不一定永远是最好的。

我们怎样才能达到那个“尤里卡”（顿悟）时刻呢？换句话说，这些元素是如何交织在一起的？什么取决于什么？哪里存在矛盾或悖论？这种直觉的“尤里卡”，如果仔细被分析的话，就类似于西蒙（1983）渐进式

---

① “尤里卡”，原是古希腊语，意思是“好啊！有办法啦！”。古希腊学者阿基米德有一次在浴缸里洗澡，突然来了灵感，发现了他久未解决的计算浮力的办法，因而惊喜地叫了一声“尤里卡”，他从此发现了阿基米德定律。——译者注

组块的默契过程。它是将相关信息组合在一起形成一个故事。

叙事的历时性

叙事的历时性不是易于掌握的术语。谢谢布鲁纳教授。历时性意味着随时间的推移而改变。因此，叙事的历时性意味着“一个随时间而变化的故事”。（我知道：为什么他一开始不能这么说呢？有人称之为“简明英语运动”。）

227 做个案研究的人应该敏锐地意识到变化随时间而发生——不仅仅在历时性个案研究中如此。他或她在变化发生时会注意到它，并寻找它的前因和后果。正如贝克尔（1992：209）所说，我们必须找到“一系列的步骤”，并且要理解与时间相关的原因，“每一步都被理解为在时间之前的步骤，在时间之后的步骤”。在这样做的过程中，我们不仅推测一个事物是如何与另一个事物相关联的，而且推测因果关系是如何随着时间的变化而变化的，因为情形中的其他变量也在变化。贝克尔（1992：209）举了一个例子：

> 原因可能被认为是起作用的，但现在我们有可能将一个给定的因果变量视为在过程中的不同步骤以不同方式起作用（或者根本不起作用）的变量。在对海洛因成瘾的分析中，种族可能是解释接触吸毒可能性的一个关键变量，但是一旦一个人开始吸毒，在进一步影响接触到毒品的人是否真的吸毒，或在吸毒后是否成瘾等方面，种族因素不再起任何作用。

因此，时间可以开启或关闭变量的效力，它的意义是个案研究中现成的、固有的优势之一，因此意识到这一点非常重要。当还原论的调查费尽周折仅仅展示变量的片面意义时，一项个案研究应该——通过强调历时的重要性——展示像种族（以贝克尔的例子）这样的变量在其意义上如何可能前后不一。

特殊性

在艾丽斯·默多克（Iris Murdoch，2002）的小说《网下》中，她笔下的一个角色说出了这样一句话：“所有的理论都是想入非非的。我们必须受情境本身的支配，这是难以言喻的特殊情况。”这可能与我一直给出的关于理论化必要性的建议不一致，这里有一个明显的矛盾。当然，如果理论是关于一般化的，那么存在一种需要被解决的紧张关系。

我们现在不深入探讨这一问题。默多克的意思是，一个特定的情形具有唯一性，我们应该努力去理解这一点，而不是像哲学家迈克尔·奥克肖特（Michael Oakeshott，1967：2）所称的“对秩序急躁搜索”。我们不应该总是通过参照他人来判断这种情形及其意义，而应该参照特定的事物。

这可能需要学生或专业研究人员做出特殊的努力，因为他们一直渴望建立、发展和引用某种一般化的理论。

意象状态蕴含 228

布鲁纳指出，我们不仅应该观察人们的行为，而且应该观察他们的想法和感受。重要的是他们的信仰、意图、希望、欲望和价值观。这与解释性探究者的深描没有什么不同。这应该是那些从事个案研究的人的无意识特征。

违反典范……与反事实

布鲁纳（1991：11）使用了一个相当丑陋的词——“典范”，要求我们在推理或展开论证或故事的过程中考虑什么是常见的、什么是正常的。“典范”是我们所期待的方向。通过突然在作品中一反常规，我们可以震撼我们的读者，促使其进行不同的思考——也许不同到足以想象另一种解释或另一种状态。

作为叙事，个案研究的功能是让我们理解和认识到它们与正常或预期的区别。它们让我们猜测如何以及为什么会这样。费耶阿本德（Feyerabend，1993）建议我们使用反规则。这些假设与这种或那种根深蒂固的思维相矛盾。库恩（Kuhn，1970：52）在他所谓的“异常意识”中提出了类似的观点。

这种违背行为可以通过有意地引入一种假想的理解变化来设计，这就是我在使用布鲁纳的短语时冒昧地在标题中加入“反事实”（Kahneman and Tversky，1973；Mandel et al.，2005）的原因。

反事实是对其他不同状态的想象。反事实可能存在于：假定特定事件

（通常是但不一定都是关键事件）没有发生或假定由此产生了其他一些结果。换句话说，反事实存在于“如果……怎么样”的问题中。

尽管并未作为方法的一部分被社会科学个案研究广泛应用，但这一观点已为历史学家所采用（Ferguson，1999）。我希望看到这一方法被更广泛地使用。拉金（2007：63）和勒博（Lebow，2007）已经讨论过它的用途。有趣的是，鲁思·伯恩（Ruth Byrne，2005）讨论了反事实在我们日常推理中的核心作用，展示了不同类型的推理是如何通过反事实的透镜而折射出来的：“如果……怎么样?”“只要……怎么样?”“即使……也……”如果更多的个案研究（或者，实际上，一般的调查）使用这样的辅助手段去想象，那么……

情境敏感性与可协商性

正如巴特斯（Barthes，1974）讨论的那样，“作者式”文本与“读者式”文本不同，后者的意义哪怕令人困惑也是由读者赋予的，因此我们的假设应该是，对案例的解释嵌入了探究者和读者自己的经验。

229 解释是个人性的。正是对情境的敏感性使得读者能够理解案例的叙事，并同意或不同意研究者的观点。正如布鲁纳（1991：17）所言：“你讲你的故事，我讲我的故事，我们很少需要法律对抗来解决彼此之间的分歧。”

类比

我们通过参照熟悉的事物来理解不熟悉的事物，在一种情况与另一种情况之间画出相似的图形。我们用自己的知识——我们的“常识”来做这件事。我们的理解基于无数的个人解释，我们将它们编织成有意义的故事，帮助我们理解相似的事件和情形、相似的情节。

个案研究的叙述可以成为启用这种类比和隐喻的理想框架。塔沃尔·班纳特（Tavor Bannet，1997：655）讨论了类比，有趣的是，班纳特说它是一种“从已知到未知，从可见到推测”的推理方法，将熟悉的术语和图像带入陌生的领域。它就像一种翻译形式，“一种从一个地方到另一个地方，从旧到新，从原型到复制的转换方式”，因此我们可以从一个语境转移到另一个语境。我们聚集在一起，并在不同语境中看到相似之处。

在讨论个案研究中叙事的重要性时，阿博特（1992）建议我们始终寻求他所谓的“因果叙事”，但我个人更倾向于认为，在社会科学中，我们与“理论”一样，是在建立联系而不是在试图找到原因。贝克尔（1998：60-61）很好地指出：考虑到社会研究的复杂性，“原因”这个词的使用具有误导性，所以我们应该把自己看作在寻求叙述而非试图寻找原因：

> 假设你想学习的东西不是原因，而是一段历史、一个故事、一个叙事，“开始这样，然后那样，然后又那样，结果这样”。从这个角度来看，我们通过了解事件发生过程中的步骤而非通过学习使其存在的必要条件，来理解事件的发生。

正是个案研究使这种创造力得以发挥——让你能够在思想之间架起桥梁和通道。

11.7 思考戏剧

在第 3 章中，我研究了诸如欧文·戈夫曼这样的社会学家是如何围绕戏剧理论组织他们对世界的看法的。

戏剧理论认为，生活是一系列戏剧性的表演。这一观点不仅为戈夫曼 230
所使用，而且为一系列解释主义社会科学家所使用。他们在讨论人与人之间发生的互动时，谈论演员、角色和舞台。

如果你的个案研究的重点涉及人与人之间的互动，而你决定采用一种解释主义的方法，那么你将如何推进这项研究？我认为实现这一点的最好方法之一是扩大戏剧类比。将个案研究的实质当作一个剧本、一出戏剧，其中包含：

- 剧本、情节和主题（由生活和世界提供）。
- 舞台和布景（更广阔的背景）。
- 剧中人物（一系列角色、机构或代理人）。

- 导演（你本人）。
- 观众（你的读者）。

我认为，将个案研究比作戏剧是有益的，这不仅因为它强调了这项研究的有界性质（戏剧剧本和剧院的墙壁提供了戏剧的边界），还因为它强调了研究的叙事性。在戏剧中，讲述的是一个故事——有开头，有过程，有结尾（除非它是电影《等待戈多》[①]）。故事中交织着争论和连接——有问题、前提、密谋、诡计。人物在处理情节摆在他们面前的障碍时，会变得栩栩如生。个案研究在所有这些方面与戏剧相比都是相似的。

然而，这个类比并不完美，因为在戏剧中，作品是虚构的，而在个案研究中，焦点——不管是人物、事件、现象还是其他东西——是真实存在于那里的。如果它不是真的，那么我们不会有兴趣研究它。

因此，个案研究与戏剧还是有差异的，对这些差异进行戏剧性比喻是很有趣的。在个案研究中，剧本不是由剧作家写的，而是由生活和所发生的事件“书写”的。然而，任何观看过现代莎士比亚戏剧作品的人都会意识到，一出人们熟悉的戏剧经过诠释后几乎令人无法辨认。导演审查剧本的意义，并对剧本施加他们自己的解释。同样，个案研究提供的剧本也是可以解释的。事实上，个案的“事实”远比戏剧的剧本灵活得多，因为你（作为导演）可以决定它们是如何构成的以及各种元素是如何交织在一起的。

> 我们的社交生活可以被看作一系列舞台，在这个舞台上，我们扮演不同的角色。这个比喻在分析个案研究时是有用的，可以思考人们在不同情境中扮演的角色。

231 然而，它们是原材料，由你作主将它们编织成一个令人信服的故事。你会成为叙述者或剧作家，给出由生活所提供的故事情节和小插曲。

---

① 电影《等待戈多》是爱尔兰现代主义剧作家塞缪尔·贝克特（Samuel Beckett）的作品，表现的是一个“什么也没有发生，谁也没有来，谁也没有去”的悲剧。不仅作品中的人物没有鲜明的性格，作品也没有连贯的故事情节。——译者注

贯穿剧本的将是情节，它将包含不同的元素，涉及角色的意图和他们对彼此的反应，以及事件的迂回曲折。

还会有一个主旨——背景以及提供行动发生背景的主题。

我们也可以把舞台看作生活提供的界限或边界。前面我们讲到个案研究就像容器一样有边界，同样，舞台也限制了戏剧的动作。个案研究必须有一个边界，你可以自行设定这个边界。

主人公——也就是角色，它可以是人，可以是机构，还可以是自然现象，如卡特里娜飓风——也许是最重要的部分。这些角色在做什么？它们的起源是什么？如果角色是人，那么赋予他们什么意义和目的？特定角色对挑战做出的反应或解决问题的方式如何？

你是导演，在某种程度上还是剧作家——后者是因为你把人物和事件放在一起，当你看到故事展开时，你就会讲述它（虽然原材料是由情境提供的，但你是看到事物如何结合在一起的人）。所以，你开发并编写了情节；你提供了结缔组织。

这样做，你就有了一个责任，不仅仅是被伟大的人类学家克利福德·格尔茨（1975：9）称为“密码员”的责任。换句话说，你必须利用你的想象力来获得你所需要的原材料。

由于观众不直接参与研究，因此观众的存在很容易被忘记。然而，观众是研究最重要的元素之一。除行动研究外的大多数研究的主要目的是向他人传递新信息。由于学生论文的主要读者是作为阅卷人的教师，因此许多学生没有考虑到读者，这是一个很大的错误。学生们错误地认为，只要所有的事实都按正确的顺序排列了，这就足够了。

这并不足够——尤其是对一个个案研究来说。即使是物理学实验报告，结构也必须清楚，读者在阅读过程中不应该在愣了一会儿后才恍然大悟地做出反应——换句话说，读者在阅读过程中不应需要思考：“现在，这句话/这一段/这一章究竟是什么意思？它合适吗？它在这里做什么？”在我漫长的一生中，我阅读过很多论文，但遗憾的是，在阅读论文时，我脑海中经常出现这样的问题。

对于读者来说，阅读你的报告应该像吃一碗他们最喜欢的冰激凌。它应该是柔软的、令人愉快的，有一些特别有趣的好东西。当完成时，它应该让他们想："妈妈，我喜欢这个，还有更多吗?"

232 事实上，它应该比一碗他们最喜欢的冰激凌还要好，因为它应该让他们思考——生活中没有比思考更好的东西了。

在撰写个案研究报告时可以采用各种技术，这将使其更加有趣、更加完善——我将在第12章中讨论其中的一些技巧。

11.8 保持直觉和想象力

> （我们需要）扩大我们的思维范围的方法，看看我们还可以思考和问些什么，提高我们的思维能力，以应对世界上正在发生的多样性的事情。
>
> （贝克尔，1998：7）

在第1章中，我注意到爱因斯坦曾说过科学的过程"没有逻辑路径，而只有直觉"，这种观点——社会科学对方法论的精确、严谨和创新的痴迷——有时被遗忘了。哲学家卡尔·波普尔（1968：32）发表了类似于爱因斯坦的评论："没有什么逻辑方法可以产生新思想，也没有什么逻辑方法能够重建这个过程。我的观点可以这样表达，即每一个发现都包含'非理性因素'或'创造性直觉'。"他继续把这个比喻成爱因斯坦的评论（在马克斯·普朗克60岁生日的演讲中），科学的进步取决于"直觉，基于经验对象的理智的爱之类的东西"。

所以，我们需要培养的是直觉和理智的爱。这也许是一个棘手的问题，因为直觉和理智的爱不仅来之不易，也不适合对其进行要点分析。考虑到理智的爱、想象力和直觉的令人难以捉摸的本质，我们应该如何看待它们、培养它们呢?

从哪里开始着手呢？可悲的是，如何培养一种直觉思维方式并不是社会科学的核心考虑因素。相反，社会科学沉迷于正确性、可靠性和设计的正确性，不惜以牺牲想象力和直觉为代价。

我在第 3 章中谈到的范式战争，就好像是业已形成的针锋相对的两个阵营，其中一个阵营是实证主义的、规范性的、实验性的、客观性的，另一个阵营是解释性的、主观性的、直观的。缺乏直觉和想象力导致了每一个立场上令人遗憾的保守和畏首畏尾。它最终会导致内部的转向，即对过程的关注比对问题、论据和结论的关注更多。其结果是，探究中的好奇心减弱了，研究也变得不那么有趣了。

作为敏锐的社会科学评论家，斯坦尼斯拉夫·安德烈斯基（Stanislav Andreski，1972：108）指出了我们如何实现创造力：

> 今天与苏格拉底时代一样，很多东西仍然是个谜：我们知道的 233
> 是，为了构思富有成效的原创思想，一个人必须有天赋，必须把自己沉浸在现有的知识中，并非常努力地思考。

安德烈斯基说得对吗？我们真的不能就创造力和直觉提供有用的建议吗？

在很大程度上，我认为他是对的。我在本书的开头引用了维特根斯坦《逻辑哲学论丛》中的第一句话，他说了如此美妙的格言，我忍不住又要引用他的话了。这一次在安德烈斯基建议的语境下，我将引用《逻辑哲学论丛》中的最后一句话（Kenny，1993：31）：“对无法言说之物，应保持沉默。”

的确如此，尽管我认为维特根斯坦说的不仅仅是“如果无话可说，就请闭上你的嘴”（这是我经常想在会议上站起来大声喊出来的话，但我从未有过这个勇气）。事实上，弗兰克·拉姆齐（Frank Ramsey）——哲学家、天才、维特根斯坦的仰慕者和翻译家——翻译了维特根斯坦的《逻辑哲学论丛》（19 岁时！），并在随后的评论中指出，维特根斯坦这句话的意思是，“我们不能说我们不能说，我们也不能吹口哨”。拉姆齐在 26 岁时去世了。一个如此有天赋又如此有趣的人竟然英年早逝，这是多么悲惨的事啊！

相比于拉姆齐用吹口哨来解释维特根斯坦，除了对这些超级大脑（大师）所做的事情进行一个非常粗略的解读外，我不能做得更好。我的理解是：有些事情是我们无法用言语表达的，它们存在于哲学家迈克尔·波兰尼（Michael Polanyi，1958）所称的“隐性知识”中。隐性知识包括你骑自行车的知识（如果你会骑的话）以及解决难题的直觉。因此，个案研究在这里提供的是一种能力——或者更准确地说是一种偏好——去观察整体而非支离破碎的部分。有了这种偏好，我们可能会有一些期待，认为直觉比其他方式更重要。

假设你仍然和我在一起，而且你不认为我已经穿着奇怪的袜子并骑着自行车去了一个学者的幻想世界，那么所有这些会带给我们什么呢？它留给我们的观点是，某些东西难以传授——直觉就是其中之一。如果我不是在写教科书的话，我会就此打住，但既然我写了，我将继续摆出从理查德·桑内特那里学习到的一两个想法。

桑内特（2009：211）谈到直觉分为三个主要阶段：

（1）来自想象力，取决于回顾已经经历的感觉——换句话说，取决于记忆。

（2）来自毗邻关系的建立，类似于类比，将两个不同的想法结合在一起。

（3）来自惊奇，“将隐性知识挖掘到意识中并进行比较”。

234 所有这些都与贝克尔（1998：12）所说的“意象”相似。贝克尔建议，在研究社会时，我们从图像开始，然后以图像结束。我们的目标是“制作并完善我们正在研究的事物的形象”。贝克尔的书《社会学家的窍门：当你做研究时你应该想些什么？》是关于这方面非常好的延伸阅读材料。

在建议你如何获得直觉方面我做得不是很好，对吗？不。也许，我应该这样总结：我们都有直觉——这是人的境况的一部分——当你正在做一项个案研究时，珍惜直觉，不要因担心你认为正确的程序而让它窒息。

11.9 本章小结

分析是你的个案研究项目中最重要也是最令人愉悦的部分。在这里，你将把所有的东西整合在一起，交织在一起，这样论据就会变得更有意义、更完整。你会回顾你提出的初始问题，看看这些问题在文献浏览以及初步调查的过程中如何发生变化，并评估你的项目在运用可能的分析方法回答这些问题方面究竟怎么样。

你分析的丰富程度在很大程度上取决于你准备投入多少时间和思考，但我在本章中提供了一些方法，运用这些方法可以为你的分析提供完整性和一致性。我们回顾其中的一些分析方法：

- 持续比较法提供了从解释性数据中提取主题的手段。
- 绘制主题图允许你以图表的形式呈现出主题之间或许相互联系的方式。
- 诸如 NVivo 这样的软件包可在涉及大量定性数据的情况下更方便地管理编码和主题制作。
- 扎根理论为解释性方法提供了专门化操作。
- 深描在报告、反思和意义生成的综合中抓住了解释性分析的本质。
- 系统性思维让你了解独立的行为点滴是如何相互关联的。
- 故事板提供了一种沿着潜在的不同路径发展你的论点的前进方式。
- 始终在分析中思考怎样发展理论，即关注联系、注意模式、从数据中提取想法并提供解释。 235
- 思考叙事手法——或者你研究的事件是如何被戏剧性地加以发现的——有助于为展开的事件提供结构。在进行分析时，理解你可能如何使用和发展你的理论，以及如何直观和富有想象力地理解你的发现，这是很重要的。

11.10 延伸阅读

Becker，H. S.（1998）*Tricks of the Trade：How to Think about Your Research While You're Doing It*. Chicago：University of Chicago

Press.

贝克尔的研究工作令人耳目一新，他不依赖于公式和要点。他鼓励读者利用自己的想象力和直觉资源，对数据进行塑造和理解。

Bruner，J.（1991）“The narrative construction of reality”，*Critical Inquiry*，18（1）：1-21.

布鲁纳说，科学方法的本质在于意义创造，而叙事以其“语法”、规则和结构为意义创造提供了工具。

Eisner，E.（1991）The *Enlightened Eye*：*Qualitative Inquiry and the Enhancement of Educational Practice*. New York：Macmillan.

艾斯纳对什么构成了定性探究的理论有一些有趣的想法。

George，A. L and Bennett，A.（2005）*Case Studies and Theory Development in the Social Sciences*. Cambridge，MA：MIT Press.

从一个理论上非常传统的观点出发，作者对主要存在于政治学领域的个案研究提出了自己的看法。因此，本书借鉴了与大多数个案研究评论不同的学科基础，并就比较个案研究进行了一些有趣的讨论。

Loader，D.（1997）*The Inner Principal*. London：Falmer.

洛德比较了外部因素和内部因素对变化的影响。

Taylor，S. J. and Bogdan，R.（1984）*Introduction to Qualitative Research Methods*：*The Search for Meanings*. New York：Wiley.

这是关于持续比较法的重要且优秀的著作。

Wright，T.（2010）“Learning to laugh：a portrait of risk and resilience in early childhood”，*Harvard Educational Review*，80（4）：444-463.

这是一项以叙述形式讲述的精彩动人的研究。

第12章

撰写你的研究报告

最终，你的个案研究作为一个研究项目被撰写成专题论文或毕业论文。所以，它需要符合人们的一些预期。那么，研究报告的框架应该如何构建？研究设计不同，研究报告各章节的平衡性与模式是否也有所不同？

12.1 结构

下面对专题论文或毕业论文的各部分进行分解。但请注意的是，几乎不存在“典型”的专题论文。所有论文的写法都是各不相同的，你的论文撰写可能与别人不同。例如，有的文献回顾或许只占据一章，而有的占据两章或更多章节。研究发现或讨论部分是合并成一章还是扩展成几章，取决于你的工作性质。

由于其典型的叙述形式，个案研究的写作结构往往与众不同，但你应该记住，一些必不可少的要素必须被纳入任何项目的报告的撰写中。下面是对个案研究写作结构方面的总结。

第一章，引言。你需要一个“引言”，来解释你是如何对研究主题发生兴趣的。在引言里，你得抛出你的初始问题。

第二章，文献回顾。你需要进行“文献回顾”，以此来了解其他研究者围绕此主题或相关主题从事的工作，从而有助于你理解这些研究者对你的研究问题所做出的贡献。正如我在第 2 章中所解释的那样，这一工作有助于提炼和重新整理你的初始问题。如果你发现还有一些非常有用的其他不同文献，那么文献回顾可能包含不止一章。

第三章，方法论。你需要一个“方法论”章节，来解释你为什么选择这一方式来进行研究。也就是说，你为什么要做个案研究？

237 在这里，你还可以解释你选择设计路径的依据是什么（参见第 2 章和第 6～9 章），以及你采用数据收集技术和分析方法的依据是什么（参见第 10 章和第 11 章）。在方法论章节里，你还可以列出你的研究情境的细节：谁、在哪里、发生了什么、何时发生、有多少等等。另外，考虑到你正在研究的情境在个案研究中可能特别重要，你可以将其独立为一个后续章节，而非将其纳入方法论章节中。

第四章，研究发现。在“研究发现”这一章中，你要呈现你实际所做的工作以及你的研究发现。本章和下一章是你的研究和写作中浓墨重彩的部分（“猪肚”），一些个案研究将这两章予以合并。换句话说，研究发现、分析和讨论可能呈现在一章中。如果是这种情况，那么你可能希望以其他方式分解一下这个“大篇章”——比如按主题分解。

第五章，分析和讨论。在这一章（也可分为两章）中，你会使用第 11 章中概述的分析和思考工具，提供你对研究发现的分析。然后，根据你的研究问题和文献回顾中所强调的任何问题，讨论这个分析。

第六章，研究结论。你的“研究结论”将以上各章节的线索串联起来，并对你的探究在多大程度上回答了你的研究问题进行评估。

根据字数，图 12－1 展示了以上六个部分的大致比例，但我应该提醒你，这仅仅是指示性的——一些个案研究的写作会与这个比例有很大的不同。正如我所指出的那样，在解释性个案研究中，考虑到你在报告观察结果的同时几乎也在进行讨论，你的田野考察、研究发现、分析和讨论可能会被合并在一起。

238

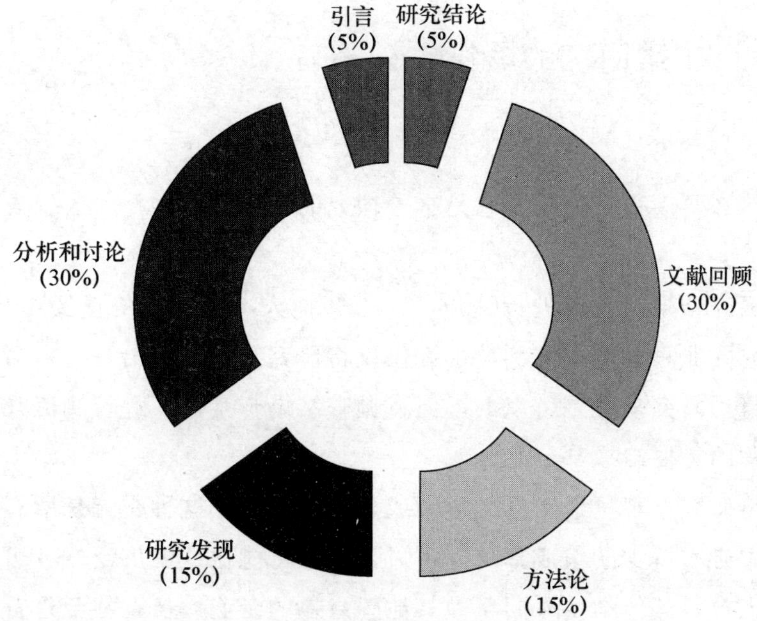

图 12－1　正式、传统研究报告的要素及其大致比例

个案研究报告与其他研究报告的结构不同吗？

在个案研究报告的写作中，要确定我刚刚列出的各部分之间的平衡特别困难。考虑到进行个案研究时所采用的世界观的整体性质，有时候不方便将一篇文章分为几部分。

在一般正式的研究中，你有时可以采取直截了当的线性方法，其中发现先于分析，而分析先于讨论。然而，对于个案研究而言，你可能不希望以这种方式对各部分进行分割，因为你始终都在测试新发现有没有违背初始想法。如果真是如此，那么在分析与讨论之间强加严格的界限是不合适的，因为二者相互渗透，不可分离。不同类型的研究报告之间的差异如图 12－2 所示。

正式的线性研究	研究发现──→	分析──→	讨论
个案研究	研究发现，分析和讨论		

图 12－2　不同类型的分析和讨论

12.2 个案研究的写作

为什么要进行研究呢？它是本着探究的精神进行的——为了发现事情的真相。

将探究结果与他人进行交流——告知他人，是研究的重要组成部分。
239 从事研究并非只对本人有利。也许仅仅将研究结果保留给自己，对于某些类型的行动研究来说是可以的，但将调查结果与其他人进行交流几乎总是探究过程的重要组成部分。

你将研究发现呈递给你的导师或其他阅卷人，这种交流是所有大学校园研究中必不可少的组成部分。不过，受众可能比这更广泛——可能还包括研究人员、其他学生、同事和其他感兴趣的专业人员，甚至是普通公众或地方官员。

因为研究报告是用来传递信息的，所以你的写作必须是有趣的。事实上，兴趣是关键，你不应当只是简单地通过挖掘尽可能多的事实来构建报告，然后按照或多或少正确的顺序将它们堆砌在读者面前。对于任何类型的研究报告来说都如此，对于个案研究报告来说尤其如此。

个案研究不仅寻找事实，而且收集证据。但这些证据是为了论证观点而收集的，其中有两个重要方面需要注意。一个是你的论点被构建的方式，另一个是关于你的论证的批判性推理。我将在后面讨论这些问题。我们在这里先不考虑这两个问题，继续关注个案研究报告的结构。因为，除了毋庸置疑的优势之外，将其作为你的工作框架也存在一些重大风险。

风险来自你从事研究时的“自由散漫”。所有研究都有规定其边界的“栅栏”——好比规定其领域及其完整性的“铁丝网”，这一“栅栏”同时也圈定了你的活动范围。一些研究有很多的“栅栏”和“围墙”，甚至“围墙”里面还有“围墙”，以至于研究者们几乎没有自由发挥的空间。“围墙”体现了人们预期的标准，如果符合其标准，报告的结论就是有效的。比如，你在进行实验研究方面的选择受限于业已确立的少量设计；再比如，问卷调查的进行受限于对样本的期望以及问卷中问题的性质。所以，这些研究有着非常多的规则限制。

虽然个案研究可能使用的方法也会受到很多规则的约束，但个案研究本身更多是由自己的想象力而不是方法边界加以定义的。这样，你可以不受约束，行动自由。这的确不可思议。然而，有了这种自由，研究人员就有责任将报告的结构及其意义提供给读者。个案研究报告最糟糕的结果是我早先提到的“糊状堆积综合征”。

> 撰写个案研究报告时避免“糊状堆积综合征”。也就是说，避免出现千篇一律的不加评论和分析、眉毛胡子一把抓式的引文和报告的罗列。记住，你需要叙述、解释和理论。要把它们有机地糅合在一起。

有时，所谓的“个案研究”可能不过是来自面访者的未经整理的想法 240
和引用的大杂烩。这是你必须加以避免的。

我想强调的一点是，仅仅正确地遵循有关程序是无法保证个案研究质量的。相反，个案研究质量取决于你的想象力，取决于你构建叙事和理论的方式，同时取决于你的批判性推理，以及你运用证据来展开你的论证的方式。本书的全部内容都是关于你的想象力的，所以现在我不再赘述这个问题。事实上，我已经在第 11 章中讨论过叙事和理论这两个问题，在这里我想就批判性推理和论证多说两句。

运用批判性推理

你的发现、你积累的原始知识以及你研究的胆量当然很重要，然而你对知识的态度几乎同样重要，特别是当你作为学生进行个案研究时。

不仅仅是个案研究，在任何类型的调查研究中，都不是尽可能展示你所拥有的知识的数量就万事大吉了，而是要展示你是如何获取证据、如何分析这些证据，以及如何运用批判性心态加以论证的。你应该始终保持对知识的怀疑态度——表现出适当的困惑和怀疑。你应该意识到，总是有不同的方式来解释观察结果，有不同的方式来论证某一个案，有不同的兴趣在争论中发挥作用。简而言之，你应该认识到并证明你认识到了真相难求。

你需要尝试着给出你能够得出的结论。报告中要尽量避免出现诸如“它证实了……”这样的短语，代之以“这表明……”或“证据显示……”或“证据指向……”之类的短语。尝试使用一些能够缓和断言强度的短语，比如“倾向于”或“可能会得出”。学术写作是一个充满不确定性的领域，没有人会因为你毫无根据的结论或因为你无知地生吞活剥他人的报告而给你高分。

怀疑每个人的发现，甚至是你自己的发现。许多伟人都证明了这一点的重要性。勒内·笛卡儿（René Descartes，1647/1996）说“怀疑是智慧的起源”，并把它总结为一句格言“怀疑一切”，卡尔·马克思（Karl Marx）把这句格言作为自己人生的座右铭。同样，伟大的生物学家 J. B. 霍尔丹（J. B. Haldane）在他的著名论文《可能的世界》（1928：224）中总结道：“科学的进步在很大程度上应归功于怀疑一切理论的习惯。”杰里米·帕克斯曼（Jeremy Paxman）在他个人的呐喊中通俗地表达了这种情绪：“这个说谎的混蛋为什么要骗我？”实际上，帕克斯曼声称，他的意思是，他总是以“一种怀疑的态度”去接近他人，伴以“他们为什么这么说？”以及“这可能是真的吗？”等等类似的问题。

241 威尔斯（Wells）说过，怀疑主义是新闻工作者工具箱中必不可少的组成部分（Wells，2005）。同样，怀疑主义也是研究者工具箱中必不可少的组成部分。

> 保持批判态度。记住：“怀疑一切”或“这个说谎的混蛋为什么要骗我？”。

伟大的教育哲学家约翰·杜威（John Dewey，1920/2004）也很支持怀疑主义。他说我们应该怀疑某些思想，尤其是那些源于传统和权威的思想。我们应该谨慎地相信别人的推理，我们应该独立思考。我们还应特别警惕来自所谓坚定信念的任何推理，无论是自己的还是他人的。杜威提倡反思性思维，对我们的思维持怀疑态度，并且总是寻找推理的一系列证据。这让我想到你的论点是如何发展的。

发展你的论点

这本书的大部分内容是关于发展个案研究的论点的，强调连贯性、完整性以及利用你收集的信息编写故事情节——通常以故事板的形式——的重要性。虽然我不想再讨论这个问题，但我确实想强调一下迄今为止我还没有涉及的一些问题，那就是你的论点实际构建的方式——也就是你的论点建立的“底盘”。根据我的经验，这个底盘有两个主要元素，在研究项目的评论中往往很薄弱：

(1) 确定有待解决的问题；

(2) 建立论据本身。

让我们依次看看这两个要素究竟包含些什么内容。

问题

问题一定是填充“背景”和“回应”这两个要素之间的元素：

开放背景 → 问题或侧重点 → 回应

开放背景提出了一些每个人都同意的共同点。问题或侧重点有两个部分：

- 一些缺失的证据或矛盾的推理。 242
- 没有答案的后果。

回应涉及你对解决方案的承诺。

这项工作的例子如表 12 - 1 所示，这是我为巴纳多儿童福利事业而从事的一项为期 18 个月的个案研究（Thomas et al.，1998）。研究的个案是一所即将关闭的学校，它将其全体师生转移到当地的中小学。这构成了整篇论文的基石，清楚地加以陈述是很重要的。我从布斯等人优秀的著作《研究是一门艺术》(2003) 中借用了广阔的结构。

表 12－1　　定位角度并提出解决方案

背景—— 共同点 ↓	将有特殊需求的孩子纳入主流教育正成为一种趋势。在反歧视立法的支持下，向包容方向发展，主要是为了回应那些对于特殊学校被隔离学生丧失社会和教育机会的担忧……
问题或侧重点—— 不知道的后果是什么？ 谁在乎？在乎什么？ ↓	人们对转学到主流学校的学生的经历知之甚少。有人对此表示担忧： • 主流学校教师充分满足有严重困难年轻人需求的能力如何 • 主流学校学生乐于帮助特殊学校学生适应的准备如何 • …… 虽然相关的比较研究已大量开展（简要概述先前文献回顾中已全面解释的内容），但很少有人研究新环境中学生体验的特性和结构，以及伴随转学的“融入”过程，这种体验随着时间的推移是如何改善或恶化的…… 没有关于这些问题的信息，针对特殊需求儿童而制定的政策有失败的风险……
回应—— 承诺解决方案	一项历时性个案研究，聚焦于最近关闭的一所特殊学校学生的经历，以期增加关于学生随时间推移的社会和教育适应的知识，并提供关于这种学校关闭的影响的洞察力

除此之外，你的文献回顾将帮助你提炼和修改你希望研究的问题。做完这些之后，你将开始运用你所选择的方法进行个案研究。你的个案研究包含了你所选择的用于解决问题的所有方法和工具。

243 因此，在即将关闭的特殊学校的案例中，我和我的同事们已经开始了解“融入”的一些操作化概念。通过文献阅读，我们进一步了解了这些概念。然后，我们就有了一些想法（如果你喜欢的话，也可以说是一种理论），关于项目在执行过程中可能面临的挑战和机遇的想法。我们进行了观察，与教师和学生进行了面谈，不断地记日志，进行了文献分析并绘制了社会关系图，所有这些都有助于增强或减弱我们建立的各种理论。

论据

研究开展时出现的证据始终对你的初始问题有所贡献。根据新的信息，初始问题是否仍然有效？你想改变既定的方向吗？

请记住，证据本身并不是什么东西：它是支持某个命题或主张的资料。因此，当你继续你的实证工作时，你将会修改和调整你所提出的主张。

因此，寻找证据的过程包含递归（追溯你的脚步）、总结与综合，以及把你和他人的想法放在一起，看看它们是如何组合在一起的。

这就是你的论点得以建立的方式。它涉及重新审视和重新评估你的初始想法和观点，看看哪一个想法或观点或多或少成立。有些想法可能会被否决或搁置。告诉读者这件事，即告诉他们你接受、拒绝和重新形成新观点的过程，以及你所得出的结论。布斯等人（2003）认为这个过程如图 12－3 所示。我在这个图中加上了垃圾筐——希望他们不要介意。

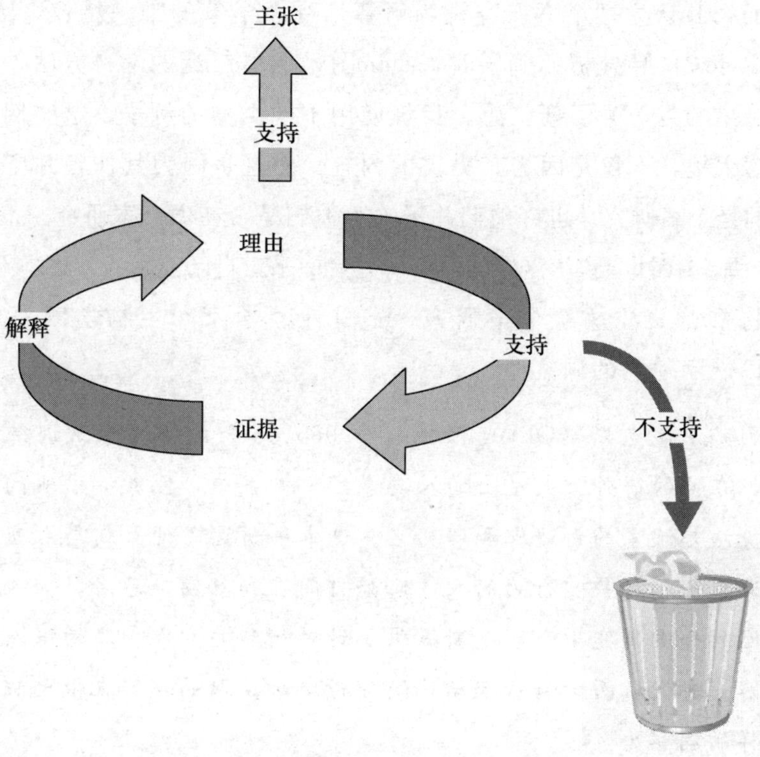

图 12－3　证据与支持某一主张的理由之间的关系（改编自布斯等，2003）

12.3　两个很好的分析、论证和写作的例子 244

在前一章和本章中，我注意到分析和论证是难以提供建议的主题。提供一些一流分析的例子可能有所帮助，这方面的例子有很多。我在其他地方给出了几个这一类型的例子（参见 Thomas and Myers，2015）。在你探索关于个案研究的方法论文献时，你会反复发现同样的标志性研究被用作例子。你会一次又一次地发现，个案研究是社会学传统的一部分，比如霍华德·贝克尔等人的《白人男孩》和威廉·福特·怀特的《街角社会》。你也可能会发现托马斯和兹纳涅茨基合著的《身处欧美的波兰农民》。

然而，我认为把个案研究视为解释性社会学家的唯一特权令人遗憾。因此，在寻求良好分析的例子时，我试图采取更广泛的学科方法。在本节中我要指出的是，为了新鲜感，我想使用不同类型的例子。这些例子之所以令人感兴趣，不仅是因为其提供的内容，而且是因为其作者并不认为他们从事的是个案研究。也许他们并不关心他们是否在做个案研究。正如我早先所说，那些在社会科学以外的学科研究者似乎对自己使用的方法毫不在意。

我将重点关注两组个案研究——由神经学家和生物学家完成的研究——以展示他们的洞察力。

奥利弗·萨克斯（Oliver Sacks，1996）是一名受过专业训练的神经学家，但在他的著作《火星上的人类学家》一书中，他放弃了他的神经学教育，扮演起故事的讲述人和研究者。这本书讲述了他如何与人交谈并观察那些表现出各种异常行为的人，比如自闭症和抽动症患者。

245 在他的个案研究中，萨克斯提供了针对行为异常人世界的深入观察和深刻见解。我们从医学和心理学传统分析中所获取的理解在很大程度上遮盖了这样的洞察力。

萨克斯在做出自己的分析时，对回避他自己的所在学科，即神经学中的许多程序性和方法论的习惯，给出了不少理由。神经学家专注于帮助那些不论出于什么原因而不舒服、不快乐、愤愤不平、不能或不愿意“适应”的人。萨克斯的见解是，用来考察这种不适或不满的方法虽然可以获得一定程度的成功，但无法解决真正的问题——人的问题。他说道（Sacks，1996：xvii－xviii）：

> 对深度改变的自我和世界的探索并不是在咨询室或办公室就可以完全做到的。法国神经学家弗朗索瓦·勒梅特（Francois Lhemitte）

对此非常敏感，他不是在诊所里观察病人，而是去家中探访他们，带他们去餐厅或剧院，或乘坐他们的车，尽可能多地分享他们的生活。（这与在一般的实践中的医生很相似。因此，当我父亲九十岁时颇不情愿地考虑退休问题时，我们说："至少不要再上门看诊了。"但他回答说："不，就算把其他东西扔掉，我也要保留上门看诊。"）

个案研究就像保留上门看诊一样。萨克斯与有着各种不同行为问题的人——那些引起他们自己或其周围人担忧的人——一起度过了数周时间。然而，萨克斯尽一切努力将这些问题行为置于特定的背景之中，没有把这些问题行为看作脱离现实的、去文化背景的医疗或精神病症，相反，这些问题行为有时甚至是相当成功地与世界打交道的有效方式。例如，一个与他人很难相处但对动物很友善的自闭症女人，将她对动物的友善与绘画和规划的技巧结合起来。她利用这一点帮助设计出了更为人性化的屠宰场，尽可能减少动物的潜在痛苦。萨克斯并没有定义一种情形，也并不试图从一个典型例子的情形中进行例证或概括，而是利用他收集的详尽知识来说明这一个案的特质及其特别的故事。他展示了工作和家庭中的个人。他展示了他们的自主性、力量、个性以及完整的生活。这是大多数关于自闭症的医学或心理学文章不曾有过的。

萨克斯并没有试图从这个或他的任何点滴见闻中做出概括，他的方法几乎是无形的，因为他在工作之始并没有绘制思维图。相反，萨克斯要让读者自己去独立思考，自己去得出结论。

结论——注意是结论而不是概括——的内容关乎差异能否受到尊重， 246
而不仅仅是被分成几个类别。出于临床和管理中的分类带来的显而易见的便利，以及出于与这一带有成见的分类相联系的情绪，分类归档产生了。这种分类很容易导致符合相关条件的人所熟悉的老一套的怜悯感或钦佩感。通过个案研究，萨克斯希望摆脱老一套分类的窠臼，从而为我们提供对人们生活的丰富分析。

第二组个案研究来自著名生物学家贾雷德·戴蒙德（Jared Diamond，2005）的作品。萨克斯让我们每一个人就像一颗小小的宝石一样为自己而战，在个案研究中尽己所能，而戴蒙德进一步将个案研究发展为一个复杂的论证与命题。

戴蒙德研究了一系列业已崩溃或濒于崩溃的社区或社会。今天的蒙大拿州、17 世纪的复活节岛、皮特凯恩群岛、玛雅人、维京人、现代的海地，其中每一个社区或社会都与其他社区或社会非常不同，但其共同点是日渐衰落或崩溃。

戴蒙德的论点是，社区或社会的衰落是由一些潜在的因素造成的——从敌对的邻国到环境的变化以及社会对这一变化的反应。他首要做的一点就是在这些社区或社会之间建立联系，其次是寻找可能构成连接基础的线索。

我们简要回顾一下戴蒙德的个案研究。复活节岛对于探险家来说一直是一个神秘的地方，因为岛上巨大的幽灵般的雕像凝视着大海。然而，今天除了这些惊人的雕像外，岛上几乎没有任何东西。这些雕像显然是具有悠久历史和高度复杂的文明的产物，但这一文明为什么会蒸发，除了这些引人注目的雕像之外什么也没有留下？

认为戴蒙德在回答这些问题时采用了某种“方法”是奇怪的，因为他的探究仅仅包括广泛阅读有关该岛的文献，以及利用现有的研究——植物学的、文化学的、历史学的（对于这些研究他从不挑剔）——对该岛进行长时间的考察与思考。他研究了复活节岛的历史和地理。他利用花粉和木炭残留物研究了那时人们吃的东西，也正是这些残留物提供了现在已经绝种的农作物的线索。利用考古证据和口述历史，他考察了当时社会的可能结构、人们对死亡和来世的态度，以及雕像是如何被雕刻、运输和竖立起来的。

个案研究使用大量各种各样来源的证据，在辨析一个案例时要充分运用你的想象和直觉。

247 最重要的是，戴蒙德研究了所有这些是如何关联起来的，就像岛上居民寻求和使用资源的方式一样——从加强使用防风林和凹坑以更好地保护农作物的生长，到有意识地将岛划分为 11 片竞争性的领地。所有这些都是他用聪明的提问和聪明的回答拼接在一起的——通常被称为“苏格拉底法”。这种方法由柏拉图正式总结，其内容涉及苏格拉底向学生或其他人提出问题的方式。戴蒙德是这样做的，但他是与一个假想的对话者即自己展开对话的。以下是一个例子（Diamond，2005：99）：

那些缺乏起重设备的复活节岛居民，是如何成功雕刻、运输和竖立这些雕像的？当然，我们并不确定，因为任何欧洲人都不曾看到并记载过这一过程。但是，我们可以从岛民自己的口述传统中，从连续开采阶段采石场的雕像中，以及最近对不同运输方法进行的实验性测试中，做出明智的猜测。

对我而言，这篇文章有两个有趣的地方。一个是我刚才提到的自我质疑，另一个就是戴蒙德获取知识的谦逊和顺从。“当然，我们并不确定”应该是任何一个从事个案研究的人的座右铭。我还要更进一步：它应该是所有探究者的座右铭。我们不能对任何事物确定无疑——我们甚至不确定明天早上太阳是否会升起。

另一件事是戴蒙德继续指出我们可以做出明智的猜测，这是我在整个个案研究中所提及的一点。猜测——根据现有证据并运用我们的想象力——是研究人员的主要工具之一，而不仅仅是从事个案研究的人员才用得上。

戴蒙德的提问、推理和个案建构的方法富有成效——明智的猜测是所有这些的核心。之所以富有成效，是因为这些方法不仅结合了不容争辩的铁的事实（当然，这些事实的获得并不像我们想象的那样艰难），而且是头脑中多种事实的一种化学反应。因此，在进行个案研究时，戴蒙德天马行空地想象，无所不包地联系——从史前时代到好莱坞。他讲述了一个故事，并提出了一个论点。

虽然我们可能不像戴蒙德那样富有想象力、知识渊博、精力充沛，但我们可以在一定程度上复制他的过程。我们可以运用我们在正式调查中收集的部分信息，以及我们作为专业人士或普通人在日常生活中获取的信息，来编织一个故事。

12.4 写作的一些规则

写作是我们在工作中必须加以学习的技艺之一，我们大多数人——即便我们不认为自己是作家——都在以某种形式进行写作，所以好消息是我们一直在学习如何写作。

248 然而，撰写个案研究报告需要一套特殊的意识和技巧，我认为这些意识和技巧可以分为两大类：

- 写作是一种想象性建构。
- 写作只是简单完成一项任务。

因此，写作的目的可以分为创造性的和实用性的。2010 年，《卫报》要求 20 位杰出的小说家和作家提供其“写作的秘诀”。有趣的是，这些秘诀被分为创造性的和实用性的。事实上，从中我提取了一些与我们的主题密切相关的内容，并在表 12－2 中不揣冒昧地提出了自己的一些评论。

表 12－2　　写作的秘诀［摘自《卫报》(2010)］

作者	我的评论
戴安娜·阿西尔	
● 大声读给自己听	那么你会想读者之所想。它听起来正确吗？是否有道理？读者能理解吗？
● 删减一切可以删减的内容：去除无关紧要的话，只有重要的字词才能算数	删掉你认为引人注目的词，像避瘟疫一样躲开诸如“霸权主义”和“题词”这样自命不凡的词
罗迪·道尔	
● 出现在你脑海中的如“马”“跑”“说”这样的词会很好	同上。普通的词通常是最好的，但在一篇学术著作中，你有时需要一些技术性的词。想想你可能会用到的词，并判断哪些词是合适的
海伦·邓莫尔	
● 重读，重写，重读，重写	这是一条极好的忠告。你可能会添加……并将其大声朗读给其他人听
安妮·恩莱特	
● 持续在页面上增加文字	确保你完成任务的方法之一就是不断写作。每天设定一个目标字数。即使写的是垃圾，你也保持着前进的势头，以后可以删除任何无用的东西
乔纳森·弗伦岑	
● 读者是朋友，不是对手，不是观众	一定要考虑到你的读者。你的读者并不是某种惰性的无形存在。他们是会呼吸、打嗝、打哈欠的活生生的人，理解还是不理解你的工作取决于你怎么写。心里想着你的读者

续前表

作者	我的评论
迈克尔·莫尔普戈	
• 时刻记录，比如稍纵即逝的印象，不经意间听到的对话，你自己的悲伤、困惑和快乐	特别是在个案研究中，你可以理解他人的意图、感受、话语和情绪。保持自己的记录可以帮助你解释他人的情绪和想法
安德鲁·莫辛	
• 敬畏平凡的奇妙之处	在平凡的时刻寻找一点特别的东西……一秒钟的凝视，一个转身，令人不安的沉默时刻……你从一切人那里搜集到什么以用于个案研究？
• 往大了想，往小了写	“没有什么不可能”是所有个案研究人员的座右铭。你看到的巨幅图景，即你所开发的模型，总是植根于具体的、特定的事实
威尔·塞尔夫	
• 总是带着一本笔记本。我说的是“总是”。短期记忆只能保留三分钟，除非它变成白纸黑字，这样你才能永不失去一个灵感	不言自明，千真万确
珍妮特·温特森	
• 启动工作。纪律允许创作的自由，没有纪律也就没有自由	她的意思是“认真开始工作并保持规律”。你如果不写，就什么也写不出来
• 即便陷入瓶颈也切勿停下	如上所述——又涉及动力问题

关于撰写研究报告的最后一个想法是，你必须考虑语域。“语域”是 249
指特定受众或讨论会所接受的形式和写作风格——比如用俚语来撰写你的正式论文显然是不可接受的。

我的一个学生告诉我，她曾试图像我在我的另一本书中那样写作。尽管听起来让人高兴，但我不得不提醒她，我写的那本书是为特定的受众准备的，即为那些想学一点东西但有时被学术风格和专业术语吓倒的学生而写的，所以我的语域是轻描淡写的。如果不这样，那些学生就可能真的被吓跑了。遗憾的是，你的报告所需的语域表达必须更正式。

12.5 本章小结

仔细想想你的研究报告的形式。它需要符合某些期待。这些期待涉及报告的结构（开头、过程和结尾）、论证的质量以及写作的风格。报告的可读性必须很强。为你的读者多想想——设身处地地为他们着想。记住：

250 • 任何研究报告，不管为哪种类型，都被期望有一定的结构。在着手研究个案研究本身的分析与发现之前，你必须明确说明为什么你认为这是一个值得研究的好主题，为什么你认为个案研究是一个适合你的研究的设计框架。你还需要展示你已经将自己的工作置于他人工作的背景之下，并表明你已阅读过这一领域的相关材料。

• 在个案研究中，研究发现、分析和讨论通常会被合并在一起。

• 个案研究的核心在于支持论点的推理；读者不仅可以看到你收集证据的严谨性，还可以看到你得出的结论中的想象力和独创性。为获得灵感和启发，请查看一些标志性的个案研究，比如本章中简要讨论的个案研究，以及后面列出的延伸阅读材料。

• 有一些基本的写作规则：不断校对和修改你的作品；为读者着想；遵守规则。对于个案研究来说，或许最重要的是“往大了想，往小了写”。

结　语

这是本书的结尾，我会以一个故事结束，因为我从一开始就一直强调叙事和意义的重要性。

我曾经看过一个电视节目，一位理论物理学家描述了他和他的同事们建立精确的宇宙模型和理论有多么困难，因为他们所获得的数据是支离破碎的。他把它描述为试图通过观看一局棋来制定国际象棋规则，视线被限制在棋盘左下角的 4 个方块上，看到棋子在不同的角度和不同的时间里出现和消失，似乎毫无规律可循。我猜他会想方设法获取更多关于物理宇宙方面的信息——查看所有 64 个方块的视图。

具有讽刺意味的是，在社会研究中，虽然我们永远不可能制定出社会生活的所有规则，但我们可以获得比棋盘的左下角多得多的视线范围。没有人会限制我们的观点，尽管我们看不到我们想要看到的一切，但我们的确可以看到很多。

更重要的是，没有必要故意限制我们自己的观点。当然，有时候，我们可以合理安排或组织对我们感兴趣的世界进行审视的方式。然而，我们不应该想象有必要将世界分割成可管理的大小块，因为通过这种分割，我们可能会强迫自己回避对整体中的某些关键方面的审视。

在本书中，我反复告诫在个案研究中要避免"糊状堆积综合征"，即聚焦于松散的案例，而不关心我所强调的设计和行动的诸项因素。

最糟糕的情况是，个案研究可能有点像一张未加工的床，没有目标、 *251*
方向、论点或结论，引用和观察杂乱无章。然而在最好的情况下，个案研究能提供闪亮的洞察和分析，这是任何其他研究都无法比拟的。我希望从这本书中你会找到一些建议，来帮助你进行这样的研究。享受你的个案研究，祝你好运。

12.6 延伸阅读

Becker, H. S. (2007) *Writing for Social Scientists* (2nd edn). Chicago: University of Chicago Press.

该书提供了写作方面的好建议，但正如贝克尔的大多数作品一样，它有点像小说。最好的主意是，不能试图靠单一的方法写出好作品。你可以通过尝试多种多样的方式来进行表达。书中有很多很好的例子，但没有要点。

Becker, H. S. (2014) *What About Mozart? What About Murder? Reasoning from Cases*. Chicago: University of Chicago Press.

针对个案研究，贝克尔有更多的智慧。

Booth, W. C., Colomb, G. C. and Williams, J. M. (2003) *The Craft of Research* (2nd edn). Chicago: University of Chicago Press.

在第 6 章中谈及建立理论基础的有关建议时，我提到过这本书。它同样适用于写作问题——不仅包括如何构建好的句子，还包括如何构建好的论点。

Diamond, J. (2005) *Collapse: How Societies Choose to Fail or Survive*. London: Penguin.

这本书是关于个案研究的一本集子，可以单独阅读或一起阅读。对于环境退化所导致的社会崩溃，戴蒙德通过多案例研究提供了一个完整的论题。

Myers, K. (2011) "Contesting certification: mental deficiency, families and the state", *Paedagogica Historica: International Journal of History of Education*, 47 (6): 49-66.

本章给出了两个很好的分析和写作的示例。这是另一个。这项研究针对 20 世纪 30 年代的一个工人阶级家庭，它成功地顶住了当地政府要求将家庭中最小的孩子送进一所寄宿制特殊学校的压力。它提出了一系列问题，这些问题包括优生学、心理计量学的运用，权威和专业力量的运用以及父母角色的变化。它将这些因素汇集在一起，提供了对各种力量相互作用以制定或抵制政策的方式的丰富分析。

Sacks, O. (1996) *An Anthropologist on Mars*. London: Picador.

在这一系列优秀的个案研究中，萨克斯关注的是差异——人与人之间存在的差异，这些差异有时会因某种残疾或其他状况而放大。每个案例本身都是一个精彩片段，而作为一个整体，本书提供了一个非常优秀的多案例研究范例，因为整体不仅仅是其各部分的总和。在某种程度上，每项研究都是通过其他研究折射出来的。

Thomas, G. (2012) "Changing our landscape of inquiry for a new science of education", *Harvard Educational Review*, 82 (1): 26-51.

在这里，我谈到个案研究作为一种社会探究形式相对于其他探究形式的力量。这篇文章是在这样一个背景下写作的：随着政策制定者寻求通过随机对照实验提供信息的“循证”政策（又称“基于证据式政策”），个案研究的运用逐渐减少。他们似乎无法理解这类实验在社会研究中的弱点以及个案研究证据的潜在贡献。

Thomas，G.（ed.）（2013）*Case Study in Education. Volumes I-IV*. London：Sage. 252

该系列提供了许多典型的个案研究以及不太知名但同样优秀的个案研究的例子。其中一些提供了优秀的写作范例。

Thomas，G. and Myers，K.（2015）*The Anatomy of the Case Study*. London：Sage.

在这本书中，凯文·迈尔斯和我试图弄清楚个案研究的“内部”情况。在第 6 章中，我们提供了我们认为的好的分析的 10 个例子。

Wolcott，H.（1992）“Posturing in qualitative inquiry”，in M. D. LeCompte，W. L. Milroy and J. Preissie（eds），*The Handbook of Qualitative Research in Education*. New York：Academic Press，pp. 3－52.

Wolcott，H.（2009）*Writing Up Qualitative Research*（3rd edn）. London：Sage.

沃尔科特不仅擅长写作，而且将自己定位为研究人员。

其他一些阅读材料

Bendix，R.（1963）“Concepts and generalization in comparative sociological studies”，*American Sociological Review*，28：532－539.

Bradshaw，Y. and Wallace，M.（1991）“Informing generality and explaining uniqueness：the place of case studies in comparative research”，*International Journal of Comparative Sociology*，32：154－171.

Feagan，J.，Orum，A. M. and Sjoberg，G.（eds）（1991）*A Case for the Case Study*. Chapel Hill，NC：University of North Carolina Press.

Kurtz，M. J.（2000）“Understanding peasant revolution：from concept to theory and case”，*Theory and Society*，29（1）：93－124.

Rosenblatt，P. C. (1981) "Ethnographic case study"，in M. B. Brewer and B. Collins (eds)，*Scientific Inquiry and the Social Sciences*：*A Volume in Honor of Donald T. Campbell*. San Francisco：Jossey-Bass，pp. 194–225.

Snyder，R. (2001) "Scaling down：the subnational comparative method"，*Studies in Comparative International Development*，36 (1)：93–110.

Stoeker，R. (1991) "Evaluating and rethinking the case study"，*Sociological Review*，39：88–112.

Thomas，G. (2010) "Doing case study：abduction not induction；phronesis not theory"，*Qualitative Inquiry*，16 (7)：575–582.

Thomas，G. (2011) "The case：generalisation，theory and phronesis in case study"，*Oxford Review of Education*，37 (1)：21–35.

Tobin，J. (2005) "Scaling up as catachresis"，*International Journal of Research & Method in Education*，28 (1)：23–32.

参考文献

Abbott, A. (1992) 'What do cases do? Some notes on activity in sociological analysis', in C.C. Ragin and H.S. Becker (eds), *What Is a Case? Exploring the Foundations of Social Inquiry.* Cambridge: Cambridge University Press.

Alderson, P. (2004) *Ethics, Social Research and Consulting with Children and Young People* (2nd edn). London: Barnardo's.

Althusser, L. (1979) *For Marx*. London: Verso.

Andreski, S. (1972) *Social Sciences as Sorcery*. London: André Deutsch.

Back, S. (2002) 'The Aristotelian challenge to teacher education', *History of Intellectual Culture*, 2 (1) (available online at: www.ucalgary.ca/hic/files/hic/back_forum.pdf).

Ball, S. (1981) *Beachside Comprehensive: A Case-Study of Secondary Schooling.* Cambridge: Cambridge University Press.

Barker, R.G. (1968) *Ecological Psychology.* Palo Alto, CA: Stanford University Press.

Barrow, J.D. (1997) 'The values of science'. Amnesty International Science Lecture, Oxford University.

Barthes, R. (1974) *S/Z* (R. Miller, trans.). New York: Hill & Wang.

Bassey, M. (1999) *Case Study Research in Educational Settings*. Maidenhead: Open University Press.

Bateson, G. (1972/1999) *Steps to an Ecology of Mind*. Chicago: University of Chicago Press.

Becker, H.S. (1992) 'Cases, causes, conjunctures, stories, imagery', in C.C. Ragin and H.S. Becker (eds), *What Is a Case? Exploring the Foundations of Social Inquiry.* Cambridge: Cambridge University Press.

Becker, H.S. (1998) *Tricks of the Trade*. Chicago: University of Chicago Press.

Becker, H.S. (2014) *What About Mozart? What About Murder? Reasoning from Cases.* Chicago: University of Chicago Press.

Becker, H.S., Geer, B., Hughes, E.C. and Strauss, A.L. (1961/1980) *Boys in White*. Edison, NJ: Transaction Publishers.

Belmont Report (1979) *Ethical Principles and Guidelines for the Protection of Human Subjects of Research: The National Commission for the Protection of Human Subjects of Biomedical and Behavioral Research*. Washington, DC: U.S. Department of Health & Human Services (available online at: http://www.hhs.gov/ohrp/humansubjects/guidance/belmont.html).

Biletzki, A. (2009) 'Ludwig Wittgenstein', in E.N. Zalta (ed.), *Stanford Encyclopedia of Philosophy* (summer 2009 edition). Stanford, CA: Metaphysics Research Lab, Center for the Study of Language and Information, Stanford University (available online at: http://plato.stanford.edu/archives/sum2009/entries/wittgenstein/).

Blumer, H. (1992) *Symbolic Interactionism: Perspective and Method*. Berkeley, CA: University of California Press.

Booth, W.C., Colomb, G.C. and Williams, J.M. (2003) *The Craft of Research* (2nd edn). Chicago: University of Chicago Press.

254 Bronfenbrenner, U. (1979) *The Ecology of Human Development*. Cambridge, MA: Harvard University Press.

Bronfenbrenner, U. and Morris, P.A. (1998) 'The ecology of developmental processes', in R.M. Lerner (ed.), *Handbook of Child Psychology, Vol. 1: Theoretical Models of Human Development*. New York: Wiley, pp. 993–1028.

Bruner, J. (1991) 'The narrative construction of reality', *Critical Inquiry*, 18 (1): 1–21.

Bruner, J. (1997) *The Culture of Education*. Cambridge, MA: Harvard University Press.

Bryant, G. and Monk, P. (2001) 'Summary of the final report of the investigation into the North Leicestershire cluster of variant Creutzfeldt-Jakob disease'. Leicestershire Health Authority (available online at: www.cbsnews.com/htdocs/pdf/vcjd.pdf).

Burgess, R.G. (1982) *Field Research: A Sourcebook and Field Manual*. London: Routledge.

Byrne, R.M.J. (2005) *The Rational Imagination: How People Create Alternatives to Reality*. Cambridge, MA: MIT Press.

Caldwell, J.C. (1986) 'Routes to low mortality in poor countries', *Population and Development Review*, 12 (2): 171–220.

Checkland, P. (1981) *Systems Thinking, Systems Practice*. Chichester: John Wiley.

Collingwood, R.G. (1946/1994) *The Idea of History*. Oxford: Oxford University Press.

Cremin, H., Thomas, G. and Vincent, K. (2005) 'Working with teaching assistants: three models evaluated', *Research Papers in Education*, 20 (4): 413–32.

Cremin, H., Mason, C. and Busher, H. (2011) 'Problematising pupil voice using visual methods: findings from a study of engaged and disaffected pupils in an urban secondary school', *British Educational Research Journal*, 37 (4): 585–603.

de Vaus, D.A. (2001) *Research Design in Social Research*. Thousand Oaks, CA: Sage.

Descartes, R. (1647/1996) *Meditations on First Philosophy*. Cambridge: Cambridge University Press.

Dewey, J. (1920/2004) *How We Think*. Whitefish, MT: Kessinger Publishing.

Diamond, J. (2005) *Collapse: How Societies Choose to Fail or Survive*. London: Penguin.

Dick, B. (2002) *Soft Systems Methodology*, Session 13 of Areol – action research and evaluation on line. Southern Cross University and Southern Cross Institute of Action Research (available online at: www.aral.com.au/areol/areol-session13.html).

Dickens, W.T. and Flynn, J.R. (2001) 'Heritability estimates versus large environmental effects: the IQ paradox resolved', *Psychological Review*, 108: 346–69.

Eckstein, H. (1975) 'Case study and theory in political science', in F. Greenstein and N. Polsby (eds), *The Handbook of Political Science: Strategies of Inquiry*, Vol. 7, London: Addison-Wesley, pp. 79–137.

Eisenhart, M. (2009) 'Generalization from qualitative inquiry', in K. Ercikan and W.M. Roth (eds), *Generalizing from Educational Research*. Abingdon: Routledge.

Eisner, E. (1991) *The Enlightened Eye: Qualitative Inquiry and the Enhancement of Educational Practice*. New York: Macmillan.

Ellis, L. and Hodges, L. (2014) 'Life and change with Usher: the experiences of diagnosis for people with Usher syndrome'. Birmingham: University of Birmingham (available online at: http://www.birmingham.ac.uk/Documents/college-social-sciences/education/projects/final-report-on-life-and-change-with-usher.pdf). 255

Evans, H. (2000) *Essential English for Journalists, Editors and Writers*. London: Pimlico.

Ferguson, N. (1999) *Virtual History: Alternatives and Counterfactuals*. New York: Basic Books.

Feyerabend, P. (1993) *Against Method* (3rd edn). London: Verso/New Left Books.

Field, A. (2013) *Discovering Statistics using SPSS* (4th edn). London: Sage.

Fish, S. (1989) *Doing What Comes Naturally*. Oxford: Clarendon Press.

Flynn, J.R. (1987) 'Massive IQ gains in 14 nations: what IQ tests really measure', *Psychological Bulletin*, 101: 171–91.

Flynn, J.R. (1998) 'IQ gains over time: toward finding the causes', in U. Neisser (ed.), *The Rising Curve: Long-Term Gains in IQ and Related Measures*. Washington, DC: American Psychological Association.

Flynn, J.R. (1999) 'Searching for justice: the discovery of IQ gains over time', *American Psychologist*, 54 (1): 5–20.

Flynn, J.R. (2003) 'Movies about intelligence: the limitations of g', *Current Directions in Psychological Science*, 12 (3): 95–9.

Flyvbjerg, B. (2001) *Making Social Science Matter: Why Social Inquiry Fails and How It Can Succeed Again*. Cambridge: Cambridge University Press.

Flyvbjerg, B. (2006) 'Five misunderstandings about case-study research', *Qualitative Inquiry*, 12 (2): 219–45.

Foucault, M. (1981) 'Questions of method: an interview with Michel Foucault', *Ideology and Consciousness*, 8 (Spring): 3–14.

Freud, S. (1957/2009) *Five Lectures on Psychoanalysis*. London: Hogarth for the Institute of Psychoanalysis.

Geertz, C. (1975) *The Interpretation of Cultures*. London: Hutchinson.

Geoghegan, T. (2007) 'History lessons: for Americans, Herodotus has better ones to offer than Thucydides', *The American Prospect*, 12 March (available online only at: https://prospect.org/article/history-lessons-1).

Georgiades, N.J. and Phillimore, L. (1975) 'The myth of the hero-innovator and alternative strategies for organizational change', in C.C. Kiernan and F.P. Woodford (eds), *Behaviour Modification with the Severely Retarded*. Amsterdam: Associated Scientific Publishers.

Glaser, B.G. and Strauss, A.L. (1967) *The Discovery of Grounded Theory: Strategies for Qualitative Research*. New York: Aldine.

Goffman, E. (1956) *The Presentation of Self in Everyday Life*. Edinburgh: University of Edinburgh.

Grinyer, A. (2002) 'The anonymity of research participants: Assumptions, ethics and practicalities', *Social Research Update*, 36: 1–6.

Guardian (2010) '10 rules for writers', *Guardian*, Guardian Review, 20 February: 2–5.

Haig, B.D. (1995) 'Grounded theory as scientific method', in A. Neiman (ed.), *Philosophy of Education Yearbook, 1995: Current Issues*. Champaign: Philosophy of Education Society, University of Illinois Press at Urbana-Champaign, pp. 281–90.

256 Haldane, J.B.S. (1928) *Possible Worlds and Other Essays*. London: Chatto & Windus.

Hammersley, M. (2005) 'Assessing quality in qualitative research', paper presented to ESRC TLRP seminar series: Quality in Educational Research, University of Birmingham, 7 July (available online at: www.education.bham.ac.uk/research/seminars1/esrc_4/index.shtml).

Hammersley, M. (2007) 'The issue of quality in qualitative research', *International Journal of Research and Method in Education*, 30 (3): 287–306.

Hammersley, M. and Gomm, R. (2000) 'Introduction', in R. Gomm, M. Hammersley and P. Foster (eds), *Case Study Method*. London: Sage.

Hearnshaw, L.S. (1979) *Cyril Burt: Psychologist*. London: Hodder & Stoughton.

Holton, G. (1995) 'The controversy over the end of science', *Scientific American*, 273 (4): 168.

Houser, N., Kloesel, C. and the Peirce Edition Project (eds) (1992) *The Essential Peirce*, 2 vols. Bloomington, IN: Indiana University Press.

James, W. (1890/1981) *The Principles of Psychology*. Cambridge, MA: Harvard University Press.

Jenkins, R. (1992) *Pierre Bourdieu*. London: Routledge.

Jiménez, R.T. and Gersten, R. (1999) 'Lessons and dilemmas derived from the literacy instruction of two Latina/o teachers', *American Educational Research Journal*, 36 (2): 265–302.

Johnson, S. (1759/1963) 'The Idler, no. 58, Universal Chronicle', in W.J. Bate, J.M. Bullitt and L.F. Powell (eds), *Works of Samuel Johnson, Vol. 2*. New Haven, CT: Yale University Press.

Junghans, C., Feder, G., Hemingway, H., Timmis, A. and Jones, M. (2005) 'Recruiting patients to medical research: double blind randomised trial of "opt-in" versus "opt-out" strategies', *British Medical Journal*, 331: 940 (available at: www.bmj.com/cgi/reprint/331/7522/940.pdf).

Kahneman, D. and Tversky, A. (1973) 'On the psychology of prediction', *Psychological Review*, 80 (4): 237–51.

Kamprad, I. with Toreleull, B. (2000) *Leading by Design: The IKEA Story*. London: HarperCollins.

Kellett, M. (2005) *How to Develop Children as Researchers*. London: Paul Chapman Publishing.

Kelly, D.H. (1993) 'Case: grammar and terminology', *The Classical World*, 87 (1): 35–9.

Kenny, A. (ed.) (1993) *The Wittgenstein Reader*. Oxford: Blackwell.

Kounin, J. (1970) *Discipline and Group Management in Classrooms*. New York: Holt, Rinehart & Winston.

Kuhn, T.S. (1970) *The Structure of Scientific Revolutions*. Chicago: University of Chicago Press.

Lebow, R.N. (2007) 'Counterfactual thought experiments: a necessary teaching tool', *The History Teacher*, 40 (2) (available online at: www.historycooperative.org/ journals/ht/40.2/lebow.html).

Levitt, S.D. and List, J.A. (2009) 'Was there really a Hawthorne effect at the Hawthorne plant? An analysis of the original illumination experiments', NBER Working Paper No. 15016. Cambridge, MA: National Bureau of Economic Research.

Levy, P. (1981) 'On the relation between method and substance in psychology', *Bulletin of the British Psychological Society*, 34: 265–70. 257

Lewin, K. (1951) *Field Theory in Social Science: Selected Theoretical Papers*. New York: Harper.

Lewin, K. (1997) *Resolving Social Conflicts: Field Theory in Social Science*. Washington, DC: American Psychological Association.

Lewis, A. and Lindsay, G. (2000) *Researching Children's Perspectives*. Buckingham: Open University Press.

Lewis, A. and Porter, J. (2004) 'Interviewing children and young people with learning disabilities: guidelines for researchers and multi-professional practice', *British Journal of Learning Disabilities*, 32 (4): 191–7.

Lincoln, Y.S. and Guba, E.G. (1985). *Naturalistic Inquiry*. Beverly Hills, CA: Sage.

MacIntyre, A. (1985) *After Virtue: A Study in Moral Theory*. London: Duckworth.

Mandel, D.R., Hilton, D.J. and Catellani, P. (2005) *The Psychology of Counterfactual Thinking*. Abingdon: Routledge.

Merriam, S.B. (1988) *Case Study Research in Education: A Qualitative Approach*. San Francisco: Jossey-Bass.

Milgram, S. (1963) 'Behavioral study of obedience', *Journal of Abnormal and Social Psychology*, 67 (4): 371–8.

Milgram, S. (1981) 'Behavioral study of obedience', *Social and Behavioral Science*, 9: 18 (available online at: www.garfield.library.upenn.edu/classics1981/A1981LC33300001.pdf).

Miller, S. and Fredericks, M. (1999) 'How does grounded theory explain?', *Qualitative Inquiry*, 9: 538–51.

Mitchell, J.C. (2006) 'Case and situation analysis', in T.M.S. Evens and D. Handelman (eds), *The Manchester School: Practice and Ethnographic Praxis in Anthropology*. Oxford: Berghahn Books.

Mogey, J.M. (1955) 'The contribution of Frédéric Le Play to family research', *Marriage and Family Living*, 17 (4): 310–15.

Mouzelis, N. (1995) *Sociological Theory: What Went Wrong?* London: Routledge.

Murdoch, I. (2002) *Under the Net*. London: Vintage.

Norton, J.D. (2004) 'Einstein's investigations of Galilean covariant electrodynamics prior to 1905', *Archive for History of Exact Sciences*, 59: 45–105 (available online at: www.pitt.edu/~jdnorton/papers/Einstein1905.pdf).

Oakeshott, M. (1967) *Rationalism in Politics and Other Essays*. London: Methuen.

Oakley, A. (1999) 'Paradigm wars: some thoughts on a personal and public trajectory', *International Journal of Social Research Methodology*, 2 (3): 247–54.

Ohno, T. (2006) 'Ask "why" five times about every matter', Toyota Motor Corporation (available online at: http://www.toyota-global.com/company/toyota_traditions/quality/mar_apr_2006.html).

Omaar, R. (2009) *Race and Intelligence: Science's Last Taboo*. London: Channel 4 Television.

Parlett, M. and Hamilton, D. (1987) 'Evaluation as illumination', in R. Murphy and H. Torrance (eds), *Evaluating Education: Issues and Methods*. Milton Keynes: Open University Press.

Patrick, J. (1973) *A Glasgow Gang Observed*. London: Methuen.

258 Polanyi, M. (1958) *Personal Knowledge: Towards a Post-critical Philosophy*. London: Routledge & Kegan Paul.

Popper, K.R. (1968) *The Logic of Scientific Discovery*. London: Hutchinson.

Popper, K.R. (1977) 'On hypotheses', in P.N. Johnson-Laird and P.C. Wason (eds), *Thinking: Readings in Cognitive Science*. Cambridge: Cambridge University Press.

Prosser, J. (1992) 'Personal reflections on the use of photography in an ethnographic case study', *British Educational Research Journal*, 18 (4): 397–411.

Prosser, J. (1998) *Image-Based Research*. London: Routledge.

Prosser, J. and Loxley, A. (2008) 'Introducing visual methods', ESRC National Centre for Research Methods Review Paper NCRM/010'. Southampton: ESRC NCRM (available online at: http://eprints.ncrm.ac.uk/420/1/MethodsReviewPaperNCRM-010.pdf).

Putnam, R. (2000) *Bowling Alone: The Collapse and Revival of American Community*. New York: Simon & Schuster.

Ragin, C.C. (1992) 'Introduction: cases of "What is a case?"', in C.C. Ragin and H.S. Becker (eds), *What Is a Case? Exploring the Foundations of Social Inquiry*. Cambridge: Cambridge University Press.

Ragin, C.C. (2007) 'Comparative methods', in W. Outhwaite and S.P. Turner (eds), *The Sage Handbook of Social Science Methodology*. Los Angeles: Sage, pp. 67–81.

Roethlisberger, F. and Dickson, W. (1939) *Management and the Worker*. Cambridge, MA: Harvard University Press.

Rutter, M. and the English and Romanian Adoptees (ERA) Study Team (1998) 'Developmental catch-up, and deficit, following adoption after severe global early privation', *Journal of Child Psychology and Psychiatry*, 39: 465–76.

Sacks, O. (1996) *An Anthropologist on Mars*. London: Picador.

Schatzman, L. (1991) 'Dimensional analysis: notes on an alternative approach to the grounding of theory in qualitative research', in D.R. Maines (ed.), *Social Organization and Social Process: Essays in Honor of Anselm Strauss*. New York: Aldine, pp. 303–14.

Schwandt, T.A. (1996) 'Farewell to criteriology', *Qualitative Inquiry*, 2: 58–72.

Schwandt, T.A. (2001) *Dictionary of Qualitative Inquiry* (2nd edn). Thousand Oaks, CA: Sage.

Schwartz, D. (1992) *Waucoma Twilight: Generations of the Farm*. Washington, DC: Smithsonian Institution Press.

Sen, A. (1999) *Development as Freedom*. New York: Alfred A. Knopf.

Sennett, R. (2009) *The Craftsman*. London: Penguin.

Silverman, D. (2010) *Doing Qualitative Research* (3rd edn). London: Sage.

Simon, H. (1983) *Reason in Human Affairs*. Oxford: Basil Blackwell.

Simons, H. (1989) 'Ethics of case study in educational research and evaluation', in R. Burgess (ed.), *The Ethics of Educational Research*. Lewes: Falmer, pp. 114–40.

Simons, H. (2009) *Case Study Research in Practice*. London: Sage.

Smail, D. (1993) *The Origins of Unhappiness*. London: HarperCollins.

Smith, J.K. and Deemer, D.K. (2000) 'The problem of criteria in the age of relativism', in N.K. Denzin and Y.S. Lincoln (eds), *Handbook of Qualitative Research* (2nd edn). Thousand Oaks, CA: Sage.

Solzhenitsyn, A. (1963/2000) *One Day in the Life of Ivan Denisovich*. London: Penguin.

Stake, R.E. (1995) *The Art of Case Study Research.* Thousand Oaks, CA: Sage. 259
Stake, R.E. (2005) 'Qualitative case studies', in N.K. Denzin and Y.S. Lincoln (eds), *The Sage Handbook of Qualitative Research* (3rd edn). Thousand Oaks, CA: Sage.
Storr, A. (1997) *Feet of Clay: A Study of Gurus*. London: HarperCollins.
Strauss, A. and Corbin, J. (1990) *Basics of Qualitative Research: Grounded Theory Procedures and Techniques*. Newbury Park, CA: Sage.
Tavor Bannet, E. (1997) 'Analogy as translation: Wittgenstein, Derrida, and the law of language', *New Literary History*, 28 (4): 655–72.
Taylor, S. J. and Bogdan, R. (1984) *Introduction to Qualitative Research Methods: The Search for Meanings*. New York: Wiley.
Thomas, G. (1992) *Effective Classroom Teamwork: Support or Intrusion*. London: Routledge.
Thomas, G. (2007) *Education and Theory: Strangers in Paradigms.* Maidenhead: Open University Press.
Thomas, G. (2009) '"What works" as a sublinguistic grunt, with lessons from catachresis, asymptote, football and pharma', *Research Intelligence*, 106: 20–2.
Thomas, G. (2010) 'Doing case study: abduction not induction; phronesis not theory', *Qualitative Inquiry*, 16 (7): 572–82.
Thomas, G. (2011a) 'A typology for the case study in social science following a review of definition, discourse and structure', *Qualitative Inquiry*, 17 (6): 511–521.
Thomas, G. (2011b) 'The case: generalisation and theory in case study', *Oxford Review of Education*, 37 (1): 21–35.
Thomas, G. (2013) *How to Do Your Research Project* (2nd edn). London: Sage.
Thomas, G. and James, D. (2006) 'Reinventing grounded theory: some questions about theory, ground and discovery', *British Educational Research Journal*, 32 (6): 767–95.
Thomas, G. and Loxley, A. (2007) *Deconstructing Special Education and Constructing Inclusion* (2nd edn). Maidenhead: Open University Press.
Thomas, G. and Myers, K. (2015) *The Anatomy of the Case Study*. London: Sage.
Thomas, G., Walker, D. and Webb, J. (1998) *The Making of the Inclusive School.* London: Routledge.
Thomas, W.I. and Znaniecki, F. (1927/1958) *The Polish Peasant in Europe and America* (2nd edn). New York: Dover.
Vaughan, D. (1992) 'Theory elaboration: the heuristics of case analysis', in C.C. Ragin and H.S. Becker (eds), *What Is a Case? Exploring the Foundations of Social Inquiry.* Cambridge: Cambridge University Press.
Vincett, K., Cremin, H. and Thomas, G. (2005) *Teachers and Assistants Working Together*. Maidenhead: Open University Press.
von Bertalanffy, L. (1950) 'The theory of open systems in physics and biology', *Science*, 111: 23–9.
Wacquant, L.D. (1989) 'Towards a reflexive sociology: a workshop with Pierre Bourdieu', *Sociological Theory*, 7: 26–63.
Walton, J. (1992) 'Making the theoretical case', in C.C. Ragin and H.S. Becker (eds), *What Is a Case? Exploring the Foundations of Social Inquiry*. Cambridge: Cambridge University Press.
Wells, M. (2005) 'Paxman answers the questions', *Guardian*, 31 January (available online at: http://guardian.co.uk/media/2005/jan/31/mondaymediasection.politicsandthemedia).

260 White, H.C. (1992) 'Cases are for identity, for explanation, or for control', in C.C. Ragin and H.S. Becker (eds), *What Is a Case? Exploring the Foundations of Social Inquiry*. Cambridge: Cambridge University Press.

Whittemore, R., Chase, S.K. and Mandle, C.L. (2001) 'Validity in qualitative research', *Qualitative Health Research*, 11: 522–37.

Whyte, W.F. (1955/1993) *Street Corner Society: Social Structure of an Italian Slum*. Chicago: University of Chicago Press.

Whyte, W.F. (1985) *Learning from the Field: A Guide from Experience*. Beverly Hills, CA: Sage.

Wieviorka, M. (1992) 'Case studies: history or sociology?' in C.C. Ragin and H.S. Becker (eds), *What is a Case? Exploring the Foundations of Social Inquiry*. Cambridge: Cambridge University Press.

Wiles, R., Crow, G., Heath, S. and Charles, V. (2008) 'The management of confidentiality and anonymity in social research', *International Journal of Social Research Methodology*, 11 (5), 417–28.

Willis, P.E. (1981) *Learning to Labor: How Working Class Kids Get Working Class Jobs*. New York: Columbia University Press.

Yin, R.K. (2009) *Case Study Research: Design and Methods* (4th edn). Thousand Oaks, CA: Sage.

索 引

（所注页码为英文原书页码）

How to do Your Case Study: A Guide for Students & Researchers by Gary Thomas

English language edition published by SAGE Publications of London, Thousand Oaks, New Delhi and Singapore, © Gary Thomas, 2016

图书在版编目（CIP）数据

如何进行个案研究：第2版/（英）加里·托马斯（Gary Thomas）著；方纲译. --北京：中国人民大学出版社，2021.7
（社会科学研究方法系列丛书）
ISBN 978-7-300-29479-7

Ⅰ.①如… Ⅱ.①加… ②方… Ⅲ.①社会个案工作-个案研究 Ⅳ.①C916.2

中国版本图书馆CIP数据核字（2021）第110728号

社会科学研究方法系列丛书
如何进行个案研究（第二版）
［英］加里·托马斯（Gary Thomas） 著
方 纲 译
Ruhe Jinxing Gean Yanjiu

出版发行	中国人民大学出版社		
社　　址	北京中关村大街31号	**邮政编码**	100080
电　　话	010－62511242（总编室）		010－62511770（质管部）
	010－82501766（邮购部）		010－62514148（门市部）
	010－62515195（发行公司）		010－62515275（盗版举报）
网　　址	http://www.crup.com.cn		
经　　销	新华书店		
印　　刷	天津中印联印务有限公司		
开　　本	720 mm×1000 mm　1/16	**版　　次**	2021年7月第1版
印　　张	21 插页 1	**印　　次**	2024年1月第3次印刷
字　　数	301 000	**定　　价**	75.00元